一本好书，
将改变无数人的命运。

▶ **二十几岁，**
我们对未来忐忑不安，却忘了确定方向更加重要。

▶ **三十几岁，**
我们拼命前进，却找不到人生的绿洲。

忘了梦想？生活只剩绝望？
对自己诚实吧，哪怕一无所有也要永不止步！
收获就藏在不远处。

前言　咬下一口苹果，改变这个世界

一听到“苹果”这个字眼，你第一个想到的是什么？

有人回答：“一种水果，红红的，圆圆的，咬一口，又脆又甜。”

有人回答：“亚当与夏娃吃下的禁果。因为被蛇引诱吃下了禁果，亚当和夏娃被上帝赶出伊甸园，人类文明由此开始。”

有人回答：“从树上掉落、砸在了牛顿头上的那个苹果，是它让牛顿发现了万有引力定律。”

……

人们的回答五花八门，但最普遍的答案却是：“苹果手机 iPhone，苹果电脑 iPad。”

是什么让苹果手机 iPhone、苹果电脑 iPad 如此深入人心？答案就是——乔布斯。

苹果？电脑？这两个看起来完全不搭边的词语，被乔布斯组合在一起后，产生了惊人的魔力。

为什么乔布斯要给公司取名“苹果电脑公司”呢？外界的传言众说纷纭：乔布斯为纪念曾经打工的俄勒冈州苹果园；乔布斯是披头士歌迷，故沿用其唱片公司名称；纯粹只是因为乔布斯爱吃苹果；纪念“计算机科学之父”图灵，因为图灵去世时，床头上放着一个咬了一小半的苹果，这个苹果曾在氰化物溶液中浸泡过。

乔布斯内部讲话

关键时乔布斯说了什么

林画・编著

文匯出版社

图书在版编目（CIP）数据

乔布斯内部讲话：关键时乔布斯说了什么 / 林画著
. -- 上海：文汇出版社, 2015.4
ISBN 978-7-5496-1399-1

Ⅰ.①乔… Ⅱ.①林… Ⅲ.①乔布斯，S.（1955～2011）—企业管理—经验 Ⅳ.①F471.266

中国版本图书馆CIP数据核字(2015)第015117号

乔布斯内部讲话：关键时乔布斯说了什么

出 版 人 / 桂国强
作　　者 / 林　画
责任编辑 / 戴　铮
封面装帧 / 嫁衣工舍
出版发行 / 文匯出版社
上海市威海路755号
（邮政编码200041）
经　　销 / 全国新华书店
印刷装订 / 三河市金泰源印务有限公司
版　　次 / 2015年 4 月第 1 版
印　　次 / 2019年1月第2次印刷
开　　本 / 710 × 1000　1/16
字　　数 / 239千字
印　　张 / 17

ISBN 978-7-5496-1399-1
定　价：36.80元

对于这个问题，乔布斯的回答则是："我那段时间正在吃水果餐，我刚刚从一个苹果农场回来。这名字听上去有意思，有活力，不吓人。'苹果'削弱了'电脑'这个词的锐气。还有，这能让我们在电话簿上排在雅达利之前。"

确实，"苹果"这个名字释放出了十分友好而简洁的信号。"苹果"和"电脑"这两个词组合在一起，制造了一种有趣的分裂感——既有一点儿标新立异，但又不会让人觉得古怪。这个名字里还带有一点点反主流文化、返璞归真的气息，又十分美国化。而苹果的标志之所以被设计成咬了一口的苹果，也很好地迎合了乔布斯的这种诉求。

那么，是什么激发乔布斯去创立苹果公司，并创造出一个又一个深入人心的伟大产品的呢？

乔布斯的回答是："我的动力是什么？我觉得，大多数创造者都想为我们能够得益于前人取得的成就而表达感激。我并没有发明我用的语言或数学。我的食物基本都不是我自己做的，衣服更是一件都没做过。我所做的每一件事都有赖于我们人类的其他成员，以及他们的贡献和成就。我们很多人都想回馈社会，在历史的长河中再添上一笔。我们只能用这种大多数人都掌握的方式去表达——因为我们不会写鲍勃·迪伦的歌或汤姆·斯托帕德(Tom Stoppard)的戏剧。我们试图用我们仅有的天分去表达我们深层的感受，去表达我们对前人所有贡献的感激，去为历史长河加上一点儿什么。那就是推动我的力量。"

为历史长河加上一点儿什么，这就是乔布斯毕生的理想，他也确实做到了。在人们眼中，乔布斯是一个神话般的存在，他亲手打造了苹果帝国，创造了一个又一个人们无法想象的商业奇迹。同时，他的经历也是跌宕起伏的，犹如一部好莱坞大片般精彩。

他曾放弃学业白手起家，也曾少年得志富甲天下；他在中年遇挫陷入低谷，却永不言弃；最后，乔布斯重归万众瞩目的巅峰，可就在事业最辉煌的时候，他竟身染绝症，溘然辞世。他的经历和成绩，让他成了神，可同时，这个向来被称为异类的人，也被很多人视为谜。

乔布斯离世之后，引发了人们的思考，他是如何成功的？又是如何从惨败回归成功的？引领人们再次改变世界的下一个“乔布斯”在哪儿？什么时候会出现？乔布斯离开了世界，但从未离开过人们的视线。

如今，很多人崇拜乔布斯，更多的人在研究乔布斯，更有人想要成为乔布斯。在这样的背景下，研究乔布斯的思维，找出他成功的秘诀，无疑是非常重要的。而这本书，正是本着这个目的编写的。

本书精选乔布斯企业管理理念中的精粹，从产品、创新、管理、营销等方面全面而深入地分析了苹果产品大获成功的根本原因，旨在给正在奋斗中的年轻企业家一个参考和指引。我们相信，如果获得乔布斯式的思维方式，那么，即使创造不出苹果，一样可以成功。

我们不一定要成为下一个乔布斯，但一定要成为一个成功者，要实现自己的价值。而实现自己的价值最好的方法，自然是研究乔布斯这样的人的经历和思维方式。如果你仔细研读本书，就会发现，乔布斯可能是不可复制的，但绝对不是不可超越的。他的经历我们无法再现，但他的成就并非不可企及。只要努力，我们一样可以成功。我们要追随自己的直觉、专注于自己的事业，愿意为自己的理想去奋斗。只要勇敢尝试，每个人都能成就一番了不起的事业。

第一章

活着就是为了改变世界

我们在地球的时间都很短，我们或许只有机会做几件真正伟大的事情，并把它们做好。我们谁也不知道自己能活多长时间，我也不知道，但是我感觉必须趁着自己年轻，多取得一些成就。

第二章

一切都从伟大的产品开始

我的激情所在是打造一家可以传世的公司，这家公司里的人动力十足地创造伟大的产品。其他一切都是第二位的。当然，能赚钱很棒，因为那样你才能够制造伟大的产品。但是动力来自产品，而不是利润。

第三章

我的秘诀——专注和简单

这就是我的秘诀——专注和简单。简单比复杂更难，你必须努力让你的想法变得清晰明了，让它变得简单。但是，到最后，你会发现它值得你去做。因为一旦你做到了简单，你就能搬动大山。

第四章

设计真正激动人心的产品

在大部分人看来，设计意味着胶合板，意味着室内装饰、窗帘和沙发的结构。但对我来说，任何事情都离不开设计。设计是人造物品的灵魂，最终通过连续的产品（服务）外层来表达自己。

第五章

做领袖，坚决不做跟风者

领袖和跟风者的区别就在于创新。有很多人在创新，但那并不是我事业最主要的与众不同之处。苹果之所以能与人们产生共鸣，是因为在我们的创新中深藏着一种人文精神。

第六章

创新，其实是旧东西的新组合

并不是每个人都需要种植自己的粮食，也不是每个人都需要做自己穿的衣服，我们说着别人发明的语言，使用别人发明的数学……我们一直在使用别人的成果。

第七章

一流选手喜欢和一流选手共事

人们总是说他们和别人合不来，他们不喜欢团队合作。但是我发现，一流选手喜欢和一流选手共事，他们只是不喜欢和三流选手在一起罢了。

第八章

让我们一起干“海盗”吧

选择成为一名海盗，意味着脱离人们对可能性的概念，一小群人做一些伟大的事情，并在历史长河中被铭记。

第九章
我们不卖产品，只卖梦想

你如何看待自己的顾客？帮助他们激发自己内在的天赋，你将赢得他们的心。有些人觉得买Mac电脑的人疯了，但透过这股疯劲我们能发现天才。

第十章
产品会自己“说话”

我们从不担心数字。在市场中，苹果将把注意力放在产品上，因为只有产品才能带来差异。在这个行业中，你骗不了人，产品会自己说话。

第十一章

预见，未来

你必须相信某样东西——你的直觉、命运、人生、因果报应，无论什么。这种做法从未让我失望，我人生的一切变化都拜它所赐。

附录

乔布斯大事年表

第一章
活着就是为了改变世界

我们在地球的时间都很短，我们或许只有机会做几件真正伟大的事情，并把它们做好。我们谁也不知道自己能活多长时间，我也不知道，但是我感觉必须趁着自己年轻，多取得一些成就。

跟着感觉走

有勇气去追随自己的内心和直觉。

你们的时间很有限，所以不要浪费在重复其他人的生活上。不要被教条束缚，那意味着你和其他人思考的结果一起生活。不要被其他人喧嚣的观点掩盖你真正的内心的声音。还有最重要的是，你要有勇气去听从你直觉和心灵的指示。

——2005 年乔布斯在斯坦福大学毕业典礼上的演讲

延伸阅读

乔布斯认为，直觉是内心深处的渴望的外部反射，代表的是我们最根本的需求，沿着直觉的方向前进，往往更容易得到我们想要的东西。

人最大的成功不是得到别人想要的东西而获得别人的羡慕，而是得到自己想要的东西从而让自己快乐。所以，在决策的时候，要遵从直觉的指引，因为只有直觉才能提供你最想要的。

作为苹果创始人，乔布斯一直被人们称为“神一般的传奇”，之所以给他这个称号，不仅是因为他推出的改变世界的唯美产品，还跟他的传奇人生有关，当然，也少不了其人本身所带来的神秘光环，尤其是他敏锐、精准的直觉。

在确定自己的人生目标、找准使命这件事的时候，乔布斯是根据自己的直觉来的。他从小就有一定的志向，觉得自己生来就是被赋予了使命的，这种强烈的感觉伴随他直到长大，是他内心的声音。乔布斯听从自己内心的声音，并将之定为自己的人生目标。有了目标之后，接下来的就是行动了。

在行动方面，乔布斯做得也非常优秀。他是一个目光敏锐的人，总是能看到别人看不到的东西。更重要的是，乔布斯是一个非常执着，甚至有些霸道的人，他不喜欢迎合用户的要求，而是经常挖掘用户尚没发觉的需求。正是凭着这两点，才让他在设计产品的时候能够获得成功。敏锐的直觉让乔布斯发现用户的需求，开发出好的产品；执着让他能够坚持自己的直觉，能够遵循自己的直觉做事，并最终取得成功。可以说，这是乔布斯的两件法宝。

在其他公司看来，客户的需求是需要迎合的，只有做出客户想要的东西，才能够让自己赢得更多的市场，但是乔布斯不这么看，他觉得，自己呈献给客户的才是最好的。而他的呈现方式，更多的是靠直觉指引。在直觉的指引下，乔布斯总是认为自己做出来的东西必然就是用户所需要的。在旁人看来，这是匪夷所思的，更是不太可能的。但是，无数的事实证明，乔布斯是对的，他的那些憧憬总能受到人们喜欢。

当年，当所有人认为 shuffle 和 iPad 是鸡肋的时候，乔布斯却自信地认为它们是客户最需要的，而且确实硬生生地创造出了市场，引领了潮流。这一现象，很多人不能理解，不过乔布斯向来不以为然，他曾说：“想按照大众的需求设计产品也不是不可能，但真的很难，因为大多数情况下，人们根本就不知道自己想要什么样的产品，因此，一流的人才就是在他们知道自己的产品需求之前，主动告诉他们其所需要的产品。而想要设计出这种产品，就要有敏锐的直觉。”人们一直认为这就是乔布斯的成功秘诀。

如今，乔布斯已经离去，我们无法再见到他的风采了，但是乔布斯的故事依然在流传，更重要的是他做出的产品还在销售，他的那种追求完美的执着精神依然留在世间。而乔布斯精神的核心，就是遵循自己的内心，按照自己的直觉做事。

在人的一生中，选择是无处不在的，我们总是要经历各种各样的选择。大的像选择自己的人生方向，小的像选择自己中午吃什么，都是选择的一种。不过，虽然每天都要做很多次或大或小的选择，但我们好像依然不具备很好的选择能力，在遇到事情的时候还是会犹豫，甚至做出错误的选择。

乔布斯一直是按照自己的直觉来行事的，事实上，很多跟他一样的成功人士，也都有着类似的特点，在他们的决策中，直觉也都占有一定的位置。

马云是我国著名的企业家，是中国互联网界的风云人物。大学毕业后，马云选择了教职，在一家学校当英语老师。一次意外的机会，马云去美国进行了一趟考察，在那里，马云接触到了互联网。大概了解了互联网之后，马云认为，这一定会是未来世界的主流，于是，心里就产生了一个想法，要离职创业，进入互联网行业。

回国后，马云将这个想法跟朋友们说了，可是朋友们都不支持他的选择。大家认为，互联网或许很好，但是在中国还没有兴起，未来发展方向不明，风险很大。而且，教师是一个不错的职业，不应该冒这个险。当时，马云一共找来了二十几个朋友，结果只有一个支持他的决定。可是，马云的直觉告诉他，自己的看法绝对不会错。

最后，马云遵从了自己的内心，他根据自己的直觉做了决定，辞职创业。创业的路是艰辛的，特别是在一个大家并不熟知的新领域，可是，马云并没有畏惧，终于通过自己的努力闯出了一片天地，成为我国的互联网精英。

我们可以看到，不管是乔布斯对客户需求的判断，还是马云对自己未来人生方向的选择，直觉都起到很大的作用。事实证明，他们是正确的，他们的选择确实给他们带来了成功。

股神巴菲特之所以在投资领域命中率极高，就是因为他十分相信自己的直觉。他曾说过："一个人的直觉往往是非常准确的，对于股票投资来说，这一点特别重要。自己的直觉是自己对即将购买的股票和企业的第一感觉。这种感觉是建立在对企业的充分了解之上的。但是，这种感觉是很容易受到所谓的股市行情的干扰的，特别是对于那些对股票投资不熟悉的投资者，往往受到这种干扰的影响，改变原本正确的投资决定，使得结果适得其反。"

因此，巴菲特曾很真诚地告诫广大投资人："要充分相信自己的直觉。我对自己的直觉特别有信心，几乎所有的投资决定都是来自于自己的直觉，这一点儿也不夸张。"

巴菲特认为一个人要想做好事业，就必须学会自己思考。他在生活中和工作中遇到许多高智商的人总是倾向于盲目地听从别人的意见，而他从未在和别人的交谈中获得好的投资想法。就像他自己所说的那样："如果联邦储备委员会的前主席艾伦·格林斯潘私底下对我说未来两年里他的货币政策将会是怎样的，即便如此，也不会改变我所要做的事情。"

一个相信直觉的人，在遇到问题的时候，会根据自己的判断做出决断，他决断的速度非常快，没有半点犹豫。而不相信自己直觉的人，在遇到问题的时候，往往就会表现出犹豫，他们会受到很多干扰，这些干扰因素有的来自朋友的建议，有的来自周围的信息。总之，他们需要对这些信息进行对比和梳理、判断。而这些信息有些是局外人不明就里的一种下意识看法，有些还会夹杂着其他干扰因素，不仅判断起来比较困难。更重要的是，它们会浪费你的时间，拖延你做出决定的步伐。这样，往往就会出现下定决心时，机会已经错过的现象。这对我们做事是非常不利的。

通过以上分析，我们可以看到，在行事过程中，遵循自己的直觉，往往能够起到更好的效果。因为直觉是来自我们内心的声音，它是我们最想要的，也是我们最看重的。如果对直觉没有一定的信任度，往往会浪费时间，从而错过机会。

了不起的初学者

拥有初学者的心态是一件了不起的事。

佛教中有一句话：初学者的心态，拥有初学者的心态是一件了不起的事情。

——1996 年《连线》杂志

延伸阅读

乔布斯从小在硅谷长大，使得他从小便有机会耳濡目染到计算机的世界。20 世纪 60 年代末，他有幸认识了自己心目中的偶像比尔·休利特，并成功地为自己获得了到休利特创办的惠普做暑期兼职的机会。在这之后，他去里德大学读了半年便退学前往印度，开始笃信佛教，乔布斯希望研究佛学来探寻自己人生的意义。但是，最终他选择回到了加利福尼亚州，与他的好友联合创办了苹果。

1976 年愚人节这天，苹果公司在乔布斯父母的车库里正式开张。乔布斯曾经表示："很多在我们这个行业的人都没有过如此复杂的经历，没有学到那么多的人生体验，因此他们没有足够的经验来推出非线性的解决方案。"他曾讥讽盖茨说："如果在年轻的时候吸吸迷幻药或者经常去花天酒地一下的话，他的眼界肯定将会更加开阔。"

从大学退学后，乔布斯去参加了书法班，并对排版产生了浓厚的兴趣。乔布斯在字体上的收获成为苹果电脑 Mac 系统的核心卖点，这款由苹果公司于 1984 年推出的电脑产品还具有开拓了鼠标驱动、图形优化的特性。其中的窗口、图标以及菜单等用户友好的界面和功能被外界视为一款“给大众使用的电脑”。

乔布斯时常问自己：如果今天是我生命中的最后一天，我还愿意做我今天原本应该做的事情么？而且这句话在他脑海中出现的时候，他只有三十多岁，在别人都不会想起死亡和告别的年纪，他却这样问自己。他曾在演讲中说：“在我 17 岁那年，读到一句格言，大概内容是，‘如果你把每一天都当成生命里的最后一天，你将在某一天发现原来一切皆在掌握之中’。这句话从我读到之日起，就对我产生了很深的影响。在过去的 33 年里，我每天早晨都对着镜子问自己：‘如果今天是我生命中的最后一天，我还愿意做我今天原本应该做的事情吗？’当我连续很多天都得不到肯定的答案时，我就知道自己需要改变了。”

因此乔布斯永远保持一颗初学者的心态去吸收别人的长处。有人说信念与信心比黄金更重要，也有人说责任感比黄金重要。但是在乔布斯看来，初学者的心态比黄金重要。无论是被人质疑还是被迫从自己的公司辞职，乔布斯从不放弃初学者的心态。

塞翁失马焉知非福？乔布斯在多年以后谈到被踢出苹果董事会这件事情的时候说：“这是我人生经历当中最令人高兴的一件事。”这些都是源于他对自我生活的追求，以及他对世界的希冀，从而萌生出改变世界的心。

乔布斯曾说：没有初学者的心态就等于把自己当作安享晚年的老人。像乔布斯那样，拥有初学者的简单心态，路才能不断在脚下延伸。

Business Develop

好奇心有一种神秘的力量，能吸引人不断地探索。事实证明，很多成功者的秘诀就在于永远保持好奇心。

当代著名的物理学家李政道博士说：“好奇心很重要，要搞科学离不开好奇。道理很简单，只有好奇才能提出问题、解决问题。可怕的是提不出问题，迈不出第一步。”

一个人对各种事物的好奇心越强烈，就越具有探索的眼光。如果一个人对周围的事物都熟视无睹，就不可能发现新事物。好奇是创造的基础和动力。牛顿、爱迪生、爱因斯坦都具有少见的好奇心，而居里夫人的女儿则把好奇称为“学者的第一美德”。人类社会的发展就是因为无数次好奇，无数次因好奇而探索，并在探索中发现奥秘，从而不断进步和发展的。如果瓦特不对水烧开以后会从水壶里溢出来感到好奇，就不会有蒸汽机的发明；如果牛顿不对掉在头上的苹果感到好奇，就不会有万有引力定律的发现；如果爱迪生不对孵小鸡感到好奇，他一生就不会有那么多项发明问世……发明和发现并不像我们想象的那么神奇，只要有强烈的好奇心，持之以恒地钻研下去，任何一个正常人都有创造发明的机会。

爱迪生从小成绩不好，他的环境也非常不好。他 12 岁就到火车上卖报纸，结果，火车上的工作人员因为赶他赶不走，就打了他一巴掌，没想到这一耳光就导致小爱迪生失聪了。就在这样一种艰难的环境下，爱迪生仍然对世界保持着强烈的好奇心。

爱迪生的老师每次买教具到教室，他一定要打开来玩、看看，探索一下，问题是看完、玩完之后，装不回去。这让他的老师很头痛，于是，老师告诉爱迪生的妈妈，并让他的妈妈帮助他改掉这个习惯。所幸的事，妈妈不但没有批评儿子，而且鼓励他的好奇心，而这也为他的喜欢探索，最后走向成功奠定了坚实的基础。

可见，好奇心是促使我们探索未知世界的原动力，大凡伟人或者成功之人，内心深处都有着极强的好奇心。

生活中，我们一直把“两耳不闻窗外事”当作至理名言，然而，当今社会我们更提倡的却是“两耳多闻窗外事”。我们如果能“两耳多闻窗外事”，多些好奇心，努力地去钻研探索，就一定可以创造出更多的成绩。

一位学者指出：“人们只有在好奇心的引导下，才会去探索被表现所遮盖的事物的本来面貌。”好奇是铸就成功和杰出的最重要的因素。因为只有好奇心才能产生兴趣，只有感兴趣才能产生探索的欲望和动力。很多成功者成功的秘诀都在于永远保持一颗好奇心。

心理研究表明，当一个人对某些事物产生好奇时，他就会充满兴趣地去研究。他就会变得愉快，精神放松，使大脑高度兴奋。他的创造性就会得到高度发挥。我们越来越意识到，在自己不感兴趣的领域里，要取得优异的成绩是很难的。是否具有强烈的好奇心和浓厚的兴趣，将在很大程度上决定着参与未来社会竞争的成败。

在我们的现实生活中，许多人一直是被动地接受知识，一直缺乏积极主动探索世界的好奇心，再加上父母对我们的好奇心的管制和干预，使得我们很多人都技能单一、反应迟钝，遇到了能力范围之外的事情就手足无措。

事实上，每个人都有发现世界的本能欲望，而这种本能欲望能让你消化堆积如山的事实。它能够揭开世界上许多神秘事物的意义，引导你全方位地理解生活，如果你一心一意去做的话。好奇心能够帮助你努力学习和自律，是你尽可能变成一个最优秀的学生所需要的素质。

年轻的朋友们，像新生儿一样，怀有一颗好奇的心吧，这样你才能永不满足，去积极地发现一切事情，并且还能让你不为时空所限制，使你超越现在，推动你去学习一切你不知道的。

有创见性和献身精神是必要的

创业，你必须要有一种创见性和为事业献身的精神。

公司起步时，我带领一群狂乱且毫无纪律观念的自命不凡之徒开始创业。我们当时可利用的资源真是少得可怜，但我们都有一种创见性和为事业献身的精神。

——1985 年《商业周刊》

延伸阅读

在乔布斯看来，创业是需要有一种创见性和为事业献身的精神的。

乔布斯是极富创见性的，当沃兹尼亚克根据《君子》(*Esquire*) 杂志上的一篇文章——《小蓝盒的秘密》，制作出了能够模拟 AT&T(美国电话电报公司) 网络上接通线路的特定音频免费拨打长途电话的蓝盒子时，乔布斯就极富创见性地意识到了这是一款可以赚钱的商品。于是，乔布斯和沃兹就去敲响各个宿舍的门，寻找感兴趣的人，然后把蓝盒子连上电话和扬声器进行演示，最终他们把制作的 100 个蓝盒子差不多都卖出去了。

成功售卖蓝盒子的这段经历为两人后来合作成立苹果公司打下了基础，也明确了他们在公司中的分工：沃兹尼亚克在电子技术上是个天才，十分擅长创造很酷的发明，但他从没有想过要用它赚钱；而乔布斯在销售方面极富创见性，总能把沃兹尼亚克的发明用方便易用的方法包装起来，推向市场，赚上一笔。

说到为事业献身的精神，乔布斯和沃兹尼亚克在创业时都有着勇于为事业献身的精神，但明显乔布斯要比沃兹多一些，因为是乔布斯说服了沃兹来一起成立苹果公司的。在说服沃兹时，乔布斯并没有争辩说他们一定能赚钱，只是说这一定会比蓝盒子的经历更有趣，而且即使他们赔了钱，也至少会在他们的一生中拥有一家公司。“拥有一家公司”这句话对沃兹尼亚克的诱惑太大了，他当即就点头同意了。

在确定和成立一家电脑公司后，乔布斯和沃兹尼亚克就开始筹集创办公司的资金：沃兹尼亚克卖掉了他的惠普计算器，获得了 250 美元；乔布斯则卖掉了他的大众汽车，获得了 1500 美元，但后来因为维修汽车引擎又花了一些钱，所以最后即便算上他俩的积蓄，他也只有 1300 美元的运营资本，还有产品设计以及一个计划。

有了启动资金后，乔布斯和沃兹尼亚克就开始考虑公司的名字，他们最先考虑的是一些典型的技术词汇，比如矩阵（Matrix）；他们也想过要新创一个词，比如“Executek”，融合了执行与科技的意思；他们还想过要不干脆取个最普通最直白的名字，比如”个人电脑股份有限公司“（Personal Computer Inc.），但这些都不能让乔布斯满意。后来，乔布斯想到他才从一个苹果农场为苹果剪过枝回来，而且他最近又在吃水果餐，就突发异想，认为给公司取名“苹果”也不错，这个极富生活气息的名字很好地削弱了电脑这个词的锐气。最终，他们选定了“苹果”作为他们新公司的名字。

“苹果”这个词确实会释放出友好而简洁的信号。将“苹果”和“电脑”这两个词放在一起，制造了一种有趣的分裂感——既有一点儿标新立异，但又不会让人觉得古怪。这个名字里还带有一点点反主流文化、返璞归真的气息，又十分美国化。

沃兹尼亚克在为事业献身的精神上不如乔布斯，还有原因是因为他当时并没有准备好要全身心投入苹果，他在骨子里还是认为他是惠普的人，他并不希望辞掉惠普的工作，甚至还认为他的新电脑设计也应该首先提供给惠普。

不过在制造伟大的产品上，沃兹尼亚克的热情并不比乔布斯少一分。为了完成苹果公司成立后的第一笔订单——Byte Shop 订购的 50 台电脑，乔布斯和沃兹尼亚克，以及乔布斯的两个朋友和妹妹聚集到了乔布斯家里，开始了紧张忙碌的工作，最终在 30 天内完成了 50 块主装好的主板，尽管这不是客户心里预期的产品，因为它没有电源，没有外壳，没有显示器，也没有键盘，但客户还是同意收货付钱了。这笔订单让苹果公司接近赢利了。后来，乔布斯和沃兹尼亚克又做了 50 块同样的主板，并把它们卖给了朋友和佳酿计算机俱乐部的会员们，真正使苹果公司赢利了。

正是一种创见性和为事业献身的精神让乔布斯把苹果塑造成了一家伟大的公司。正如多年后，乔布斯回忆起创业的这段时光时，以感叹的语气说道："公司起步时，我带领一群狂乱且毫无纪律观念的自命不凡之徒开始创业。我们当时可利用的资源真是少得可怜，但我们都有一种创见性和为事业献身的精神。"

Business Develop

联想创始人柳传志认为，自己之所以能带领联想走向成功，自己身上的奉献精神是极其重要的一个原因。正如他自己所说："20 世纪 90 年代以前，中国的创业和外国的创业有很大的不同，早期在中国创业，没有奉献精神，创业很难实现。如果我比别人多一点什么的话，就多了点这种精神。"

柳传志曾在早期的一次讲话中说："在 1985 年，我们刚刚起家时，没有奖金，几个月后才有二三十元奖金，我们当时没有想到联想集团以后会是一个年营业额 10 亿人民币的集团，当时为了生存，我们有的同志在繁重的体力劳动中累晕了过去，有的同志累得成天直不起腰，有的在滂沱大雨中跑业务，掉到了深水里，差点送命。当时没有名也没有利，受过不知多少次羞辱，我们从研究室的助研、副研的位置上下来，去走一条充满荆棘的道路，这是为什么？这就是我们的队伍。”如果没有奉献精神，早期的联想人在如此艰难的创业路程中很难走下去。

在奉献精神的激励下，第一代联想人为了让企业活下去，活得更好，他们可谓耗尽了身心所有力量，这使得他们在临到退休时几乎是伤员满营了。某年春节联欢会，当联想高层向所有退休员工颁发“终身荣誉员工”证书的时候，看到的是那一双双接过证书时颤抖的手，台下掌声经久不息。

在公司内部，柳传志也提出了“把个人追求融入企业发展目标之中”的奉献精神，他要求企业的员工必须有敢于牺牲的奉献精神，在公司遇到困难、遇到风险的时候要敢于付出很高的代价，有时即便不为社会和周围所理解，也要能忍受委屈，承担巨大的精神压力，并且坚持不懈地把事业做到底。总之，作为一个联想人，尤其是联想的管理人员，必须具备胸怀宽广、任劳任怨、以事业为重、不计得失、不谋私利等品质。

每个企业都在倡导奉献精神，那么什么是奉献精神？奉献精神就是心甘情愿地付出，而不去考虑利益的得与失，大到牺牲个人的生命，小到牺牲 5 分钟的时间、几块钱、一点力气。一个没有奉献精神的民族是难以自立自强的；一个没有奉献精神的国家是难以真正实现富强的；一个没有奉献精神的企业是难以发展进步的；一个没有奉献精神的人也是难以成就伟大事业的。

在创业时，团队成员必须要有奉献精神，这种奉献精神主要表现在 3 点：

第一，忠诚并热爱企业，以企业成功和获胜为荣。

第二，对工作有很强的使命感和责任感，做到干一行，爱一行，专一行，精一行，在工作上勤勤恳恳，奋发进取，争创一流。

第三，发扬开拓创新精神。与时俱进、不断创新是推动企业发展的内在动力，要把这种精神落实到具体工作之中。

如果团队成员没有奉献精神，就会各行其道，心里打着自己的小算盘，不能专注于企业的发展，只是把工作当成一份差事应付了事，如此一来工作的质量就难以保证，创业就很容易失败。

成功和不成功的差别，在于你是否坚持不懈

成功的创业者和不成功的创业者的区别有一半在于能否坚持不懈。

互联网创业热的问题不是因为太多人开始创办公司，而是因为太多人不能坚持到底。这一点似乎可以理解，因为在创业过程中有很多时候都充满了绝望和哭闹，尤其是当你不得不解雇员工、取消计划和应付艰难局面的时候。但这正是你展现你自己是谁，展现你的价值是什么的时候。

——2000 年 1 月 24 日《财富》杂志

延伸阅读

乔布斯 20 岁时就开始创业。1976 年，他和朋友沃兹尼克亚迎难而上，艰苦创业，在车库里面开创了苹果公司。在后来的 10 年间，他将苹果电脑公司从一家只有两个创业者的车库公司扩展成一家员工超过 4000 人、市值 20 亿美元的国际大公司。但是，令人意想不到的是，乔布斯 30 岁时被自己所创办的公司炒了鱿鱼。就这样，曾经是他生活重心的东西一夜之间不见了。随后几个月，他成为公众的负面示范。从某种程度上讲，这几乎昭示着乔布斯所认定的事业、

钟爱的事业就要离他远去了。真的就要这样了吗？

当然不是。因为乔布斯认定自己所钟爱的事业，并始终有永不放手的坚持精神，负面因素导致的不良情绪只能烦扰他一时（这一严重打击也曾使他一时不知道要干什么好，甚至想过离开硅谷），却无法烦扰他一世。对于他这样的创业者而言，从第一天创业起，就一直在创业的路上，成功和失败，都无法阻止他前行的步伐。

乔布斯被赶出苹果公司后，有一段时间把自己关在家里，把来电转到答录机上，回避媒体的采访和追问，只和家人及少数朋友有交流。乔布斯用自己的方式平静受伤的心灵——聆听音乐，并从中找到力量。乔布斯最喜欢听鲍勃·迪伦的歌曲，迪伦的磁带一放就是好几个小时不停，尤其是《时代在变》。16个月前，他向苹果公司的股东揭开麦金塔的面纱时，朗诵了这首歌的第二段歌词。歌词的结尾很棒："现在的失败者，会成为以后的赢家……"

鲍勃·迪伦的歌曲成了乔布斯最好的疗伤药，歌曲表达的忧伤情怀是乔布斯当时的写照。同样，歌曲表达的对未来的渴望，激励着乔布斯走出阴霾。

离开苹果的乔布斯就这样沉寂了数月，他的朋友曾担心他会因承受不住打击而自杀。然而，他不知道乔布斯是一位无所畏惧的角斗士，就在沉寂了一段时间后，乔布斯的斗志重新被激发出来，他产生了创办另一家公司的冲动。"让创新的轮子再转动起来，和一帮天才创造酷毙了的玩意儿。"乔布斯如是说。最终，乔布斯创建了NeXT公司，并且取得了很大的发展。后来乔布斯又接手了皮克斯公司，皮克斯制作出了《玩具总动员》这部世界上第一次完全由电脑制作的动画电影。之后，NeXT公司阴差阳错地又被苹果电脑公司买下，他于是回到了当初的根据地，而NeXT发展的技术居然成为苹果公司复兴的核心。

整个过程很曲折、很艰难，但乔布斯一直保持着永不放手的创业精神，让苹果公司重新接纳自己。他明白既然认定了自己所选的路，暂时的失败并不能代表永远的失利，一时的成功并不能代表将来的成功，只有树立远大的理想，并在理想的道路上坚持下去，才能获得最大的成功。

回望乔布斯的身影，我们可以深刻感触到——对于你所钟爱的，认定了就是一辈子的事情，这是一种对自己选择的坚定。这种坚定可以让我们在面临危险的时候临危不惧，面对狂风暴雨时始终走在最前面。真正的成功恰恰蕴藏在这种坚持之中。

当今社会越来越多的人想要尝试自主创业，或已经开始自主创业的尝试。企业起步阶段的根基打造无疑是一个企业能否生存下去，能否继续得到发展的最关键时刻。成功的创业尝试要求创业者具有明确的目标、长远的眼光，等等。但如果 10 年前有人问，创业首先需要什么？很多人会说要有勇气和魄力。而今天如果有人问想创业先做什么？答案却是唯一的：创业的路是艰辛的，想创业要先创信心。创业的路上没有后悔，只有拥有坚强的自信心，才能让创业之路越走越远。

创业的过程绝不可能是一帆风顺的，如果没有百折不挠的创业精神，就无法在激烈的竞争中胜出。“宝剑锋从磨砺出，梅花香自苦寒来。”逆境给人宝贵的磨炼机会，只有经得起环境考验的人，才是真正的强者。其实，顺境和逆境都是命运的安排，坦然面对，才是最好的方式。把“置身绝境”看成是锻炼自己的珍贵机会。明白这一点，在面临艰难困苦时，就能勇气百倍地承受，迎接挑战。唯有如此，才能涌出新的智慧，转祸为福。

被誉为“经营之神”的松下幸之助并不是社会的幸运儿，但是，不幸的生活促使他成为一个永远的抗争者。松下电器公司并非是一个一夜之间成功的公司，创业之初，正遭遇第一次世界大战，物价飞涨，而松下幸之助手里的资金极少。公司成立后，最初的产品是插座和灯头，然而产品遇到了棘手的销售问题，工厂竟到了无法维持的地步，同事们相继离去，使幸之助的境况变得很糟糕，当时的困难可以想象。

但松下幸之助把这一切都看成是创业的必然经历，他相信：坚持下去取得成功，就是对自己最好的报答。功夫不负有心人，生意逐渐有了转机，当6年后他拿出第一个像样的行车前灯时，公司才慢慢走出了困境。然而，走出困境的松下电器公司所面对的并不是风景美好的坦途，而是一条坎坷困窘的道路。随着1929年经济危机席卷全球，日本电器销量锐减。第二次世界大战的爆发使日本经济走上了衰落，松下幸之助变得一贫如洗，他所拥有的是高达10亿日元的巨额债务。为抗议把公司定为财阀，松下幸之助不下50次地去美军司令部进行交涉，其中的苦楚自不必言。

在94岁高龄时，松下说过："你只要有一颗谦虚和开放的心，就可以在任何时候从任何人身上学到很多东西。无论是逆境还是顺境，坦然的处世态度往往会使人更加聪明。"他用他的成功向人们表明，一个人只有从心理上、道德上成长起来，才可能成就一番事业。

创业过程中一定存在压力和困难，重要的是你能不能以一颗坚强的心去面对。创业之路实际上很残酷，就像只无形的手，总是攫住你，让你无处可逃。但有压力有困难对人并非只是坏事，很多时候，人需要有一种力量来推动，就像慢马需要马绳一样。适当的压力能激发出你的潜力，竞争可以检验你的能力。遇到困难时，最简单的解决办法就是：勇敢迎接它，告诉自己——我顶得住！试问哪一个创业者不是承受了各方的压力，最终超越压力，甚至将压力巧妙地转换为动力而获得成功的？成功的面前总是会有一些障碍，只有能够克服困难走过去的人，才有资格品尝胜利的自豪和快乐。

中国著名企业家马云说："对所有创业者来说，永远告诉自己一句话：从创业的第一天起，你每天要面对的是困难和失败，而不是成功。困难不能躲避，不能让别人替你去扛，任何困难都必须自己去面对。创业者任何时候都要勇往直前，而且要不断创新和突破，直到找到一个方向为止。跌倒了爬起来，又跌倒再爬起来。如果说有成功的希望，就是我们始终没有放弃。"

为了创造传世的公司

创造传世的公司，这是我对苹果的期望。

我讨厌一种人，他们把自己称为“企业家”，实际上真正想做的却是创建一家企业，然后把它卖掉或上市，他们就可以变现，一走了之。他们不愿意费力气打造一家真正的公司，而这正是商业领域里最艰难的工作。只有做到这一点你才能真正有所贡献，为前人留下的遗产添砖加瓦。你要打造一家再过一两代人仍然屹立不倒的公司。那就是沃尔特·迪士尼，还有休利特和帕卡德，还有创建英特尔的人所做的。他们创造了传世的公司，而不仅仅是赚了钱。这正是我对苹果的期望。

——《史蒂夫·乔布斯传》

延伸阅读

乔布斯在接受《书呆子的胜利》节目采访时，曾经谈到他对“赚钱”的看法：“做生意没有人会真的深思熟虑，这就是我的体会和认知。因此如果你愿意问问题，仔细思考，认真努力，你很快就能学会做生意，这不是多难的事情。

我身价超过一百万美元时才二十三岁；二十四岁身价超过千万美元；二十五岁就超过亿万美元。但钱没那么重要，因为我创业从来就不是为了钱。

当然，有钱是很棒的事请，因为它让你有能力做很多事。

你可以投资短期无法回收的创意和想法，最重要的是公司、是人、是我们制作的产品以及产品对人们带来的好处，所以我不常把钱放在心上。你知道我没卖掉一张股票，我真的相信公司长期会很有发展。”

可见，乔布斯的激情所在是打造一家可以传世的公司，这家公司里的人动力十足地创造伟大的产品。其他一切都是第二位的。当然，能赚钱很棒，因为那样你才能够制造伟大的产品。但是动力来自产品，而不是利润。斯卡利没有乔布斯那种对产品的激情，也没有创造传世公司的激情，他只不过只是一个商人，商人的重心就是赚钱，因此他在把乔布斯逐出苹果后，就把赚钱当成了苹果的目标，这差点毁了苹果。苹果的董事会关心的也只是苹果能不能赚钱，因此在苹果发生大亏损后，他们为了让苹果扭亏为盈，不得不请回了乔布斯。

如果是为了赚钱，乔布斯完全没必要回到苹果，因为当时他经营的皮克斯公司已经成功上市，他手中持有的 80% 的皮克斯股票让他拥有了 12 亿美元的财富，这可是 1980 年苹果上市时他获得的收益的 5 倍。但他内心对苹果还是充满激情，否则他不会在离开苹果后还一直密切关注苹果的发展动态，甚至还想到了一个重回苹果的策略，就是借苹果收购 NeXT 的机会回归苹果，然后挤掉阿梅里奥，重新夺回了苹果的掌控权。乔布斯的这个策略成功了。

在乔布斯回归苹果前，他就把他的这个策略告诉过他的朋友拉里·埃利森，他是世界上最大的数据库软件公司甲骨文的老板，手头拥有大笔的财富。对于乔布斯的策略，埃利森有一点很不明白：“如果我们不收购公司股权，我们怎么赚钱呢？”乔布斯的回答明确显示了他回归苹果的目的不是为了钱：“拉里，这就是为什么有我做你的朋友非常重要。你已经不缺钱了。”

一直以来，乔布斯做企业的目的都不是赚钱，否则他早在 NeXT 和皮克斯后来持续亏损的状况下卖掉它们了，而不是不断拿自己的钱去支撑公司去搞研发。乔布斯既没有埃利森那种惹人注目的消费需求，也没有比尔·盖茨那种投身慈善事业的内在冲动，也没有那种想看看自己在《福布斯》排行榜上能爬多高的竞争意识。在他那自负和个人动力的驱使下，他要通过创造足以令世人敬畏的传奇来获得满足。这实际上包括两个方面：制造不断革新不断变化的伟大产品，以及建立一家有持久生命力的公司。他希望跟埃德温·兰德、比尔·休利特和戴维·帕卡德这些人一起在万神殿占据一席之地，甚至比他们还要高一级。要实现这些，最好的方式就是回到苹果，夺回他的王朝。而且，最终他也做到了。

Business Develop

马云曾经说道："我马云比其他大部分 CEO 要坚强的是，我不为钱干，永远不把赚钱作为公司的第一目标。你说到这个就要做到。最后你反过来看自己赚了很多钱，这是个结果，它不是我追求的目标。

"因为我自己坚信，如果一个人脑子里就想赚钱的话，他脑子里想的是钱，眼睛里是人民币、港币，讲话全是美元，没人愿意跟你这样的人做生意的。"

在马云看来，创业永远挑选最容易做最快乐做的事情，创业不是为了赚钱，而是你喜欢它，你喜欢这个工作，你喜欢做这件事情，那是最大的激情，最大的动力所在。如果你为了挣钱，我告诉你，永远有比你想的更挣钱的东西。你选择是因为你喜欢，你喜欢你就不要抱怨。

其实马云的这个理念就是乔布斯的"创造传世的公司，而不仅仅是赚了钱"的理念。其实，不只是乔布斯、马云有这样的创业经营理念，很多把企业做大做强的企业家也都抱有这种心理，顺丰速递创始人王卫就是其中一个。

在中国快递行业，顺丰速运近年来无疑让人瞩目，成为快递行业"巨头"。这样一个能够叫板 EMS 的民营企业，掌管百亿快递王国的顺丰董事长王卫却这样说："做企业的目的不是为了赚钱，我是想做成一个平台，通过这个平台我可以实现我的价值和理想。"

1993 年 3 月，作为第一代"水客"，背着装满合同、信函、样品和报关资料的大包往返于香港和顺德之间几年后，22 岁的王卫在顺德创立了顺丰速运。当时，这家公司算上王卫本人也只有 6 个人。

经过 18 年的发展，截至 2010 年，顺丰的销售额已超过 100 亿人民币，年平均增长率 40%，员工 11 万多人。据权威数据显示，2010 年，在广东市场，顺丰已经超越 EMS，成为快递行业的龙头老大；在国内市场，顺丰的市场份额也飙升至 19%，是最大民营快递企业，离第一名的 EMS 仅有一步之遥。

然而，在谈到上市的问题时，王卫说："上市的好处无非是圈钱，获得发展企业所需的资金。顺丰也缺钱，但是顺丰不能为了钱而上市。上市后，企业就变成一个赚钱的机器，每天股价的变动都牵动着企业的神经，对企业管理层的管理是不利的。

"做企业应该踏踏实实，真正想做好企业，要做基业长青的企业，就要有远大的目标，要为未来进行大胆的投入、大量的投入。然而，成为上市公司后，每一笔投入，都要向股民交代，说服他们这笔投入是有利可图的，是可以在短期内获得利润的，要有业绩出来，这个我恐怕做不到，我真的没有办法保证对未来的战略性投入可以有立竿见影的效果，更不能保证我不会失败，这也违背了我做企业的精神。"

在王卫看来，做企业，是想让企业长期地发展，让一批人得到有尊严的生活。上市后环境不一样了，需要为股民负责，保证股票不断上涨，利润将成为企业存在的唯一目的。这样，企业将变得很浮躁，和当今社会一样浮躁。

正是因为不将赚钱、上市作为企业的第一目标，顺丰才能成为一家备受认可的快递企业。尽管目前快递行业面临大整合，小型快递企业纷纷关门或者被并购，大型快递企业最终将彻底垄断市场份额的 90% 以上，最后幸存的快递企业只会有 10 家左右。

然而这并不影响顺丰做一家好企业、做一家基业长青的企业。而且顺丰可能正像一些人预测的，一定会成为中国的联邦快递（FedEx）。它 10 年之内也许会买 100 架飞机，全国八成以上的机场周围将来都会有顺丰的库房。光这两样，已经没有第二家能跟它比了。

记住你即将死去

骄傲、恐惧在死亡面前烟消云散，
只留下真正重要的东西。

当我十七岁的时候，我读到了一句话："如果你把每一天都当作生命中最后一天去生活的话，那么有一天你会发现你是正确的。"这句话给我留下了深刻的印象。从那时开始，过了33年，我在每天早晨都会对着镜子问自己："如果今天是我生命中的最后一天，你会不会完成你今天想做的事情呢？"当答案连续很多次被给予"不是"的时候，我知道自己需要改变某些事情了。

"记住你即将死去"是我一生中遇到的最重要箴言。它帮我指明了生命中重要的选择。因为几乎所有的事情，包括所有的荣誉、所有的骄傲、所有对难堪和失败的恐惧，这些在死亡面前都会消失。我看到的是留下的真正重要的东西。你有时候会思考你将会失去某些东西，"记住你即将死去"是我知道的避免这些想法的最好办法。你已经赤身裸体了，你没有理由不去跟随自己的心一起跳动。

——2005年乔布斯在斯坦福大学
毕业典礼上的演讲

延伸阅读

很多年轻人都惧怕死亡，甚至是谈死色变，然而在乔布斯看来，死亡却是生命中的一个最佳创新。

2003 年，乔布斯被诊断出患有胰腺癌，但并未对外公布。

2004 年，乔布斯因胰腺癌接受第一次手术，治疗后恢复良好。

2005 年，乔布斯在斯坦福大学毕业典礼的演讲中谈到与癌症抗争，医生告诉他无法活过六个月，但乔布斯通过努力奇迹般恢复了健康。

2009 年，乔布斯因肝癌休假并接受肝脏移植手术，在休假近六个月后重回苹果工作，但身体明显消瘦，有人称其走路“像是 70 岁的老人”。

2011 年，乔布斯第三次因病休假，日常工作交给苹果 COO 蒂姆库克负责，或与肝癌有关。

乔布斯的传奇不仅因为他是“苹果园”的掌门人，不仅因为他是一个创新者一个发明者，还因为他面对生死那份坦然和镇定自若。在斯坦福大学毕业典礼上，乔布斯曾讲:“死亡可能是生命的最佳创新，因为它将彻底改变你的生命。死亡让老人消失，从而为年轻人让路。现在你们是年轻人，但会逐步变为老人并消失。也许我的讲话过于戏剧性，但这是事实。”

贝多芬也曾说 :“我愿证明，凡是行为善良与高尚的人，定能因之而担当患难。”面对恶性肿瘤的侵犯，乔布斯依然能够笑容满面地勤劳工作，这是一种高尚的品德，也需要超人的意志力和良好的心态。

没有人可以选择命运，即使是披着神秘光环的乔布斯也是如此。他出生不久就被父母送给别人抚养，家庭的困窘让年轻的他很早就感受到生活的压力。少年时代的乔布斯是一个任性和叛逆的孩子，经常吸着大麻读名著，成为嬉皮士放纵自己，以为这样可以掌控自己的命运。可是当他告别迷药时，也曾坦言 :“并不是自己有多么超人的意志力，而是因为彻底被宁静的心态征服。”

乔布斯坦然地接受了自己的命运。在 2003 年被查出患有胰腺癌时更是如此。当乔布斯最初被确诊得癌症时，医生认为他已时日无多。但是，他从未被病魔吓到，一直保持着健康人的工作状态和心情。

一直到 2004 年，乔布斯成功地接受手术，他才给朋友、苹果的员工发出了一封说明自己情况的邮件：

有一些私人问题，我希望你们能从我这里直接得知。

这个周末，我成功地接受了切除胰腺里的癌症肿瘤的手术。这种胰腺癌是癌症史上罕见的一种疾病，叫作"小岛细胞神经内分泌肿瘤"。虽然，这种病不好治愈，但是要及早发现，用手术切除即可治愈，我就是这种情况。

我将在 8 月份修养，9 月份开始工作，我也期待 9 月份与你们的重逢。

乔布斯的这种乐观的生活态度，让他迅速康复。正如乔布斯预期的那样，他又回到了自己的岗位上。他说，"记住你即将死去"帮我指明了生命中重要的选择。因为所有的荣誉与骄傲，难堪与恐惧，在死亡面前都会消失。我看到的是留下的真正重要的东西。当你担心你将失去某些东西时，"记住你即将死去"是最好的解药。如你能够清空一切，你没有理由不去追随你心。

记住你即将死去，这种心态赋予了乔布斯生命中一定的特殊意义。现在，苹果的这位缔造者已经离开了我们，但我们还要谨记他对生活的信念："带着责任感去生活，尝试着为这个世界带来点有意义的事情，为更加高尚的事情做点贡献。这样你会发现生活更加有意义，生命不再枯燥。"

Business Develop

我们从乔布斯的身上学到的是如何去面对死亡，当死亡要来临时我们要保持什么样的精神状态。其实，死亡或痛苦并不可怕，可怕的是对死亡和痛苦的恐惧。因为这个原因，我们赞成一位诗人所说："死亡并不可怕，可怕的是死于可耻。"乔布斯对死亡的态度让人不禁想到了史铁生。

史铁生是著名小说家。他 1951 年生于北京，1969 年赴延安插队，1972 年双腿瘫痪回到北京，那时他只有 21 岁。1981 年，他患上了严重的肾病。1998 年开始做透析，每周三次，不能间断。2010 年 12 月，史铁生离我们而去。

他在病榻上写出了许多中短篇小说。著名散文《我与地坛》更是名列中国当代文学史，感动和鼓励了无数读者。他说自己“职业是生病，业余在写作”。

死亡和苦难，一直是史铁生写作的母题。有人评价说，史铁生的苦难写作，或者生命写作，是中国作坛最为独特的。他的文字有一种苍凉的况味，是那种从炼狱中发出的不屈呐喊，是穿越苦难在风雨中翱翔的黑色海燕。

史铁生虽然残疾，但他用自己身残志坚的精神鼓舞着许多人。他曾经说过很多经典语言。

“人所不能者，即是限制，即是残疾。”

“我们生来孤单，无数的历史和无限的时间因而破碎成片断。”

“左右苍茫时，总也得有条路走，这路又不能再用腿去蹚，便用笔去找。”

当然，史铁生也是一个矛盾的人，不是神。在某段生命的低潮期，他不止一次有自杀的念头，当他的双肾完全失去功能，医院告知必须进行透析治疗的那段时期，史铁生很敏感，他不知道透析的前景如何。“那时他们家养了一条金鱼，金鱼死了。我们都不敢当着他面说金鱼死了，赶紧去市场上买了条一模一样的放回去。”史铁生的一个老朋友回忆道。

于生与死的问题史铁生想了很多。他曾一连几小时专心致志地想关于死的事，也以同样的耐心和方式想过为什么要出生。

卓别林主演的《城市之光》将史铁生从“渴望死亡”的精神压力中彻底拯救了出来：片中的女主角想死，她把煤气打开了，卓别林扮演的男主角发现后，关掉煤气救了女主角。女主角对他说：“你为什么要救我？我想死，这是我的权利。”这时，男主角只说了一句话：“你急什么？大家早晚不是都要死吗？”

这句话让史铁生茅塞顿开。他在《我与地坛》中写道：“一个人，出生了，这就不再是一个可以辩论的问题，而只是上帝交给他的一个事实；上帝在交给我们这件事实的时候，已经顺便保证了它的结果，所以死是一件不必急于求成的事，死是一个必然会降临的节日。这样想过之后我安心多了，眼前的一切不再那么可怕。”

所以，死是自然的。我们一出生，就订了一个契约（不管我们知道还是不知道），那就是我们是要死的。我们对死亡诚惶诚恐，心浮气躁，表明我们并未意识到我们是大自然的一部分。以为由于我们是人，就与自然有别。任何东西，有生就有死。我们要接受这个简单却又非常深奥的道理，坦然面对死亡的降临。

佛家有言：“人们年轻时，都知道他们是要死的，但没有人相信这一点。”当真的面临死亡时，才会相信。既然死亡不可避免，我们不妨像乔布斯一样坦然地说：“死亡是生命的最佳创新”，然后，静待死亡的到来。

第二章

一切都从伟大的产品开始

我的激情所在是打造一家可以传世的公司，这家公司里的人动力十足地创造伟大的产品。其他一切都是第二位的。当然，能赚钱很棒，因为那样你才能够制造伟大的产品。但是动力来自产品，而不是利润。

为人们提供最好的笔记本

苹果的初衷是为人们提供最好的计算机。

约翰·斯卡利毁了苹果，他把一套腐败的价值观带到苹果高层，某些苹果高层官员沉迷其中，还把那些不同流合污的人驱逐出去，再招进一些更腐败的人。他们共同坐享数千万的收益，把个人名誉和财富置于首位，却忽视了苹果的初衷——为人们提供最好的计算机。

——1995 年 4 月 20 日史密森学会口述及视频历史记录

延伸阅读

在 1995 年，离开苹果公司 10 年之久的乔布斯依旧还在关注苹果，看到苹果的日渐衰退，他痛心不已，在接受一次采访时曾表示：“毁灭苹果的不是增长，而是他们变得非常贪婪。苹果没有沿着‘将某种产品打造成一件家用电器并使尽可能多的人使用’这一最初愿景的原始轨迹走下去，而是去追求利润。他们在大约四年时间里获得了高额利润，但付出的代价是他们的未来，他们原本应做的事是努力获取合理利润以及扩大市场份额。”

乔布斯说的这些都是事实。在乔布斯被踢出局后，前几年里，苹果公司因为暂时统领桌面排版系统，还可以舒舒服服地坐着就能享受很高的利润率。当时自我感觉有如天才的约翰·斯卡利，甚至在 1987 年发表了一系列今天看起来颇为尴尬的宣言：乔布斯希望苹果"成为一家出色的消费品公司"，这是个愚蠢的计划……苹果永远不会是一家消费品公司……我们不能因为我们改变世界的梦想就扭曲现实……高科技不能作为消费品去设计和销售。这番话让乔布斯惊愕不已，相信他那时就开始意识到苹果将步入快速衰退的阶段。

事实果然像乔布斯预想的那样，在斯卡利的领导下，到了 20 世纪 90 年代初，苹果市场份额和收入持续下降。这种以牺牲市场份额为代价的追逐利润的行为，让乔布斯感到莫大的愤怒和悲哀，他说："斯卡利引进下三滥的人和下三滥的价值观，把苹果给毁了。他们只在乎如何赚钱，主要是为他们自己赚钱，而不在乎如何为苹果制造出色的产品。正是因为斯卡利坚持尽可能地榨干 Mac 身上的每一分利润，而不去努力改进产品和降低价格，才导致 Mac 在和微软的竞争中一败涂地。"

和苹果的快速没落相反，微软迅速发展壮大起来，他们用了几年时间模仿 Mac 的图形用户界面，最终在 1990 年推出了 Windows3.0 系统，从此走上了统领台式电脑市场的征途。1995 年 8 月，微软又发布 Windows95，这被称为有史以来最成功的操作系统，而与此同时 Mac 的销售量开始暴跌。对此，乔布斯的评价是："苹果也是活该。我离开后，它没有发明任何新东西。Mac 几乎没有改进。面对微软，它只能坐以待毙。"

到 1996 年，苹果在 80 年代末开拓的高达 16% 的市场份额已经下降到了 4%。大家对苹果都开始失望了，因为 1993 年取代斯卡利担任苹果 CEO 的迈克尔·斯平德勒（Michael Spixidler) 曾试图把苹果卖给太阳微系统、IBM 和惠普，可惜没有一个公司真正愿意买下它。售卖计划的失败，使得他在 1996 年 2 月被吉尔·阿梅里奥（Gil Amelio) 取代了。吉尔是一位研发工程师，原来是国家半导体公司的 CEO。可惜他的上任也没能挽救苹果迅速衰退的局面，在他任期内的第一年，苹果公司就亏损了 10 亿美元，股票价格从 1991 年时的 70 美元暴跌到 14 美元。讽刺的是，在当时，高科技泡沫正把其他股票的价格推向史无前例的高点。

眼看着苹果公司正迅速走向灭亡，束手无策的阿梅里奥想到了那个曾带领苹果走向辉煌的人——乔布斯，并最终通过收购NeXT的方式迎来了乔布斯的回归。

乔布斯决定回归苹果后，就打算开始整顿苹果忽视产品初衷的恶劣局面。因此，在1997年1月初的Macword活动上，作为形象大使的乔布斯一上台，就直入主题：“我们要再创辉煌，Mac在这10年来没有什么进步，所以才会被Windows赶上来，我们必须拿出一个更好的操作系统才行。”

随后他在苹果大刀阔斧地砍掉多余的产品线，指定“做四个伟大的产品”的新战略，最终凭借这种对产品的专注力迅速再创了苹果公司的辉煌，实现了他在1997年Macword活动上的承诺。

Business Develop

随着互联网的迅速发展，中国所有的企业都在不断斥巨资、投重金制造各种令人眼花缭乱的技术概念和数字游戏，从而追求市场份额和经营利润的最大化。这几年来，因为厨电产业在市场上释放出来了“持续增长的市场规模和经营利润”，吸引了一大批家电企业的“垂涎”，也引发了整个厨电产业的规模化产能比拼、产品技术竞赛等，特别是互联网、智能化浪潮的到来，更让很多企业开始推动厨电产业发展方向和趋势的“改弦易辙”。许多企业在互联网、智能化浪潮中渐渐迷失，忘记了企业做产品的初衷，使得市场份额大幅下滑。

当然，还有一些企业家没有忘记做产品的初衷，方太集团董事长兼总裁茅忠群就是其中一个。在他看来，“互联网并未改变厨电产业发展的方向，相反互联网思维的核心进一步厘清和夯实了高端厨电产业的方向，那就是以用户为中心，开发出让用户更加惊喜、更加感动的产品”。他认为，方太进入厨电产业的初衷不会改变，一直都会是——让家的感觉更好，19年来方太一直坚守的道路都是——以用户为中心的使用更方便、体验更愉悦的产品自驱动。

在中国，每个家庭对于厨房环境的要求一直都是——“吸尽油烟”，这也是自油烟机进入中国市场以来，一直面临的产品技术升级发展方向。吸油烟机是欧洲人的发明，它有传统的欧式外观，与中国传统的深罩式油烟机形成鲜明对比，因此当它进入中国市场时，因为外观的问题很快在中国市场遭遇了‘滑铁卢’，此后以方太为首的中国本土企业以“欧式外观中国芯”的全新标准开创了属于中国的油烟机时代，并一度让日本以及台湾地区的同行都大为惊叹。

牢记“让家的感觉更好”的初衷，方太面向中国的厨房环境和烹饪习惯，致力于打造本土的高端厨电标准，在过去19年来，推出了包括深型吸油烟机、欧式吸油烟机、近吸式吸油烟机、嵌入式成套化厨电、“高效静吸”吸油烟机、全新一代风魔方吸油烟机等一系列产品，在成功引领了中国厨电产业发展趋势和消费需求持续升级的同时，也朝着“吸尽油烟”的产品目标持续迈进。

2014年，方太再度刷新了13年前由自己创造的“欧式外观中国芯”油烟机标准，发布了一款应用了五大发明专利技术、全球首创的“立方环吸”云魔方油烟机，实现了欧式油烟机笼烟能力从水平方向到垂直方向的全面外扩，超大笼烟，有效减少油烟逃逸。方太由此也确立了全新一代欧式油烟机的发展方向和潮流——“健康、环保、有品位”，最终以“厨房好效果”直击中国家庭厨房的根本需求，从而一举终结行业的“技术概念和数字游戏”的盲目比拼。

推出一系列让消费者感动、惊喜的好产品，正是19年来方太一直未曾动摇的发展初衷。从方太进入厨电行业的第一天起，方太就确立了以用户为中心的产品开发。无论是从技术创新、产品制造，还是市场营销和售后服务等环节，方太的组织架构、管理手段，都是面向满足用户需求的目标建立起来的。

为了更好地执行方太“让家的感觉更好”的初衷，茅忠群提出了“三不、四个坚持”原则。

“三不”是：不上市、不打价格战、不欺客。

“四个坚持”是：坚持高端定位，继续引领和推动整个厨电产业转型升级；坚持独创设计，继续引领嵌入化成套化厨电发展潮流；坚持不断创新，为用户打造健康环保有品位的生活方式；坚持社会责任，为行业为社会为人类的进步发展贡献力量。

用五千个点子磨出一个产品

真正的魔法，是用五千个点子磨出一个产品。

我离开后，对苹果最具伤害力的一件事是史考利 (苹果前 CEO) 犯了一个很严重的毛病：认为只要有很棒的想法，事情就有了九成。你只要告诉其他人，这里有个好点子，他们就会回到办公室，让想法成真。

问题是，好想法要变成好产品，需要大量的加工。当你不断改善原来那个“很棒的想法”，概念还会不断成长。改变，结果通常跟你开始想的不一样：因为你越深入细节，你学得越多。

你也会发现，你必须做出难以两全的取舍，才能达到目标：有些功能就是不适合电子产品做，有些功能就是不适合用塑胶、玻璃材料做，或是工厂就是做不到。

设计一个产品，你脑海中可能要记住超过五千件事，把这些概念组合在一起，使劲让这些想法在一个全新的方式下一起运作，达到你要的效果。

每天你都会发现新东西。这同时代表新的问题，和新的机会。让最终的组合有一点点不一样，这才是真正的“流程”，也是真正的魔法所在。

——1995 年乔布斯接受《书呆子的胜利》节目采访

延伸阅读

1980 年 9 月，因为担心乔布斯会造成公司内部的分裂，乔布斯被斯科特和马库拉踢出了 Lisa 项目，并同时解除了他研发部门副总裁的职务，被任命为手中毫无实权的董事会非执行主席，这让乔布斯愤恨不已。因此，当乔布斯得到了 Mac 项目，他似乎急于制造一个能够打败 Lisa 电脑的产品，在 Mac 项目中将他追求完美的特性发挥到了极致，正如他自己后来所说的那样："用五千个点子磨出一个产品。"

在 Mac 原来的负责人杰夫·拉斯金的设想中，Mac 电脑应该像一只四四方方的手提箱，可以将键盘翻起来盖住屏幕从而合上电脑箱。而乔布斯接管 Mac 项目之后，他考虑一番后，最终决定牺牲它的便携性，改用一个不会占用太多桌面空间的独特设计。于是，他把一本电话簿扔到 Mac 项目的所有成员面前，然后宣布，电脑占用的桌面面积不能超过这本电话簿，这种在当时纯属天方夜谭的话，直接吓傻了 Mac 项目的那一群工程师。为了达到乔布斯的这一要求，Mac 的成员们开始绞尽脑汁地想办法。最终，Mac 设计团队的负责人杰里·马诺克和他雇来的天才设计师大山特里（Terry Oyama）开始研究一个方案：将屏幕放到机箱的上方，再用上可拆卸的键盘，才算是勉强达到乔布斯的要求。

到了 1981 年 3 月的某一天，乔布斯在仔细审视了一台 Mac 样机后，又对公司的创意总监詹姆斯·费里斯（James Ferris）提出了一个新的想法："我们要设计出一个经典的外形，不会过时的那种，就像大众的甲壳虫汽车一样。"他对经典车型的外形轮廓十分赞赏，这点多是受他父亲的影响。费里斯对乔布斯的这个想法表示赞同，这时，乔布斯又觉得 Mac 电脑的外形最好是像保时捷。他还十分欣赏奔驰汽车的设计，因为奔驰汽车的线条比较柔和，而且在细节之处的用心清晰可见，他认为这就是他们要在 Mac 电脑上实现的目标。

根据乔布斯对 Mac 电脑外形上的新建议，设计师大山特里拟出了一个初步设计方案，并制作了一个石膏模型。然后，Mac 团队的成员们聚集到一起，观看模型展示。其他人都觉得这个模样很可爱，但乔布斯一点儿也不满意，他对它进行了猛烈的批评："这造型太方正了，必须再多一些曲线美的感觉。第一个倒角的半径要再大一点儿，斜角的尺寸我也不大喜欢。"他把刚刚熟练掌握的工业设计术语用上了，其实指的就是电脑相邻两个面弯曲过度。但乔布斯对团队成员的努力给予了大大的称赞，他说："这是一个开始。"从那以后，这样的评判会每个月都会进行一次。

某一个周末，乔布斯陪家人去逛梅西百货时，对卖场的各种电器开始有了研究的兴趣，特别是厨艺公司的产品。周一，他冲进办公室，让设计团队去买了一台厨艺公司的电器，然后根据它的轮廓、曲线和斜角，对 Mac 电脑的机箱外形提出了一系列新的建议。于是大山尝试了一种新的设计，但看上去就像是一台厨房电器，尽管乔布斯还是觉得不够满意，但他最终还是批准了 Mac 的机箱设计。

对于屏幕上显示的内容，乔布斯也同样痴迷。为了让阿特金森在图形程序中加入圆角矩形，他不仅一一指出房间中那些带圆角的矩形，还拖着他出去转了一圈，为他指出沿途看见的各种圆角矩形，直到他认输，承认"圆角矩形也要成为我们电脑上的基本元素"。从那以后，几乎所有的苹果电脑的对话框和窗口都带上了圆角。

正是因为由这种不断迸出新点子、不断磨合实现这些新点子的完美主义精神，才使得 Mac 电脑一上市就大获成功，让乔布斯在苹果公司重新证明了自己。

Business Develop

"用五千个点子磨出一个产品"是乔布斯追求完美的真实写照。像乔布斯一样，程序员出身的雷军也是一个完美主义者。很长一段时间，雷军上班的时候都随身携带笔记本电脑，但是 PC 笔记本电脑自带的充电器却让他感觉十分不满。

"为什么这个充电器做得这么难看又这么难用？怎么就没有一家公司能像苹果一样将产品的任何一个细节都做得很完美？"雷军觉得，每天背着时髦的笔记本电脑上班，却要带着一个丑陋的充电器，是一件非常痛苦的事情。

有一次，在上班途中，雷军遇见了这家公司的一名高管，忍不住问他："你们每天都在用笔记本电脑的充电器，怎么就不把它做得漂亮一点？”

可见，对于身边常用的东西，雷军的要求很高，他觉得做一件事情就要做到极致，做到自己能力的极限。

在极致这一点上，暴雪公司是雷军最为欣赏的一家企业。热爱电脑的雷军同样也是网络游戏的爱好者，平时在工作闲暇，雷军也会玩游戏给自己减压，雷军是无意间接触到暴雪公司推出的《魔兽世界》游戏的。

《魔兽世界》是一款拥有完整世界史诗背景、风格唯美、十二大种族个性鲜明、十大职业各领风骚，而且游戏类型可自由选择的网络游戏。自 2008 年 11 月推出之后，《魔兽世界》还创造了一个纪录，是史上 24 小时内销售速度最快的 PC 游戏——一天卖了 280 万份。这归功于暴雪团队追求极致的严格要求。暴雪在游戏发布前，会花许多时间润色，而最后 10% 的润色阶段就是一个好游戏和一个差游戏之间的差别。暴雪只要没把游戏做到极致，哪怕还差 1% 的效果没达到他们的要求，就宁可跳票。

暴雪的做法对于小米科技后来的发展思路产生了很大的影响。

小米手机进入时的互联网，是一个正在混战的战场。小米手机出现前后两三年，互联网企业中已经有百度、阿里巴巴、腾讯、新浪、人人网、盛大等知名公司进入手机领域，抢占移动互联网的先机。百度与戴尔合作推出了戴尔智能手机 D43 之后，又联手长虹推出千元智能手机；阿里云计算公司则以手机操作系统阿里云 OS 为基础与天语合作；腾讯与中国电信以及华为、中兴、酷派、天语和海信等 5 家手机厂商联合发布了 6 款“天翼 QQ 智能手机”。大家都想在移动互联网领域争得一席之地，竞争非常激烈。

为了能使小米手机在激烈的竞争中脱颖而出，雷军选择了像暴雪、苹果那样将产品做到极致的理念。他给小米定下了基本的发展路线：用移动互联网做手机，做到极致，形成不能复制和替代的核心竞争力，击败对手。他为小米选择了双核 1.5G 处理器，并且花费了很长时间和精力寻求最顶尖的合作商。

雷军还推崇一句话：做到极致就是把自己逼疯，把别人逼死！正是因为他对小米手机的每个细节都进行了精细打磨，才使得小米手机一经推出就在市场中爆红。

隐藏的细节要完美

尽最大的努力，做世界上最好的产品。

我们只有一个愿望，就是尽自己最大的努力，尽可能地做出世界上最好的产品。想象一下，如果你是一个木匠，正在打造一个漂亮的衣柜，你绝不会用质量较差的胶合板来做这个柜子的背面，即使那一面永远对着墙，没有人会看到它。但你自己心里清楚。所以，即使是柜子的背面，你也要用漂亮的木材制作。哪怕只是让自己晚上能睡个好觉，你也要在审美和质量上做到尽善尽美。

——1985 年 2 月 1 日《花花公子》杂志

延伸阅读

乔布斯是个十足的完美主义者，在他还小的时候，他的父亲就曾教导他，追求完美就意味着：即使是别人看不到的地方，也必须尽心尽力让它精致美观。早在研发 Apple II 时，乔布斯的这一理念就得以体现。他曾否决 Apple II 的内部电路板布局的最初设计，理由只是因为其中的线路不够直。尽管 Apple II 更多是乔布斯的合作伙伴沃兹尼亚克的作品，但正是因为乔布斯把沃兹的电路板整合成了一台完美的机器，加上了电源盒漂亮的箱子，才使得 Apple II 一经面世就大获成功。

到了研发 Mac 时，身为主导者的乔布斯更是秉持“隐藏的部分也要做得漂亮”的理念，仔细检查印刷电路板。尽管这些电路板上的芯片和其他部件深藏于 Mac 的内部，没有哪个用户会看到它，但乔布斯还是会从美学角度来评判它们。他时不时会指着它们中的某个芯片或部件说：“这个部分做得很漂亮。”“这些存储芯片的样子太难看了。”“这些线也离得太近了，一点也不美观。”

有一次，当他再次对电路板的某些部件提出批评时，一位年轻的工程师打断了他，声称这些不好看又有什么关系，顾客不会拆开机箱去看这个，只要机器能正常运转就行。

乔布斯再次重复了他的完美主义理念：“我想要它尽可能好看一点儿，就算它是在机箱内部。要知道，一个优秀的木匠是不会用劣质的木板去做衣柜的背面的，即使那地方没人会看到。”

Mac 最终的设计方案敲定后，乔布斯召集了 Mac 团队的所有人员，举行了一个签字仪式。对此，他的说法是：“真正的艺术家都会在自己的作品上签上名字。”在他看来，工程师也是艺术家，Mac 就是他们的一个艺术品，他们理应在 Mac 上面签上自己的名字。他拿出一张绘图纸和一支三福笔，一个一个地叫出大家的名字，让他们在纸上签上自己的名字。等到其他 45 个人都在纸上签上名字后，作为最后一个签名的人，他在图纸上的正中间找到了一个位置，用小写字母潇洒地签上了自己的名字，然后端起香槟向大家祝贺。这些签名会用化学方法蚀刻在电脑的机箱后面板的内部，除了维修电脑的人，没有人会看到这些名字，但 Mac 团队的每个成员都知道那里面有自己的名字，都感觉自己是一个艺术家。

完美主义在企业文化中并不是被鼓励的品质，因为它往往是执行力的天敌。但是，乔布斯带领自己的苹果团队调和完美主义的方法是“从细节开始”，如果不能把这件产品的十个功能都做到完美，我们就砍掉五个，哪怕其中包括在传统智慧看来不可缺少的功能。在乔布斯看来，如果找不到最完美、最好的东西，他宁可一无所有。这种偏执在苹果的产品设计中随处可见。

然而，正是苹果公司产品对于细节的完美追求，深深地打动了每个用户。你总能在不经意间在一个细微之处发现苹果的用心，这种感动让苹果的品牌形象一直良好，而且吸引着越来越多的用户加入到乔布斯倡导的完美的用户体验中来。

Business Develop

和乔布斯一样，日本著名实业家稻盛从年轻时就把“完美主义”作为人生信条。这一方面和他与生俱来的性格有关；另一方面，这也是他后天在从事产品制造业的经验中学来的。

稻盛和夫认为，在产品制造的过程中，即使99%都进行得很顺利，但只要最后的1%因为一点点疏忽而出现问题，这就意味着前面所有的努力都将前功尽弃。

在稻盛和夫一手创办的京瓷公司里，制作新型陶瓷需要按比例将氧化铝、氧化硅、氧化铁、氧化镁等原料的粉末混合后，放在模具中通过加压成型，再在高温炉中烧结，还要对出炉的半成品进行研磨，对表面进行进一步的金属加工处理。制造一个产品，需要多道生产过程，运用多种生产技术，每道工序都需要相当精密细致的技术。严格的产品需要每个员工在操作时都必须全神贯注，哪怕一个很小的错误，也可能导致前功尽弃，造成产品的致命伤。

法国休兰伯尔公司在石油开采领域上拥有高超的技术——能利用电波测定地层状况，确定接近石油层的合适位置，是一个非常优秀的企业。京瓷公司在创业大约20周年的时候，这家公司的董事长詹恩·里夫先生来日本访问。

里夫董事长是一个很出色的人物。他出身于法国的贵族名门，是当时法国社会党实力政治家们的朋友，还曾成为法国政府内阁候选人。

里夫在访日期间到京瓷拜访稻盛，想与他谈论经营哲学。

京瓷与休兰伯尔公司不属于一个领域，因此当时的稻盛还不太了解休兰伯尔。他在公司和里夫董事长见面之后，在聊天中发现里夫先生果然不同凡响：他拥有出色的经营哲学，能将公司办成世界屈指可数的国际性大公司。

虽然他们第一次见面，却很谈得来。后来，稻盛应邀在美国与他再度会面，促膝长谈直到夜深。

里夫董事长在谈到休兰伯尔公司的信条时说："就是努力把工作做到最佳。"

他的这句话又引出稻盛下面的一席话："最佳"这个词，意思是同别人比较，是最好的。但这只是相对而言的，因此在水平较低的队伍里也存在着他们的"最佳"。京瓷的目标不是向"最佳"看齐，而是向着"完美"追求。"完美"同"最佳"不同，不是同别人比较起来最好，而是带有很强的绝对性的，说明它自身就具备可靠的价值。因为世上没有什么东西能超越"完美"。那天晚上，稻盛就自己的"完美"主张，与里夫董事长的"最佳"信条的讨论持续到深夜。最后，里夫董事长同意了稻盛的观点，并表示以后休兰伯尔公司不再把最佳奉为信条，而是推崇把完美主义作为信条。

稻盛和夫把追求完美作为企业的信条，要求员工切实地执行，对企业产生了深远的影响，也带给我们许多启示——正是以追求完美为信条才能使企业拥有细心和细致，才能生产出完美的产品，才有了产品的独到之处，才能使企业的可持续发展成为可能。

上市产品才算完工

即便错过上市日期，也不能粗制滥造。

即便错过上市日期，也不能粗制滥造.

——1982 年 9 月 Mac 团队
在帕加罗沙丘的集思会

延伸阅读

为了激励 Mac 团队的成员，每隔半年，乔布斯就会带着团队的大部分人，去附近的一处度假胜地举行为期两天的集思会。

1982 年 9 月，又到该给 Mac 团队的成员开集思会的时候，这次乔布斯带着 Mac 的大部分人——大约 50 个人，去了蒙特雷附近的帕加罗沙丘（Pajaro Dunes) 进行为期两天的集思会的。在一间小屋里，Mac 团队的成员面朝着壁炉坐着，乔布斯坐在他们前面的一张桌子上。他小声地说了几句开场白，然后就走到一个黑板架旁边，开始贴上自己的想法。

他贴上的第一条是“决不妥协”。大多数的科技团队都会妥协，但乔布斯不希望 Mac 团队因为要赶在计划上市日期推出产品，而对产品的不完美做出妥协。尽管乔布斯和他的团队都知道 Mac 最终会成为他们所能做出的最“酷毙了”的产品，但他们也清楚地意识到：Mac 不能再花上 16 个月再上市，远远晚于计划时间。在提出一个比较可行的计划中的完工日期后，乔布斯再次表达了他的决不妥协原则，他告诉他们："即便错过上市日期，也不能粗制滥造"。如果是一个愿意做出妥协的项目经理的话，也许会敲定一个完工日期，之后不得再做出任何改动，这就意味着产品的完美度要打一定的折扣。但乔布斯从不允许对产品的质量做出妥协，要知道在他看来，"直到上市，产品才能算是完工"。

当 Mac 电脑的程序被定下在 1984 年 1 月 16 日交付运行时，在交付日的前一周，Mac 电脑的编程工作都还没完成，因为程序还存在一些小毛病，因工程师们都认为他们无法按时完成工作。但乔布斯在听他们在电话里说完这个情况后，他没有生气，只是用冰冷阴沉的口气告诉工程师们："你们真的很棒，我相信你们能够搞定，我们绝不会推迟！这个东西你们已经做了好几个月了，再多两个星期也不会有很大差别。你们还是赶快把它做完。我还是在一周后将你们的程序交付运行，上面会标有你们的名字。"

"好吧，我们得完成它。"乔布斯再一次用他的现实扭曲力场让团队成员完成了自认为不可能完成的任务。到了周五，Mac 团队成员靠着兰迪·威金顿带来的一大包浓缩咖啡巧克力豆，成功熬过最后三个通宵，得以在 1 月 16 日周一早晨 8 点半乔布斯来公司时，将完成的程序交给他。过了一会儿，苹果公司位于弗雷蒙的工厂就开始生产印有彩色条纹苹果标志的盒子。乔布斯曾经说过：真正的艺术家总能完成作品。加班加点工作最终使得 Mac 电脑的程序成功交付的工程师们，在此刻就是乔布斯眼中名副其实的艺术家。

Business Develop

质量是企业管理的基础，也是企业存亡的决定性因素。

要想获得消费者的支持和认同，对企业而言关键是产品的质量。"纯天然、无污染、高品质"，内蒙古草原得天独厚的自然条件使蒙牛牛奶醇厚浓香。为了保证其优良品质，蒙牛创造性地采取了两项举措：一是着眼“净”，在国内第一个建起奶牛桑拿浴车间，奶罐车从奶源基地每向工厂送完一次奶，都在高压喷淋设备下进行酸、碱及蒸汽和开水清洗，杜绝了陈奶残留污染新奶的可能，最大限度地保持了草原牛奶的原汁原味；二是着眼“稠”，即着眼香浓，公司在产品生产中添加了“闪蒸”工艺，在百分之百原奶的基础上去掉一定比例的水分，从而使牛奶闻更香、饮更浓。

除此之外，蒙牛还成立了质量控制中心，对产品质量进行全方位、全过程控制。在原料控制中，凡检验不合格的原辅料全被拒于车间之外；在生产过程中，蒙牛制定了高于国家标准的企业标准，将严格的过程质量管理和过程质量控制细化到每个人、每台机器、每个操作规程；在终端控制中实行自检、专检、互检的“三检制”原则，并形成一个层层检验、环环把关的控制网络，确保产品出厂合格率 100%。

蒙牛液体奶事业部的王丹讲述了她最初的质量管理体验。王丹进入蒙牛一段时间后，一天班长让她去帮忙摔包。看到一箱又一箱牛奶就那样被倒掉了，王丹觉得可惜，就问摔包的原因，一位负责质检的人员告诉她这批鲜奶有问题。她喝了一口没感觉出来，质检员说：“你不是专业人士，当然尝不出来。”她说：“消费者大多不是专业人士，再说了，又不是牛奶坏了，摔包多浪费？”“可我们要对消费者负责。”另一位参与摔包的员工说。

还有一次，蒙牛冰品尝试延长产品线，委托某厂生产速冻水饺。第一批几百箱水饺试生产出来后，于春节前投放市场。但是，牛根生在看市场时买回 3 种水饺，结果发现，蒙牛的水饺皮厚馅少，味道也不地道。为了确定自己的个人感觉，牛根生搞了一次盲测，将 3 种水饺标上号码，也不告诉参与测评人员分别是哪家的水饺，尝过后让大家投票。结果蒙牛出售的水饺得票率最低。牛根生当即下了三道命令：

第一，蒙牛水饺立即停售！把投放市场的 300 余箱水饺全部从经销商、零售商手中返购回来。

第二，今后开发的新产品，不是最好的，未经团队品尝认可的，一律不准上市。同时，有关部门要立即制定严格的《新产品上市流程》。

第三，水饺不挂蒙牛品牌，另外创一个牌子。

半个月后，新产品出炉，再搞盲测，蒙牛速冻水饺夺得第一名。

蒙牛因为注重产品质量，所以获得了广大消费者的青睐，“中国驰名商标”“国家免检产品”等就是最好的证明。

质量是企业的生命线，面对竞争日益激烈的市场环境，企业管理者必须树立客户利益至上的观念，尽可能满足客户的需求和期望。这就要求企业尽一切可能提高产品质量，对产品的品质追求零缺陷。因为“差不多就好”、对产品质量妥协，都可能对顾客造成 100% 的损失，而这也会对公司的信誉造成巨大损失。

打造以产品为导向的文化

以产品为导向的企业文化适用于任何性质的公司。

以产品为导向的企业文化适用于任何性质的公司，即使是科技公司也不例外。一个公司除了大量优秀的工程师和聪明机灵的员工之外，最重要的是一种不可或缺的引力。这种引力必须起到将这些智慧和力量凝聚起来的作用，反之，即使是再伟大的创意，因其无法整合起来，而一直处于一种零碎的状态，难成气候。这样一种问题在苹果公司也存在过一段时间，时而会出现一些有意思的灵感，但是这种灵感却是零碎的，无法等同于我所说的那种引力。

不少人问我在那些年苹果失败的原因，并且在失败之后为什么总是喜欢将错误归咎于某个人或某些人。毫无疑问，这种因素是存在的。另外，更深入思考这个问题是我们必须要做的。在10年的时间里，苹果公司的图形用户界面一直处于垄断该领域的地位。假如在这段为期不短的时间之后，苹果失去其垄断地位会怎么样呢？让我们设想看吧，随着一些极好的产品被一些极优秀的生产者创造出来之后，该公司便获得一种垄断地位。但是接下来的，就再不是那些产品制造者推动公司前进了，那些动力变成了另外一批人员——负责市场营销或将业务扩展到拉美或其他地区。原因在于当公司成为唯一可以发展业务的地方时，集中注意力进行生产更好的产品便变得没有太大的意义了。随着这种状况的出现，提升业务水平成为各部门的人衷心追逐的目标。这样下去，最后的赢家会是谁呢？答案是销售人员。这种例子有个很好的样本就是关于IBM公司的约翰·阿克斯的。在未来的某一天，垄断地位不再存在，因为种种原因。到了那个时候，恐怕最好的产品开发者已经离开了，或者这些产品开发者不再为我们所用了。接着这个混乱期结束之后的结果无外乎两种：幸存下来或者惨遭淘汰。

——乔布斯2004年接受美国《商业周刊》的访谈

延伸阅读

在乔布斯看来，苹果之所以能引领市场，就是因为苹果有产品导向型的企业文化。在他看来，产品就是一切，因此他在选择苹果员工时，第一要求就是他们要对产品有极大的激情。

1981年春天，乔布斯掌控Mac项目后，就开始在为自己的Mac团队招兵买马，他招募成员的主要标准就是要对产品有激情。比如，有时他会把前来应聘Mac职位的人带到一个房间，房间里放着一台Mac样机，不过乔布斯用布盖住了这台样机，然后他会像变戏法一样把布揭开，观察应聘者的反应。如果应聘者看到这台机器就两眼放光，喊出一声“哇”，然后立刻拿起鼠标开始操作，史蒂夫就会微笑着雇用他们。

乔布斯当初选择斯卡利来做苹果公司的CEO，是因为他觉得自己还没有足够的能力来管理好一家公司，因为他们需要的是一位懂得广告宣传和市场研究的消费产品营销专家，得有大企业人士的风范，能在华尔街吃得开。当时最红的消费产品营销奇才、百事公司百事可乐部门总裁约翰·斯卡利（John Sculley）的百事挑战（Pepsi Challenge）系列推广活动在广告宣传方面曾经取得了巨大的胜利，于是乔布斯将目光锁定在身上，他可能没想到斯卡利一点儿也不懂产品技术，也没有兴趣去了解这些。

最终，乔布斯的一句“你是想一辈子卖糖水，还是和我们一起改变世界？”成功说服了斯卡利离开百事可乐公司，来到苹果公司做 CEO。刚开始的时候，两个人的关系十分融洽，而随着接触的深入，矛盾出现了，而且愈演愈烈。

在乔布斯看来，他当初请斯卡利来苹果公司当 CEO 真是一个错误，因为他发现斯卡利从来都不是一个懂产品的人，而且他也没有朝这个方向努力，也没有显示出他有能力理解苹果公司所做产品的精妙之处。事实也确实如此，因为斯卡利过去的工作是销售汽水和零食，产品的配方在很大程度上与他无关，更何况他对产品也没有天生的热情，这真是让一贯坚持“产品就是一切”的乔布斯大为恼火。乔布斯曾试图教会斯卡利工程上的细节，但这个过程让他觉得十分艰难，因为斯卡利一点儿也不了解产品是怎样创造出来的，因此在一段时间以后，这种培养变成了争论。

而对于斯卡利来说，乔布斯太过沉迷于细微的技术调整和设计细节，使得产品的研发过程十分缓慢，这十分不利于苹果的成本控制。这种分歧迅速激发了两人的矛盾，乔布斯对斯卡利的蔑视则迅速催化了这种矛盾，导致了他和斯卡利的对立，也最终迫使他离开了苹果公司。

乔布斯离开了苹果，他那种以产品为导向的理念也跟着他离开了，斯卡利用他原来在百事可乐公司的经验，把苹果由一个专注于产品的公司，变成了一个专注于销售的公司。而不专注产品的结果，就是苹果公司迅速衰落下去——20 世纪 90 年代初，苹果在斯卡利的领导下市场份额和收入持续下降。尽管乔布斯当时已经离开苹果好几年了，但他时刻都没忘记关注苹果公司的进展，因此斯卡利的那些愚蠢行为，让乔布斯十分愤怒，同时也更加蔑视他。在乔布斯看来，正是因为斯卡利引进下三滥的人和下三滥的价值观，才把苹果给毁了。他们只在乎如何赚钱，为他们自己赚钱，当然也为苹果赚钱，但他们一点儿也不在乎如何制造出色的产品，最终的结果只能是利润消失。

事实也确实如此，当苹果混乱不堪，连卖都卖不出去时，苹果高层不得不迎回了乔布斯，与乔布斯一起回来的就是他那种以产品为导向的企业文化，他迅速砍掉了那些没什么用的产品，将全部的精力集中在了四个领域的产品，并在每个领域都做出了伟大的产品，再创了苹果的辉煌，而且这次的辉煌比上一次要盛大持久得多。

Business Develop

史玉柱是个优秀的产品经理，甚至可以说是中国最能赚钱的产品经理。好的产品，在史玉柱看来是创业成功的一个关键因素。可以说，这是史玉柱那些传奇性的商业行动中，最为成功的一部分经验。在他看来，这是整合资源，集中力量，单点突破的关键。

在中国，人们可能不知道史玉柱是谁，但一定知道脑白金是什么。因为很长一段时间，只要打开电视，不管哪个频道，它都在你的眼前、在你耳边进行轰炸。脑白金铺天盖地的电视广告被人斥为“恶俗”，这种产品本身被舆论批评为“无用”。

脑白金刚开始推广时并不顺利，试销不是很成功。后来修正方案，前后折腾了半年，期间遇到了很多困难，但类似于“不行大伙儿散伙算了”这种话，史玉柱从来没说过。其实，当时他也可以选择其他的活路，比如给人搞搞策划、自己写写书等。但是只要他认准的事，他绝不会轻易放弃。

正是看到许多中老年人失眠、肠道不好的迫切需求，脑白金推出了 1+1 的产品模式：胶囊管睡眠，口服液管肠道。在脑白金销售时担任史玉柱副手的刘伟称“脑白金这个做得很绝”。

在脑白金时代，与史玉柱一起创业的陈奇锐在《追随史玉柱的日子》中写道：“脑白金的营销理论非常简单，那就是‘集中优势兵力’。”史玉柱在产品研发上的思路，也能体现他坚持的这个原则。在总结脑白金发展历程的时候，史玉柱说：

“1999年，脑白金单月销售额已经突破1个亿，但是你看1999年、2000年、2001年，包括2002年的上半年，我连第二个产品都没推，第二个产业都没做。

“对于一个企业来说，在一个时期只能做一个重点产品。有人批评我产品单一，我认为这恰恰是我的优势。2001年，脑白金的销售趋于稳定，我才开始主攻黄金搭档。”

史玉柱将保健品上的策略也运用到网游领域。巨人网络总裁刘伟表示：“巨人网络的发展要实施精品战略。一款网络游戏就是一个社区，在线人数越多，风险越小，同时在线人数达到40万就会很成功。要做到这点，就必须集中资源，聚焦一款产品，巨人网络聚焦的产品一个是《巨人》，另一个就是《征途》。”

《巨人》在内测时就异常火爆，而对于两款风格比较接近的游戏而言，《巨人》的火爆会不会导致《征途》在线人数的下降呢？2008年3月，巨人网络总裁刘伟在接受媒体采访时说：“两款游戏的市场定位是不同的，我们一方面在《巨人》这个产品上取得了一定的成功，另一方面《征途》在上一周（2008年3月1日20时29分）同时在线人数突破15296万，再次创造了国内同类网游的最高同时在线人数纪录。这表示《征途》与《巨人》不会出现‘抢人’的情况。”

正是因为史玉柱专注于产品，才能再大落之后迅速大起，再造事业的辉煌。

第三章
我的秘诀——专注和简单

这就是我的秘诀——专注和简单。简单比复杂更难，你必须努力让你的想法变得清晰明了，让它变得简单。但是，到最后，你会发现它值得你去做。因为一旦你做到了简单，你就能搬动大山。

做四个伟大的产品就够了

做四个伟大的产品平台，用 A 级团队来完成每一个项目。

我们所需的只是四大产品平台，如果我们能够成功搭建这些平台的话。我们就能够用 A 级团队来完成每一个项目，而不需要 B 级或 C 级团队。也就是说，我们可以更加高效地完成任务。

这样的组织结构简单、实用，分工明确，便于管理。这正是我的风格，精简与专注。

——1998 年接受《财富》杂志的采访

延伸阅读

乔布斯身上有一个很大的优点，就是他知道如何做到专注。再次回到苹果之后，他的专注原则就开始在工作中得到应用。他回苹果后做的第一件事，就是跟苹果的几十个产品团队开会，让各个团队介绍正在进行的工作，促使他们证明产品或项目有理由继续进行下去。

和这些产品团队开完会后，乔布斯大为恼火，因为产品评估充分显示出苹果的产品线十分不集中。当时的苹果公司在官僚作风的驱动下，对每个产品都炮制出若干版本，去满足零售商的奇思怪想。比如，光是 Mac 电脑就有很多个版本，每个版本都有不同的、让人困惑的编号，从 1400 到 9600。为了弄清这些产品的区别，乔布斯让他们花了三个星期来给他解释清楚，可到最后他都没搞明白。于是最后他干脆开始问一些简单的问题，比如："我应该让我的朋友们买哪些？"当无法得到简单的回答时，他最终确认了这些产品大部分都是垃圾，由迷茫的开发团队制造，应该立即被停掉。

于是，他开始大刀阔斧地砍掉不同的型号和产品。很快他就砍掉了 70%。在他看来，那些优秀的工程师逃离这些垃圾产品，应该是很高兴的。就像他对某一个产品团队所说的那样："你们是聪明人，不应该把时间浪费在 309 这样的垃圾产品上。"他这种粗暴、严苛的手段激怒了很多工程师，因为这样做会让许多苹果的员工失去饭碗。但乔布斯就好像没听见这些抗议的声音，因为他后来宣称：优秀的员工，包括有些项目被毙掉的员工，都赞成这种做法。他甚至在 1997 年 9 月的一次员工会议上说："工程团队无比兴奋，开完会，有一些产品刚被砍掉的人激动得一跳三尺高，因为他们终于明白了我们在朝哪个方向前进。"

在听了几个星期的产品介绍会后，乔布斯终于被苹果产品的杂乱激怒了。因此，在一次大型产品战略回忆上，当他再次听到那些让人迷惑的产品编号时，他感觉自己终于受够了，于是他大喊一声："停！这真是疯了！"说完，他抓起记号笔，走向白板，在上面画了一根横线一根竖线，做成一个方形四格表。然后，他转身面对听众，十分坚定地说道："这是我们需要的。"然后他再次转身，在四方格两列的顶端写上"消费级"和"专业级"，在两行的标题处，他写上"台式"和"便携"。然后，他一字一句、语气坚定地说道："我们的工作就是做四个伟大的产品，每格一个。"听众被惊呆了，整个会议室里鸦雀无声。

在 1997 年 9 月的苹果董事会上，乔布斯再次说完"做四个伟大的产品"的计划后，董事会成员也惊呆了，现场也是一片寂静。因为苹果前任 CEO 吉尔·阿梅里奥总是追着董事会要求批准越来越多的产品，而乔布斯一回归苹果就采取了与之截然相反的路线，要求产品更少，认为只应该专注地做四个产品，这种巨大的转变让董事会成员很难接受。尽管董事会从来都没有投票赞成过这个新战略，但他们也清楚拯救苹果的希望在乔布斯身上，于是他们不得不默认了乔布斯的这个新战略。

乔布斯义无反顾地在苹果公司内实施了他的新战略，苹果的工程师和管理人员开始突然被高度集中在四个领域。最终的结果是，在专业级台式电脑领域，他们研发出了 Power Macintosh G3；在专业级便携电脑领域，他们研发出了 PowerBook5；在消费级台式电脑领域，他们研发出了 iMac；在消费级便携电脑领域，他们研发出了 iBook。这些产品让苹果再次大获成功，充分证明了乔布斯当时的新战略是多么正确。

Business Develop

著名企业家冯仑讲过："想在人生的路上投资并有所收益，有所回报，第一件事就是必须在一个方向上去积累，连续的正向积累比什么都重要。"

一个人的精力是有限的，所拥有的资源也是有限的。我们不可能将所有事情都做得很好，也没有必要将所有事情都做好——成就一生只需要做好一件事情。

回顾扎克伯格以往的成长历程，便会发现"扎克"（Zuck）——几乎所有人都这么叫他，是一个罕见的将谦虚、专注和极度自信集于一身的人。他已经多次显示出理想主义的迹象。但同样有很多证据表明，他的专注和远见可以让他超出所有人的预料，成为一家上市公司的 CEO。

2012 年 7 月，当 Facebook 如约发行第二季度的财报时，扎克伯格也首次公开回应了有关 Facebook 将推出自有品牌智能手机的传闻："我们认为我们应该把主要精力花在提升用户体验上，因为比起用户想要在手机上获得的 Facebook 体验，我们现在所能提供的还很基础。因此，比起花大量时间和精力去做一个 Facebook 的手机，我们更愿意把精力投入到 Facebook 和现有的操作系统（比如 iOS）深度整合上，从而给用户更为流畅、人性化的体验。"

而在 Facebook 成立初期，维亚康姆的总裁汤姆·弗雷斯顿就曾试图用维亚康姆的一些优势来“诱惑”扎克伯格。弗雷斯说维亚康姆可以帮助 Facebook 开发出许多新内容增强其创新性，扎克伯格却对此给予生硬的答复：“Facebook 是一个公用事业，对那些东西不感兴趣。”扎克伯格的想法一直很简单——建立一个社交网络世界，他也一直只专注于此。

专注，一直是 Facebook 的宗旨之一。即便上市在即，马上就要获得百万融资的时候，扎克伯格还命令手下在公司内部贴上“保持专注 & 继续做黑客”的标语，提醒大家别因为一夜暴富就不努力工作了。

专注更能为企业带来不可估量的收益，这种收益源自客户的信赖及品牌在客户心智中打下的烙印。专注可以使企业的每一次行动，每一个行为（无论成功或失败）都成为一种资源，一种对未来发展有用的资源。

专注，看似平常的两个字，成就了不少成功的人和成功的企业。

许多科技公司的创始人都会把风投作为功成身退后的职业。但 Facebook 的创始人兼 CEO 扎克伯格还没有显露出这种迹象。至于其中原因，可能是因为负责一个拥有 10 亿用户的社交网站需要耗费大量的精力。在这点上，扎克伯格和乔布斯一样。乔布斯也是一个以专注力而闻名的人。在将皮克斯动画卖给迪士尼后，乔布斯更是把所有精力都集中在了苹果，这正是苹果以 iPhone 崛起的时候。

耐克公司 CEO 马克·帕克说自己在当上 CEO 后不久与乔布斯通过一次电话。“您有没有什么建议可以给我？”帕克向乔布斯问道。“嗯，只有一条，”乔布斯说，“耐克的一些产品是世界上最棒的，能激起人们的购买欲望，但耐克也还有许多产品很糟糕。我觉得你要做的就是砍掉那些没用的，把精力放在好的产品上。”帕克说，乔布斯说完这番话后停了下来。帕克则用一阵笑声来避免冷场，可乔布斯却没有笑，他是很认真的。“他说得完全正确，”帕克说道，“我们必须去芜存精。”

实际上，促使你成功的不但有那些你能做到的事情，还有那些你选择不去做的事情。创新就是对一千条创意说“不”。在产品设计、商业战略，以及沟通和展示上，“去芜”往往能创造额外价值。

勇于对其他100个好点子说“不”

专注不是说“Yes”而是说“No”。

人们通常认为专注就是对你必须专注的事情说“是”，但是实际情况却不是这样的，事实上它更意味着对你所拥有的其他100个好点子说“不”，仔细地选出那么一两个最好的来。事实上和我做过的事情相比，我为我没有做过的事情同样感到自豪。

——2008年2月CNN.com《史蒂夫·乔布斯如是说》

延伸阅读

乔布斯认为：“决定不做什么跟决定做什么同样重要，对公司来说是这样，对产品来说也是这样。”

乔布斯一回到苹果，就大刀阔斧地砍掉了那些他认为不必要存在的产品，因为在他看来，苹果只需要做四个伟大的产品，这就意味着他们必须要对其他100个好点子说“不”，才能保证绝对的专注力去开发真正伟大的产品。

在回归苹果的乔布斯看来，苹果要真正做到专注，当务之急就是要消灭兼容机。1994年，当时的苹果CEO迈克尔·斯平德勒允许了两家小公司——Power Computing和Radius生产Mac兼容机。1996年吉尔·阿梅里奥接管苹果后，又增加了摩托罗拉。尽管比尔·盖茨透过授权微软的操作系统建立起了巨大的财富，但这在注重专注的乔布斯眼里，真是一项糟糕的决定。在他看来，“让其他公司在垃圾一样的硬件上使用我们的操作系统，蚕食我们的销售额，这简直是世界上最愚蠢的事情”。因为每卖出一台兼容机，苹果收取 80 美元的授权费，但是这些兼容机并没有让苹果扩大市场，反而挤压了苹果自己的高端计算机销售，而卖出一台苹果电脑的利润能达到 500 美元。当然，更重要的是，乔布斯一点儿也不喜欢这种做法，硬件和软件紧密结合一直就是他的核心原则之一，他喜欢全盘控制产品的一切，对于计算机来说，全盘控制一切就意味着要制造全套设备，全方面负责用户体验，这或许才是他如此讨厌兼容机的最根本原因。

因此，在 1997 年 7 月，就在乔布斯协助解聘阿梅里奥几个星期之后，苹果公司发布了新版的 Mac 操作系统时，但乔布斯不允许兼容机制造商升级到新系统。同年 8 月，当乔布斯出现在波士顿 Macworld 大会现场时，Power Computing 公司总裁斯蒂芬·“国王”·卡恩（Stephen “King” Kahng) 组织了支持兼容机的抗议活动，并公开警告说：“如果授权平台关闭，这个系统就完了，彻底毁灭。这是死亡之吻。”但乔布斯并不同意这种说法，他给伍拉德打电话，说他要把苹果从授权业务中解脱出来。董事会默许了这个决议。

很快，在 1997 年 9 月，乔布斯就跟 Power Computing 公司达成协议，付给了对方 1 亿美元收回授权，而苹果可以使用对方的用户数据库。很快，他也和其他兼容机制造商谈妥了中止授权的协议。

乔布斯还让苹果公司停掉了打印机和服务器业务。比如，在 1997 年的一次针对 StyleWriter 彩色打印机（它基本上就是惠普 DeskJet 的另一个版本，而惠普通过卖墨盒赚走了大部分钱）的产品评估会上，乔布斯直截了当地喊道：“我不明白，你们准备卖 100 万台却赚不到钱吗？真是疯了！”然后，他站起来，离开会议室，直接给惠普的总裁打电话说：“咱们解除合约吧，我们会退出打印机业务，让你们自己做。”打完电话，他就回到会议室宣布他们退出打印机业务。乔布斯身上那种专注力使得他对某些情况审视一番后，就能立即知道他们需要从中脱身。

正是由于乔布斯这种勇于对其他 100 个好点子说“不”的专注力，迅速将苹果从没落的局面中拯救了出来。在乔布斯回归的第一年，乔布斯裁掉了3000多人，扭转了公司的财务状况。到1997年9月乔布斯成为临时CEO时，之前的一个财政年度苹果已经亏损了10.4亿美元。但到了1998年1月旧金山的Macworld大会上，乔布斯宣布苹果在经历了两年的巨额亏损后，终于在该季度赢利，获得了4500万美元利润。而且，1998年整个财年，苹果实现了3.09亿美元的赢利，这意味着乔布斯又带来了当初那个辉煌的苹果。

对于乔布斯这种勇于对其他100个好点子说“不”的专注力，耐克CEOMark Parker给予了高度的赞扬：“你必须有莫大的勇气才能像Apple这样在1998年将公司旗下的350款产品压缩到10款，给智能手机拿下键盘面具换上触摸面板，给Snow Leopard系统砍掉部分代码只为了保证其更加稳定可靠，敢于在重大新品发布时让整个网站的主页都只呈现那一款产品，设计像iPad这样一款简单得连小孩都知道如何去用的产品。实践Apple的这一切的一切都需要莫大的勇气。”

Business Develop

著名的效率提升大师博恩·崔西说：“一次做好一件事的人比同时涉猎多个领域的人要好得多，如果你能够将自己的努力始终集中在你的目标和最重要的事情上面，坚持在一定时期内做好一件事，就没有什么东西能够阻止你了。”富兰克林将自己一生的成就归功于“在一定时期内不遗余力地做一件事”这一信条的实践。

一次做好一件事，是一个优秀的企业家获得成功不可或缺的习惯。只有当我们一心一意去做一件事情时，才可能把它做好。

作为乔布斯的崇拜者，雷军将遥遥领先的苹果和其他的手机生产商做了一个比较，发现苹果的成功其实就是因为足够专注。所以，他对小米的定位是，专注于高端智能手机市场，不做全价格线的智能手机。

"难的不是出 10 款手机，而是简简单单做好一款手机。"苹果就赢在只专注于一款手机的开发。受到乔布斯做苹果的启发，雷军发现，其实做好一个东西比做好两个东西更难，比如只有一个型号，你很清楚它的好不好，有两个型号你就不容易看清楚各自的优势究竟在哪里。

很多人都会产生这样一个想法，公司出的产品越多，就越能满足人的需求，传播得也会更快。雷军认为这其实是一种不自信的表现，款型太多反而分散了用户的注意力，而且这样的公司很难做出真正的高端产品。

小米刚刚发布的时候，有人对雷军说：不信你看看，过三个月肯定会冷下去的！后来，团队里有一个同事也说："雷总，一款小米手机就这么火，我们要不要再推出几款来？毕竟萝卜青菜各有所爱，不同的人喜欢不同的款型。"

雷军按下了心头的一丝丝臆动，说："到现在为止，苹果只做了两款产品，一个是 iPhone，另一个是 iPad，iPhone 和 iPad 整整占据了苹果 75% 的营业收入。iPhone 这些年来不过推出了 5 款手机，就连颜色也十分单一，但是苹果却成了世界上最贵的公司，市值达 6000 亿美金。而其他所有智能手机厂商，三星、摩托罗拉、HTC（台湾宏达国际电子股份有限公司）等全部加起来，利润也才是 iPhone 的三分之一。"为了说明自己的观点，他给团队中每个人都发了《乔布斯传》，还举了 HTC 的例子。

HTC 在 2010 年全年和 2011 年初股价上涨两倍多，销售额增长 4 倍，但 2011 年全年跌幅却达到 42%。"王雪红说要'痛改前非，出明星机型'，但是却还是没有忍住，在巴塞罗那通信展上同时推出了三款机型。"雷军将 HTC 走下坡路的原因归结为不够专注。

雷军没有动摇自己专注于一款手机的决心。他和小米团队开始将所有精力都集中在这款手机的完善上面。这样经过八九个月，雷军发现，在各种各样的排行榜中，小米仍然排在一、二位。

在小米的功能设置上面，雷军也强调专注于一些主要功能的开发，贯彻少就是多的理念。团队中有人提议小米手机是否要做双卡双待的款型，雷军说："我们暂时不考虑这个，先把用户体验做好就行了。少就是多，大道至简。一部手机并不是功能越多就越好。”

由于国内很多厂商一般都会推出不同层次的手机以扩大市场占有率，很多人也怀疑一开始定位就是高端智能手机的小米会不会有同样的想法，甚至还有人散布消息说：小米要推出 899 元的低级配置版本。

2012 年 4 月 5 日，雷军在微博上回应：“这是谣传。小米专注在高性能高性价比的发烧级手机，认认真真把高端手机做好就够了，不考虑中低端的配置。”

也有人建议雷军学苹果，做一款米 Pad。但是，雷军认为，做米 Pad 需要大量的投入，还不一定能和 iPad 竞争，这是一件吃力不讨好的事情。他还是坚持自己的理念：集中所有资源，专注做好小米手机，提高用户体验。

在雷军看来，将小米做到极致，专注是必不可少的一个因素。

歌德曾这样劝告他的学生：“一个人不能骑两匹马，骑上这匹，就要丢掉那匹，聪明人会把凡是分散精力的要求置之度外，只专心致志地去学一门，学一门就要把它学好。”一心一意地专注自己的产品战略，是每个企业家获取成功不可或缺的品质。当你能够一心一意去做每一个产品时，成功就会向你招手。

而要学会专注，人们需要分清哪些是可以做的事，哪些又是可以抛开不做的事情。然后把所有的精力放在必须重视的事情上。那么，怎样来具体认知哪些是重要的事情呢？这里有 5 个标准可以参照。

1. 完成这些任务可使我更接近自己的主要目标（年度目标，月目标，周目标，日目标）。

2. 完成这些任务有助于我为实现组织、部门、工作小组的整体目标做出最大贡献。

3. 我在完成这一任务的同时也可以解决其他许多问题。

4. 完成这些任务能使我获得短期或长期的最大利益，比如得到公司的认可或赢得公司的股票，等等。

5. 这些任务一旦完不成，会产生严重的负面作用：生气、责备、干扰，等等。

让最先进的科技能为普通人所用

将最复杂的科技解读给普通用户。

苹果有着很强大的DNA，那就是掌握最先进的科技，并使其能为普通人所用……特别是那些不喜欢阅读说明书的人，那些生活很忙碌的人。

——2005 年 9 月 22 日《卫报》

延伸阅读

乔布斯带领下的苹果的成功具有划时代的意义。成功在于他们把电脑定位于个人电脑，普通人也可以操作。用乔布斯的话来说，就是“苹果有着很强大的DNA，那就是掌握最先进的科技，并使其能为普通人所用”。要知道，在苹果的产品出现之前，电脑都是普通人无缘摆弄的庞然大物，它不仅需要高深的专业知识，还得花上一大笔钱才能买到手。但是苹果公司推出了小型化的MAC电脑，引起了电脑爱好者的广泛关注。更为重要的是，苹果公司还开发出了麦金托什软件，这也是软件业一个划时代的、革命性的突破，开创了在屏幕上以图案和符号呈现操作系统的先河，大大方便了电脑操作，使非专业人员也可以利用电脑为自己工作。苹果公司靠着这一系列的实力，诞生不久就一鸣惊人，市场占有率曾经一度超过 IT 老大 IBM。

刚开始设计 iPhone 的时候，乔布斯就给设计团队下达了当时看似无法完成的任务：iPhone 手机面板上只需要一个控制键。

在设计 iPod 时，艾维就说："从某种意义上看，我们真正在做的，是在设计中不断做减法。" iPod 还把全部 4 个功能键都集中在中央转轮上，整个播放器没有任何多余的操控界面。到了研发 iPhone 时，因为已经成功研发了多点触控显示屏，艾维和乔布斯终于可以大展拳脚，把不必要的按键删除删除再删除。那时，乔布斯对设计团队最常说的话就是，已有的所有手机都太复杂，太难操作了，苹果需要一款使用简便的手机。

面对这个似乎异想天开的想法，设计师和工程师们绞尽脑汁，可是怎么也想不出如何用一个控制键完成所有操作功能。他们一次次跑到乔布斯面前，陈述手机面板上必须有多个按键的理由。每周的会议上，都会有人对乔布斯说："这不可能。"

乔布斯对这些抱怨充耳不闻，他坚信一定有办法设计出一个控制键的解决方案。他对设计师说："iPhone 面板上将只有一个按键。去搞定它。"

没有人知道乔布斯为什么这么坚信一定可以设计出只有一个控制键的手机。也许，当时他只是以一个顾客的身份思考，乔布斯用自己独特的方式，向设计师和工程师索要一种最酷、最简约，真的能改变世界的产品。

一个按键的 iPhone 还是生产出来了，这样的产品生产出来后，苹果就开始着手教给消费者怎样去运用这样一款手机。苹果对 iPhone 的推销，实际上是在给消费者提供另外一种生活方式，使用惯了多按键的消费者开始接受这种新事物，开始改变使用手机的习惯。iPhone 的出现，极大地方便了使用者的生活，这也是 iPhone 能够畅销的重要原因。

Business Develop

和互联网精英不一样，马云从小就没有生活在顶尖的那部分人当中，他活在平常的普通人当中，所以他决定和目前所有的电子商务不同，他不做那 15% 大企业的生意，只做 85% 中小企业的生意，用马云的话说就是"只抓虾米"。很简单，大企业有自己专门的信息渠道，有巨额广告费，小企业什么都没有，他们才是最需要互联网的人。

"如果把企业也分成富人穷人，那么互联网就是穷人的世界。"马云说，"而我就是要领导穷人起来闹革命。"另外，马云还考虑到，因为亚洲是最大的出口基地，阿里巴巴以出口为目标；帮助全国中小企业出口是阿里巴巴的方向，他相信中小企业的电子商务更有希望、更好做。

电子商务要为中国中小企业服务，这是阿里巴巴最早的想法。马云把大企业比作鲸鱼，将小企业比作虾米，他注重虾米的世界。

但是，在马云的眼里，小虾米并不小，小虾米集中起来可以形成很强大的力量，实际上，很多大企业都是由很多中小企业支撑起来的。比如波音飞机，造一架波音飞机需要几十万个中小企业给它提供零部件，如果离开了这几十万个中小企业，波音也好，Air Bus 也好，都做不好。

在一次名人访谈节目中，博鳌亚洲论坛秘书长龙永图问了马云一个问题：你（阿里巴巴）现在供应商当中有多少是中小企业？

马云的回答令龙永图有些吃惊："我们现在整个阿里巴巴的企业电子商务有 1800 万家企业支持会员，几乎全是中小企业。当然沃尔玛也好，家乐福也好，海尔也好，甚至 GE 都在我们这儿采购，但是我对这些企业一点兴趣都没有。"

龙永图笑着说："难怪人家说你是狂人，口出狂言。"在场的人们显然都不太相信马云的大话，怎么可能有对大客户不感兴趣的企业呢？

马云不慌不忙地解释道："我只对我关心的人感兴趣。我只对中小型企业感兴趣，我就盯上中小型企业，顺便淘进来几个大企业，它不是我要的。就像你刚才讲，龙（龙永图）先生不购物，网上不购物，我一定没有吃惊。但有一样，我坚信一个道理，说有的人喜欢在海里抓鲨鱼、抓鲸鱼，我就抓虾米。我相信是虾米驱动鲨鱼，大企业一定会被中小型企业所驱动。所以我那时候就想企业在工业时代是凭规模、资本来取胜，而信息时代一定是靠灵活快速的反应。我唯一希望的就是用 IT、用互联网、用电子商务去武装中小型企业，使它们迅速强大起来。”

从这段对话中，我们了解到马云之所以盯紧“小虾米”，眼里只有“小虾米”，其实是因为他对中国中小企业的了解，以及阿里巴巴自身的成长经验。

关于这一点，他讲了一个故事：

2003 年的冬天，马云到沈阳去看市场，顺便见了两个客户。其中一个客户见了马云就拉着他的手说：“我真想把你像佛一样供起来。”马云奇怪地说：“怎么了？”原来，那位客户的生意多亏了阿里巴巴。客户在 2003 年一共有 60 个客户，58 个是从阿里巴巴来的。

马云好奇地问他：“你是做什么生意的？”客户回答说：“我们企业很小，是做标牌生意的。”

马云自小生长在私营中小企业发达的浙江，从最底层的市场一路摸爬滚打过来，深知中小企业的困境——被大企业压榨、控制。“例如市场上一支钢笔订购价是 15 美元，沃尔玛开出 8 美元，但是 1000 万美元的订单，供应商不得不做，但如果第二年沃尔玛取消订单，这个供应商就完了。而通过互联网，像上面故事中的小供应商就可以在全球范围内寻找客户。”

马云要做的事就是提供这样一个平台，将全球中小企业的进出口信息汇集起来。小企业好比沙滩上一颗颗石子，但通过互联网可以把一颗颗石子全粘起来，用混凝土粘起来的石子们威力无穷，可以与大石头抗衡。而互联网经济的特色正是以小搏大、以快打慢，马云要做的就是数不清的中小企业的解救者。

产品要强大，也要简单

让我们做得简单一点，真正的简单。

我们开发操作系统，注重每个细节，并思考在保证产品功能强大的同时，如何简化它。

——美国广播公司新闻，

乔布斯谈 MacOSX 操作系统

延伸阅读

在研发产品的的过程中，乔布斯一直非常注重产品功能的简化。

在苹果公司重新迎来乔布斯之前，这家公司开发的老版 MacOSX 已变成一个臃肿不堪、极不稳定、打着层层补丁的“老东西”，它不仅让用户对其失去了兴趣，也让苹果高层失去了维护它的耐心。他们决定外购操作系统。他们看中了乔布斯的 NeXT 公司开发的 NeXTstep 操作系统。这款操作系统有着老版 MacOSX 所不具备的一切先进特征：不会死机，强大的网络功能，容易操作的工具。

苹果的设计师很快将 MacOSX 的界面嫁接到 NeXTstep 的基础代码上，并开发出一套新的界面，新界面发挥了 NeXTstep 操作系统强大的图形和动画功能。苹果高层一致认为这是一个极为出色的产品，但是乔布斯却给了他们“一群菜鸟”

的评价。

新产品令乔布斯不满的地方在于打开窗口和文件夹竟然有 8 种不同的方法。显然，“菜鸟”这个评价就是因为界面的“窗口实在太多了”。这让乔布斯难以忍受。在乔布斯的“宣教”下，苹果的高层认识到，MacOSX 需要一个全新的用户界面。

在研发 ipod 时，项目一开始，乔布斯就每天都投入其中，而他最主要的要求就是“简化！”他会浏览用户界面的每一个页面，对每一个功能做严格的测试，然后提出具体的简化要求。比如，乔布斯要求，ipod 的用户要找某一首歌或者使用某项功能，按键次数不能超过三次，而且按键的过程要自然。如果乔布斯在测试的时候觉得导航不够清楚，或者使用某个功能需要按键三次以上，他就会非常生气。对于这一点，参与开发 ipod 的工程师法德尔深有体会：“有很多次，在用户界面设计的问题上，我们绞尽脑汁去思考和讨论，自认为已经考虑得很周全了，但乔布斯还会说：‘你们想过这个吗？’然后我们就心想：‘真见鬼！’他们会重新定义这些问题或方法，我们的小麻烦就会迎刃而解。”

在研发 iphone 时，乔布斯也会参与到每个细节的讨论之中，不断提出各种让功能简化的要求，团队成员们则成功想出简化手机其他复杂功能的方法。比如，他们添加了一个大指示条，用户可以选择保持通话或进行电话会议；他们找到了一种浏览电子邮件的简单方法；创造了能够横向滚动的图标，用户可以选择启动不同的应用程序。这些改进使得 iphone 变成了一款功能强大但易于使用的手机，就连小孩子都可以直观地在屏幕上进行操作。

总之，乔布斯对简约有一种与生俱来的追求。要知道，早在 2001 年以前，就有人发明了便携式音乐播放器、视频编辑软件，和其他各类数字时尚产品。可惜这些产品都太过复杂，它们的用户界面复杂得很难让它们的用户弄懂，所以在市场上遭遇了惨败。乔布斯正是看明白了这点，才能秉承着保证产品功能强大的同时又尽量简化它的理念，创造出令人爱不释手的 iPod 和 iTunes 等一系列产品。

现代社会，人们似乎总有忙不完的事情，当忙完后才发现大多数时间是做无效的工作。事实上，随着工作步调愈加复杂与紧凑，很多时候我们都将原本的简单问题复杂化了，给自己徒增麻烦。在这种情况下，保持简单是最好的应对原则。

简单思维，有一个较为有名的法则——“奥卡姆剃刀”。他的提出者奥卡姆·威廉有一句著名的格言：“如无必要，勿增实体。”不要把事情看得那么难，那样只会使人处于自我束缚中。许多问题解决起来，既不需要太复杂的过程，也不必有太多的顾虑，绝妙常常是存在于简单之中的。

根据奥卡姆剃刀这一原则，对任何事物准确的解释通常是那种最简单的，而不是那种最复杂的，这就像音响没有声音，我们总是会先看看是不是电源没有接好，而不会马上就将音响拆开检查是否哪个线路坏了。

所谓大道至简，能够把复杂的工作简单化，才是工作的最高境界。

通用电气的总裁杰克·韦尔奇有一句名言：“效率出自简单。”简单式管理已成为很多企业奉行的管理模式。同样，化繁为简也就成了我们必备的一条效能定律。

世界500强企业之一的宝洁公司，其制度就具有人员精简、结构简单的特点，回应了保罗的简单原则。宝洁公司强烈地厌恶任何超过一页的备忘录，推行简单高效的卓越工作方法。曾任该公司总裁的哈里在谈到宝洁的“一页备忘录”时说：“从意见中摘出事实的一页报告，正是宝洁公司做决策的基础。”他通常会在退回一个冗长的备忘录时加上一条命令：“把它简化成我所需要的东西！”如果该备忘录过于复杂，他会加上一句：“我不理解复杂的问题，我只理解简单明了的。”

值得注意的是，将所了解的事情用“一页备忘录”表述出来，并不是一件容易的事。一是需要对事情做深入细致的调查;二是要把所得到的材料反复研究,“了然于胸”,然后从中找出规律性、代表性、本质性的东西来。如何衡量是不是“吃透”了,一个最简便、最有效的方法是:看能不能用“一页备忘录”概括你要讲的或写的内容。如果做到了,说明吃透了。反之,则说明你对所说或所写的内容仍然是心中无数,无论怎么表述都很难收到理想的效果。

对于企业来说,简单的穿透力是让用户能够花很低成的本就认识你。这一点的重要度远远超过工业品,在消费品时代你知道最难的一件事是什么?就是让全球几亿人知道你,甚至让他使用你,这个成本最高。whatsapp 能卖这么多钱还是有核心点。它极其简单,简单到你都没有机会退出,除非卸载了。这就是最初定位。这种简单概念能够击穿全球几亿用户。你会发现让所有人建立同样认知极其困难,这就是简单的核心点。在互联网时代,简单才有用,否则传播不出去。

坚持下去，
让复杂的问题变得简单

层层深入，等待你的往往是一个简洁美观的方案。

很多产品界面设计都相当复杂，而我们想设计的是更为一体化、更为简单的产品。当你着手解决一个问题的时候，前期的方案通常是很复杂的，很多人会因此放弃。但是，如果你坚持下去，接受问题的存在，层层深入，等待你的往往是一个简洁美观的方案。大多数人之所以失败，只是因为他们没有付出时间和精力。我们相信消费者是明智的，精心设计的产品会是他们的最终选择。

——2006 年 10 月 16 日《新闻周刊》

延伸阅读

在乔布斯看来，苹果产品的设计思想就是：极致的简约。苹果追求的是能让产品达到在现代艺术博物馆展出的品质。乔布斯管理公司、设计产品、广告宣传的理念就是一句话：让我们做得简单一点，真正的简单。”苹果奉行的这一原则也在它的第一版宣传册上得到了突出：“至繁归于至简。”

所谓“至繁归于至简”，就是能够把复杂的工作简单化，这是工作的最高境界。

乔布斯在运营 NeXT 公司时，IBM 公司的人带着计划书来找乔布斯谈合作，以期望获得其开发的系统的使用权。那个计划书做得非常细致，总共有 100 多页。不过，乔布斯拿到之后看都没看就丢进了垃圾桶。

因为在乔布斯看来，一个好的计划书最多五六页就够了。

早年的计算机技术主要是强调技术，而乔布斯则率先关注了设计以及使用的简单和便捷性，这也为他在后来推出产品的特性奠定了基础。

苹果的首席设计师乔纳森在谈到 iPod 时说，"乔布斯很早就意识到，不要只是在硬件技术上大做文章——这正是产品变得复杂而后因此而亡之处。"

事实上，最早设计出来的 iPod 在硬件上就有支持收听广播和录音的功能，但后来这些功能都没有被采用，因为乔布斯害怕 iPod 的功能会因此而复杂。乔布斯曾说，"与众不同不是目的，创造一个与众不同的东西其实非常容易。而真正令人兴奋的是，与众不同是追求极简产品这一理念的结果"。

乔布斯是个极简主义者，将复杂的东西简单化。他的简单不是一味地减少，而是努力精简，将产品不断减负到最简单的层面。

细心的消费者会从苹果产品的用色上发现这样一个细节：苹果公司从来不喜欢乱用颜色，乔布斯的配色方案只有两种，一种是五彩斑斓到极致，另一种就是黑、白、灰三个色调。

与索尼、三星这样的厂商相比，苹果电脑的产品种类并不算多，从 90 年代末期到 2000 年初，苹果电脑最多只有 6 条产品线。即使是在最辉煌的时代，乔布斯也只为苹果增加了 iPhone、Apple TV 和一些 iPod 配件商品。而索尼光随身听就有 600 多种规格。

但事实证明苹果的简单策略是成功的，因为几乎苹果的每一个产品都受到大众的狂热追捧，在被誉为工业设计领域的奥斯卡奖的美国工业设计协会年度评选上，苹果获得的奖项比其他任何企业的都多。

一根木棍子，横着放，便成了“一”。但是在书法家的眼中，这个“一”字奥妙无穷，只此一笔，起、承、转、接的笔法尽在其内；只此一笔，书法家的喜、怒、哀、乐，皆在其中。

这个简单的“一”或许就连贯整篇书法的气势，体现通篇文章的风格。因此著名的书法家李苦禅才由衷感叹：“一”字最难写。

因为简单的一个“一”本身就是一种美，是人生中的一种境界。能够用简单的方式去达到最完美的结果才是真正的成功。但是在生活中，很多人都不能走出复杂的淤泥，不能简单处世。冗长繁复成为人们获取成功的最大阻碍。

多年前，美国华盛顿的杰斐逊纪念堂前的石头腐蚀得厉害，使得维护人员大伤脑筋，而且也引起了游客们的抱怨。按一般人的思路，最简单的做法就是更换石头，但这样做需要花费一大笔钱。

这时有管理人员开始不断思考：石头为什么会腐蚀？原因是维护人员过于频繁地清洁石头。为什么需要这样频繁地清洁石头？因为那些经常光临纪念堂的鸽子们留下了太多的粪便。为什么有这么多的鸽子来这里？因为这里有大量的蜘蛛可供它们觅食。为什么这里会有这么多的蜘蛛？因为蜘蛛是被大量的飞蛾吸引过来的。那么，为什么这里会有大量的飞蛾？原来，大群飞蛾是黄昏时被纪念堂的灯光吸引过来的。通过不断发问，真正的原因被找到了。

之后，管理人员推迟了开灯的时间。这样一来，没有了灯光，飞蛾就不会再来；没有了飞蛾，就没有蜘蛛；没有了蜘蛛，就没有鸽子；没有了鸽子，就没有了粪便；没有粪便，石头就不用频繁地清洗，自然也不会继续腐蚀下去。

一个小小的举措，不但解决了问题，还节省了一大笔开支。在工作中，多问几个为什么，多思索，寻根问源，首先把问题的性质根源界定好了才不会被事物的现象牵着鼻子走，才能一针见血地解决好问题。

管理学家德鲁克说过：解决问题之前一定要先界定问题，把问题简单化、明确化、重要化，问题就解决了一半。乔布斯很好地运用了这一方法，在运作一项大事时，并不急于投入到繁忙的工作之中去，而是先界定问题。找到问题根源，才不会继续在错误的方向上一路狂奔，才能更有效地解决问题，最终获得完美的结果。

第四章
设计真正激动人心的产品

在大部分人看来，设计意味着胶合板，意味着室内装饰、窗帘和沙发的结构。但对我来说，任何事情都离不开设计。设计是人造物品的灵魂，最终通过连续的产品（服务）外层来表达自己。

产品性能是重中之重

设计的关键不在外观而在性能。

设计是一个很有趣的词。有些人认为设计就是指产品的外观如何。但事实上，深挖下去，设计的关键还是在于产品性能。Mac 的设计并不在于它的外观如何，虽然外观确实是设计的一部分。但从根本上，关键在于 Mac 的性能。如果想要设计好一样东西，需要全身心地投入，细细咀嚼，而不是囫囵吞枣地把它咽下去。愿意花时间这样做的人很少。

——1996 年 2 月接受《连线》杂志专访

延伸阅读

乔布斯十分注重产品的设计，但他认为，要设计出一个好的产品，其实并不在于它的外表，最重要的是它拥有完美的工作性能。这一点是在设计当中必须首先考虑到的重要因素，同时还要对一些东西做非常深入的探讨和理解以及不懈的追求。

在研发 Mac 电脑时，乔布斯就十分注重产品的性能。有一次，乔布斯走进了 Mac 电脑操作系统工程师拉里·凯尼恩的办公室，抱怨开机启动时间太长。凯尼恩开始解释，但乔布斯没给他机会，直接打断了他。乔布斯问："如果能救人一命的话，你愿意想办法让启动时间缩短 10 秒钟吗？"凯尼恩说愿意。于是，乔布斯走到一块白板前开始演示，如果有 500 万人使用 Mac，而每天开机都要多用 10 秒钟，加起来每年就要浪费大约 3 亿分钟，而 3 亿分钟相当于至少 100 个人的终身寿命。凯尼恩听乔布斯演示完后当时就震惊了。几周过后，乔布斯再来看的时候，Mac 电脑的启动时间缩短了 28 秒。

在2006年的Macworld大会接近尾声时，乔布斯又一次运用了其标志性的“还有一件事要向大家宣布”，他这次带来了激动人心的消息——他给大家带来了新品新款的 MacBook Pr0 笔记本电脑，这款电脑配置英特尔酷睿 2 微处理器。

乔布斯介绍了英特尔酷睿 2 双核微处理器带给这款新产品的高性能：“今天，我们引入了一款新的笔记本电脑，我们称之为 MacBook Pr0。它采用了英特尔酷睿 2 双核处理器，这意味着它比 PowerBook G4 的速度快 4 ~ 5 倍！它是时代高精尖技术的集大成者……全新 MacBook Pro 是有史以来运行速度最快的苹果笔记本电脑，也是有史以来最精致轻薄的笔记本电脑。它的新功能会令你惊讶的——独具匠心地采用 LED 背光技术的 15.4 英寸宽屏显示器，用更少的空间创造出相同的亮度，带给你如同电影院一般的显示亮度。这个显示器堪称美轮美奂，还内置了一个 iSight 摄像头。现在即使在出差途中，你也随时可以召开视频会议了。这一切不是很伟大吗？走吧，召开视频会议去吧！天堂也不过如此。”

在研发 iMac 电脑时，乔布斯让这款产品吸收了 Mac 电脑设计的精华，略带有“乔布斯式”的设计风格。iMac 电脑装配也较完整，没有软盘，机箱里面仅有一个 CD 存储驱动器，虽然可以有较大的存储量，但无法写入数据随便带走。好在它可以联机上网，传送文件可以通过互联网或者电子邮件。这一次，乔布斯确实看对了，软盘早已落伍。iMac 身上的高性能设计，让它在 1998 年一经推出就使“苹果”再塑辉煌，当时 iMac 成了当年最热门的话题，1998 年 12 月，iMac 荣获《时代》杂志“1998 最佳电脑”称号，并名列“1998 年度全球十大工业设计”第三名。为了乘胜追击，1999 年“苹果”又推出了第二代 iMac，有着红、黄、蓝、绿、紫五种水果颜色的款式供选择，一面市就引发新一轮的抢购热潮。

正是这种时刻关注产品性能的设计理念，才使得乔布斯带领苹果的团队成员创造出一个又一个伟大的产品。

Business Develop

消费者不是产品创造者，因此很多时候他们不知道自己真正需要什么。但是他们往往有明确的辨别能力，如果你的产品具有能够让消费者感觉意外的功能，能够把消费者隐藏的需求挖掘出来，那么你的产品就是成功的。

20 世纪 80 年代初，广受年轻人喜爱的“随身听”，是日本新力公司董事长盛田昭夫的杰作。

时任总经理的盛田昭夫认为，年轻人都喜欢音乐，青少年尤其爱好此道，不过他们欣赏音乐的场所只能在房间内或汽车中，出了门、下了车，音乐便离他们而去，所以许多年轻人往往因为音乐而不喜爱户外运动。盛田昭夫想到：是否能够开发出一种可以让人们在房子、汽车之外欣赏音乐的产品呢?

当他把这个构想在公司的产品设计委员会上提出之后，除了一个年轻人兴致勃勃地表示这是个非常棒的构想之外，其他人都认为不可思议而加以反对。盛田昭夫坚持自己的想法，力排众议，并开始着手开发这一产品。产品开发成功后，第一批的产量是 3 万台，许多人对于这 3 万台的销路表示忧虑，盛田为了鼓舞士气，信心十足地立下誓言：“年底之前销售量若达不到 10 万台，我便引咎辞职。”

Walkman 上市之后，立即引起年轻人的抢购，销售量几创纪录，到了当年底，已突破 40 万台。不但盛田保住了总经理的职位，该产品还成为公司获利最多的商品。

紧接着，Walkman 在产品功能上再做改良，以扩大市场并应付竞争者的挑战。第三年，Walkman 在全球的销售量已达到 400 万台，创造了该公司单一产品在一个年度内最高的销售量纪录，也再度证明了盛田昭夫的远见卓识。

可见，一个企业在设计产品时，一定要以消费者为本位，想消费者之所想，急消费者之所急。这需要我们必须通过观察或频繁沟通了解客户。了解他们购买产品的目的、用途、功能、款式，并尽最大努力满足客户的种种需求。这样才会使自己的产品立于不败之地。

学点艺术，它会帮上大忙

学点艺术，这没什么坏处。

当时里德学院有着大概是全国最好的书写教育。校园内的每一张海报上，每个抽屉的标签上，都是美丽的手写字。因为我休学了，可以不照正常选课程序来，所以我跑去上书写课。我学了serif与sanserif字体，学到在不同字母组合间变更字间距，学到活字印刷伟大的地方。书写的美好、历史感与艺术感是科学所无法掌握的，我觉得这很迷人。

我没预期过学这些东西能在我生活中起些什么实际作用，不过十年后，当我在设计第一台Mac时，我想起了当时所学的东西，所以把这些东西都设计进了Mac里，这是第一台能印刷出漂亮东西的计算机。

如果我没沉溺于那样一门课里，Mac可能就不会有多重字体跟等比例间距字体了。又因为Windows抄袭了Mac的使用方式，因此，如果当年我没有休学，没有去上那门书写课，大概所有的个人计算机都不会有这些东西，印不出现在我们看到的漂亮的字来了。当然，当我还在大学里时，不可能把这些点点滴滴预先串联在一起，但在十年后的今天回顾，一切就显得非常清楚。

——2005年斯坦福毕业典礼演讲

延伸阅读

乔布斯在应该读大学的时候去了里德学院，这是一所位于俄勒冈州波特兰市的一所私立文理学院，在美国的大学中是出了名的收费昂贵的学校。因为学费过于昂贵，乔布斯的养父母曾劝他选择另外的大学，但乔布斯固执地拒绝了，因为在他看来，去斯坦福大学上学的人一点儿艺术细胞都没有，他可不想跟那样的人生活在一起，他想要上的是更富有艺术性、更有趣的学校，里德学院就是这样一所学校。

里德学院的规模不大，只有乔布斯高中就读的家园高中规模的一半，在校生也不多，只有 1000 人。里德学院推崇自由精神及嬉皮士生活方式，但同时学校有着严格的学术标准及核心课程要求。因为受迷幻启蒙运动的领袖蒂莫西·利里（Timothy Leary) 的影响，许多里德学院的学生把打开心扉、自问心源、脱离尘世（Turn on，tune in，drop out) 奉为座右铭，并使得里德学院在 20 世纪 70 年代的退学率超过了三分之一。乔布斯也受到了这个影响，他很快就厌倦了大学生活，因为他对那些必修课一点儿兴趣也没有。但他喜欢待在里德学院，不仅是因为里德学院有嬉皮士的氛围，也因为里德学院的艺术课程十分不错。

最终，乔布斯意识到他在里德学院的那些必修课根本不值得他的父母花那么多钱，他开始有负罪感，于是他不再付学费，也不再去听那些必修课，而是去上那些他觉得有趣的课。他注意到校园里的大多数海报都画得很漂亮，于是他开始对书法课感兴趣。通过上书法课，他学到了衬线字体和无衬线字体，怎样在不同的字母组合间调整其间距，以及怎样做出完美的版面设计。他深深地陶醉其中，因为他认为书法中所蕴含的美、历史意味和艺术精妙之处是科学无法捕捉的。乔布斯就这样看似无意其实有意地将自己置身在了艺术与科技的交会处。

在普通人看来，乔布斯没有成为一个书法家，那他从书法课上学到的知识就没有多大意义。其实不然，那门书法课对他的意义十分重大，在设计第一台 Mac

电脑时，在书法课上学到的东西就自动冒了出来，促使他坚持要设计好看的字体。而事实上，Mac 正是因为由各种漂亮的字体，再结合激光打印技术和强大的图形功能，从而推动了桌面出版产业的诞生，这也可称为苹果公司的赢利点。

对于这一点，乔布斯心知肚明，就像他在斯坦福的一次毕业典礼演讲上说的那样："如果我没沉溺于那样一门课里，Mac 可能就不会有多重字体跟等比例间距字体了。又因为 Windows 抄袭了 Mac 的使用方式，因此，如果当年我没有休学，没有去上那门书写课，大概所有的个人计算机都不会有这些东西，印不出现在我们看到的漂亮的字来了。当然，当我还在大学里时，不可能把这些点点滴滴预先串联在一起，但在十年后的今天回顾，一切就显得非常清楚。"正是因为乔布斯大学时对书法的着迷，才使得他能在苹果的产品中融入艺术，让科技与完美的设计、弯管、精致、手感、人性化甚至是浪漫结合才一起，才使得他被称为追求友好图形用户界面的先锋，才帮助他创造了一个又一个极具美感的伟大产品。

Business Develop

说到艺术，人们应该立即就会想起达·芬奇，想起毕加索，仿佛艺术就是他们这些人的专利似的。其实不然。艺术无处不在，无时不有，在我们生活的每一个角落都存在着艺术。只要我们能够用心观察自己的生活，积极思考，在平凡的生活中充分发挥自己的创造力，那么我们每个人都可以生产艺术，在我们的学习、生活和工作的各个方面都可能迸发出艺术的火花。

拥有艺术家的心灵，才能创造出艺术品一样的东西。劳斯莱斯就是最好的艺术品。

劳斯莱斯的名声早在第一次世界大战之前就响彻世界，在那以后，劳斯莱斯更是获得了"世界第一"的光荣称号。

1904 年劳斯莱斯汽车正式问世，它的制造者是英国的一位名叫亨利·劳斯的男子。

当时，很多人都说，劳斯是个技术狂，这一点儿也不假。因为他在制作每一部车时，都如同是在创作一件美术品，即使是小到一颗螺丝，他一般也不采用全自动化生产的方式，而是亲自精雕细刻。对于车身的底盘、引擎，他还根据订货人的爱好，选择制造方式。

这种精益求精的结果是，每一部劳斯莱斯汽车都具有坚固、耐用、无故障，几乎听不到噪音，感觉不到晃动的特点。无论哪一型号的劳斯莱斯，以每小时100公里的速度行驶时，放在水箱上的银币可以长时间不被颤动下来。当你坐在车子里时，你听不到马达声，只听到车内钟表上的分针、秒针的轻微移动声。因此，这种车被公认为是世界上最优良的汽车，拥有它的人都会感到一种自豪和荣耀。

在英国皇家汽车俱乐部监督下的苏格兰汽车性能评审会上，经过伦敦到格拉斯哥之间1.5万英里的路程测试以后，劳斯莱斯以领先3天的时间获胜。经过评审，它的零件损耗费仅为3.7英镑，轮胎磨损及汽油的消耗平均1英里大约4便士。

劳斯莱斯之所以这么闻名，是因为它的打造者把它当作一件艺术品来打磨，车身的每一个细节都有艺术的影子存在。如此精益求精，生产出来的汽车定然是一件艺术品。

艺术家是不会向任何外界环境低头的，也从来不会在任何事物或者诱惑面前妥协，就好像凡·高一样。他在生前一直穷困潦倒，一生中只卖出一幅油画。但是，他却从来没有向市场和当时的人们妥协，创作他们喜欢的东西。这种偏执的坚持尽管没有让他在生前享受到成名的滋味，可是，凡·高死后，他的名气越来越大。一幅凡·高的作品价值至少几千万美元，他俨然已经成为最受爱戴的艺术家之一。

同样，作为艺术家的乔布斯也没有任何妥协，他不妥协他的“完美”追求，即便乔布斯因此变得“伤痕累累”，他也从不取悦于任何人，包括消费者。像凡·高一样，乔布斯从来不会为金钱和市场所驱使，因为他只会专注于他所认为正确的事情。

人靠衣裳，马靠鞍

好产品就得有个好包装。

当你打开 iphone 或 ipad 的包装盒时，我们希望那种美妙的触觉体验可以为你在心中定下产品的基调。这是迈克教给我的。

——《史蒂夫·乔布斯传》

延伸阅读

受父亲的影响，乔布斯觉得即使是产品隐藏的部位也要做得美观；而受马库拉的影响，乔布斯又意识到漂亮的产品包装和展示也同样重要。毕竟大多数时候，人们都习惯“以貌取物”。

其实，早在最初为 Apple II 设计箱子时，乔布斯就已经意识到了产品漂亮的外观的重要性。因此，当乔布斯当时的合伙人罗恩·韦恩为了节省成本，设计出一个有机玻璃制成的箱子，附带有金属条和一扇用来盖住键盘的卷门时，这款不需要使用工具加工的简陋的箱子让乔布斯十分不满意。他心目中的箱子应该是简单又精致的设计，要能够让苹果电脑从那些配有灰色笨重金属机箱的电脑中脱颖而出的设计。有一天，他在梅西百货的家用电器通道闲逛时，被一款厨艺公司（Cuisinart）的食品加工机触发了灵感——他心目中的箱子应该是一个由轻便的模制塑料制成的外表光滑的箱子。最终，他请一名当地技术顾问杰里马诺克（Jerry Manock）花几个星期时间，做出了一个简单的发泡成型的塑料箱，外形简洁整齐，十分具有亲和力，乔布斯对此十分满意，爽快地付给了对方 1500 美元的酬劳。

当马库拉入股苹果团队后，教会了乔布斯什么是“灌输”，这涉及人们是如何根据一家公司或一个产品传达的新号，来形成对它的判断，这也让乔布斯真正意识到：我们也许有最好的产品、最高的质量、最实用的软件等，但如果我们用一种潦草马虎的方式来展示，顾客就会认为我们的产品也是潦草马虎的；如果我们以创新的、专业的方式展示产品，那么优质的形象也就被灌输到顾客的思想中了。从那以后，乔布斯就变得十分关注产品形象乃至包装的细节。

当 Apple II 完成后，乔布斯将 Apple II 的时间选在了在旧金山第一届西海岸电脑展览会期间。为了用最盛大的方式来展示 Apple II，让全世界都知道苹果有很棒的电脑，乔布斯一得知展会的消息，就预付了 5000 美元以确保苹果能得到展厅最前端的位置。

为了展现 Apple II 拥有卓越的品质，乔布斯对展位进行了精心的设计和布置，和其他展位用普通桌子和硬纸板牌子来布置不同，乔布斯在柜台上盖上了黑色天鹅绒，柜台后立着一大块背光式的有机玻璃，上面印着苹果公司的标志——一个被咬了一口的苹果。他们展示的是仅有的三台样机，但展位周围堆满了空的包装箱，以显得他们存货充足。

对于送到展会的电脑箱子，乔布斯进行了细致的检查，结果他发现上面有很细小的污点，这让他大为恼火，他只能让仅有的几名员工打磨掉这些污点。

好在，乔布斯所做的这些努力都是值得的。展会一开始，这些置于漂亮的米黄色箱子内的 Apple II 就因为漂亮的外壳而透露出一种既牢固结实又亲切友好的信息，在那些外表镀着金属的丑陋机器或者干脆裸露的电路板中脱颖而出，最终帮助苹果获得了 300 份订单，甚至还将苹果卖到了日本。这次成功让乔布斯充分认识到了漂亮包装对产品销售的巨大影响力。

在后来的 Mac 电脑研发上，乔布斯也同样注重包装的设计，他为 Mac 电脑的包装选择了全彩设计，并不断对其进行改善，让团队成员重做了 50 次，只为了 Mac 在外观上也能给人惊艳的感觉。

乔布斯十分看重对苹果产品包装的设计，并申请了多项专利。比如，2008 年 1 月 1 日，美国将 D558572 号专利授予了 iPod nano 包装盒。一打开盒子，就会看到 4 张图片说明 iPod 是如何被放置进像摇篮一样的盒子里的。2009 年 7 月 21 日，D596485 号专利授予了 iPhone 的包装盒——配有坚硬的上盖以及内部光滑的塑料小托盘。

到 iPhone4 时，乔布斯对包装盒的美观度的追求可谓登上了顶峰。购买 iPhone4 的顾客可以做个简单的实验，用单手从桌子上轻轻提起 iPhone4 包装盒，不要托盒底，也不要用力握盒盖，就让装有手机的盒子在盒盖里靠重力缓缓下滑。盒身的滑落速度不快不慢，差不多 8 秒钟的时间，盒身就从盒盖里完全滑出一这不是巧合，而是精心的设计。

在苹果所有的产品身上，都能发现乔布斯一直秉持的设计理念：我们要做的，就是让产品科技感十足，然后用上简单干净的包装，让科技感一目了然。

Business Develop

俗话说得好："人是衣裳，马是鞍。"一个人穿上一套既合身又大方的衣服，会显得更加精神靓丽、英俊潇洒；一匹宝马，配上一副好鞍，方显出良驹的本色；一幅好画，再加上精美的装裱，才能身价百倍。这就是包装的作用。

产品包装也被称为"无声的推销员"，因为有创意的包装自己会说话。产品包装也是很重要的营销工具，是保护功能与艺术美感的融合，是实用性与新颖性的创新结合。有调查显示，现在消费者在选择产品时（不考虑产品品牌的情况下），有 80% 是根据产品包装的颜色和 20% 的外观形状决定其购物的决策，由此可以看出产品的包装对于企业来说是非常关键的。

作为一家有着 50 多年历史的酿酒企业，北京红星股份有限公司（以下简称

“红星公司”）生产的“红星二锅头”历来都是北京市民的餐桌酒，一直受到老百姓的喜爱。

然而，由于红星公司生产的“红星二锅头”在产品包装上一直以来都是一副“老面孔”，使得“红星二锅头”始终走在中国白酒低端市场，无法获取更高的经济效益和附加值。随着“红星青花瓷珍品二锅头”的推出，“红星二锅头”第一次走进了中国高端白酒市场。“红星青花瓷珍品二锅头”在产品包装上融入中国古代文化的精华元素，酒瓶采用仿清乾隆青花瓷官窑贡品瓶型，酒盒图案以中华龙为主体，配以紫红木托，整体颜色构成以红、白、蓝为主，具有典型中华文化特色。该包装在中国第二届外观设计专利大赛颁奖典礼上荣获银奖。“红星青花瓷珍品二锅头”酒是红星公司 50 多年发展史上具有里程碑意义的一款重要产品。“它的推出，使得红星二锅头单一的低端形象得到了彻底的颠覆。不但创造了优异的经济效益，还提高了公司形象、产品形象和品牌形象。”这款产品在市场上的销售价格高达 200 多元，而普通的“红星二锅头”酒销售价格却仅仅只要五六元。

一般来说，产品的包装都必须具备四个基本因素：使产品具有一定形态，使产品易于被消费者识别，兼具消费说明作用，使产品具有便携性。但在如今这个追求个性的时代，如何做出独特的包装以吸引消费者，才是企业最应该关注的问题。

那要如何让产品具有独特性呢？企业可以参考以下三点：

1. 市场调查须找方向

在制作产品的包装前，企业首先要做的，就是对其他竞争对手的相关产品的包装进行调查分析，搜集具有特色的包装，然后对本行业包装的整体进行分析，寻找包装设计的突破口与方向，保证包装的独有性和个性。

2. 与品牌形象统一

产品的包装设计是企业品牌气质和企业文化内涵的延伸，因此一定要带有企业品牌色彩，不能把产品包装单独区分开来。

3. 元素合理的运用

如今的消费者越来越喜欢简单、时尚、大方的包装设计，还有许多消费者喜欢古色古香极具中国传统文化特色的包装设计，因此企业在设计产品包装时，应尽可能安排少的元素进去，让包装的整体能够尽可能地少一些复杂的画面。元素的搭配一定要合理，品牌名称或者产品名称应该尽量凸显出其他具有特色的介绍。

4. 将设计独特化

要想让你的产品在众多的品牌中凸显出来，产品的包装设计一定要独特。这种独特可以是色彩的独特，用区别于其他产品并且抢眼与产品符合的颜色；也可以是包装形状的独特，现在不少包装设计都是采用普通的包装设计，包装的款式不能够吸引到消费者；还可以是包装材质的独特，如果大家都用布的我就可以用纸的，尽可能减少与其他品牌的冲突。

但企业需要注意的是，尽管产品包装能影响销售，但决定产品能否持续销售的因素还是产品质量，企业千万不要过于注重包装设计而忽视了产品质量，那可就本末倒置了。

再好的技术，也没办法让烂故事变得精彩

一个烂故事，用再好的技术也没法变成一个好故事。

我们开创了电脑动画的先河，而约翰·拉塞特曾经说过一句话，大大触动了我——“再好的技术，也没办法让一个烂故事变得精彩。”

——《走向无限，超越无限：皮克斯动画工作室》

延伸阅读

在乔布斯心里，让科技与创造力完美融合，是他毕生的理想。而他之所以愿意收购下卢卡斯影业的电脑部门（这个部门被乔布斯收购后变为新公司皮克斯）时，就是因为他感觉他的这个理想能在这里被实现。正如他自己所说的那样：“我之所以想收购这个部门，是因为我真的很喜欢计算机图形。看到卢卡斯影业电脑部门这些人的时候，我意识到，在融合艺术与技术的领域，他们走在了其他人前面，而这个领域一直都是我的兴趣所在。卢卡斯团队正在研究的问题需要非常强大的计算处理能力，这使我意识到他们必将引领历史。我喜欢这样的发展方向。”

可见，早在收购皮克斯的时候，乔布斯已经凭借他的直觉，预测到在未来数年里，计算机将会比现在强大上百倍，他相信这会给动画和逼真的3D图形带来巨大进步。事实确实如他所说。

乔布斯一直都很欣赏硬件和软件的整合，在他掌管皮克斯之前，皮克斯的图像电脑和渲染软件已经很出色了，但它们的结合还不够紧密，而当乔布斯来到，就为皮克斯带来了第三个要素：它制作出色的内容，如动画电影和图像。这种软件和硬件的完美结合得益于乔布斯将艺术创意和技术的结合。对此，乔布斯曾说："硅谷的人并不尊重好莱坞的创意特质，而好莱坞的人则认为技术人员是那些只须雇用而无须见面的人。皮克斯则同时尊重好莱坞和硅谷的文化。"

皮克斯的电脑因为售价太高，而且专门为之编写的软件应用程序也不多，因此很难进入普通消费者市场。而皮克斯的软件主要是一款有一个渲染程序，名为雷耶斯（Reyes，Renders Everything You Ever Saw)，意为渲染你所见的一切，用于制作3D图形和图像。皮克斯的动画师约翰·拉塞特利用皮克斯的渲染软件制作了一个动画短片——《顽皮跳跳灯》,获得了1986年的SIGGRSPH（美国计算机协会计算机绘图专业组大会）的最佳影片奖，后来，拉萨特又制作了一部动画短片——《锡铁小兵》，并赢得了1988年奥斯卡最佳动画短片奖，这都充分证明了皮克斯具备了让科技与创造力完美融合的能力。

这两部动画短片的成功，引起了迪士尼的注意，在挖走拉塞特未果的情况下，开始了与皮勒斯合作动画长片。他们的第一部合作动画长片是《玩具总动员》。

"玩具总动员"是约翰·拉塞特的创意，但灵感来自他和乔布斯共有的一个信念：产品是有灵魂的，是为了一个使命才被生产出来的。如果一个物体是有情感的，它的情感应该是基于它想实现自己价值的渴望。例如，对于一个杯子，它的使命是盛水；如果它有情感，它会在满的时候高兴，空的时候悲哀。同样，对于一个玩具，它的使命就是供孩子们玩耍，因此它们因为被主人喜爱而高兴，因为被抛弃或被新的玩具取代而伤心恐惧。所以，一个最受喜爱的旧玩具和一个闪闪发亮的新玩具搭档出演的兄弟电影，必定会有对立和冲突，这就让电脑极富戏剧效果。最终，两个主角的名字被定为“胡迪”和“巴斯光年”。

在制作这部动画长片时，迪士尼电影部的负责人杰弗里·卡曾伯格提出了许多建议，目的在于让两个主角之间的冲突更激烈，按他的意见制作出的成片真是一团糟。这让拉塞特和乔布斯都深切地意识到：再好的技术，也没办法让一个烂故事变得精彩。于是他们花了 3 个月时间，拿出了一个新版本，将胡迪的形象从统领安迪其他玩具的暴君式老板转变成了他们的英明领导者，就连他在巴斯光年到来后表现出的嫉妒都被描绘得更值得同情。事实证明这是个好故事，当它被皮克斯先进的渲染技术制作出来，进入电影院后，获得了巨大的商业成功和业界认可。

Business Develop

乔布斯的“再好的技术，也没办法让烂故事变得精彩”的理念，其实也就是柳传志常说的“方向要是没弄对，光努力是不行的”的理念。

有记者曾经问柳传志：“作为改革开放后第一代企业家，为什么您总是强调方向是最重要的？您认为应该怎样把握中国企业的发展方向？”

柳传志回答：“当一个企业已经到有能力制定战略的时候，就会发现，战略方向制定得正确与否，对后面的影响极其重要。最典型的例子就是做胶卷的柯达公司。数码相机一普及，柯达就破产了。其实，柯达很早以前就研究过数码相机，但它把这块业务放弃了，就只做胶卷，也不管外面环境发生了什么样的变化，最后怎么样？做死了。”

其实，联想也曾遇到过柯达的这种情况。联想最早的时候是做汉字系统的，叫联想汉卡，如果当时柳传志他们就认定这一条路，低头拉车不去抬头看路，想方设法让汉卡体积更小、成本更低、做得更好，最后会是一个什么样的结局呢？由于电脑本身的发展，它的 CPU 运转速度不断提高、存储器的成本越来越低，发展到后来就足以把汉字系统做进去了，那时候柳传志他们要是还在做汉卡，就只有死路一条。幸好，柳传志他们在做汉卡的时候就已经意识到电脑未来很有发展，所以开始卖电脑。在卖电脑的过程中，他们又找到了新的方向，就去做电脑。

所以，环境变化了，新的趋势在涌动，你要是还执迷不悟，肯定是行不通的。正如柳传志所说："方向要是没弄对，光努力是不行的。你得想清楚了再干，想好了再说。没把前面的东西想好，投钱下去就是打水漂。"

确定方向其实就是人们常说的制定目标，企业要想方向正确，在制定目标时应遵循以下七个步骤：

第一步：理解公司的整体目标是什么。

第二步：制定符合 SMART 原则的目标。

第三步：检验目标与上一层级目标的一致性。

第四步：确认可能碰到的问题以及完成目标所需的资源。

第五步：列出实现目标所需的技能和授权。

第六步：制定目标的时候，一定要和相关部门提前沟通。

第七步：防止目标滞留在中层不往下分解。

从设计师到工程师，100%贯彻创意

有了好创意，就要尽力去实现。

当时的情况是：设计师提出了非常不错的创意，但工程师说："这个我们做不了，这个没法实现。"情况就开始变得糟糕；到了制造部门，他们又说："这个我们没法做。"这下子情况就变得更糟糕了。果不其然，当我们拿着创意去问工程师时，他们说："这个……"然后足足罗列了 38 个不能做的理由。但是我说："不，不行，我们就得照这个设计来做。""为什么？"我回答："因为我是 CEO，我认为它可以实现。"尽管他们很不情愿，但他们还是不得不尽力去做。最终，产品取得了巨大的成功。

——2005 年 10 月 16 日《时代周刊》

延伸阅读

1998 年 5 月，乔布斯回归苹果后的第一个产品，也是他和艾夫搭档之后的第一个成功之作——iMac 问世，这是一台面向家用电子市场的台式电脑。在研发 iMac 电脑时，鉴于 Mac 在市场获得的巨大成功，乔布斯坚信 iMac 也应该是一个一体化的产品，照他的话来说就是："键盘、显示器和主机要被组合到一个简单的装置中，从箱子里面拿出来就能用。"而且，乔布斯认为设计要独特，要

回到 1984 年第一台 Mac 电脑那个设计理念，才能延续苹果“非同凡想”的品牌文化。而要设计成一体式的消费电子产品，这就意味着设计部门和工程部门必须要通力合作。

因为这款产品是要面向家用电子市场的，因此价格必须低廉，于是乔布斯将价格定在 1200 美元左右，要知道当时苹果公司可没有标价在 2000 美元以下的电脑。但这款产品的配置并不低，因为它采用的是苹果高端专业版电脑 Power Mac G3 的微处理器和内核。它最为独特的地方在于它没有配备软盘驱动器，那是当时市场的电脑普遍的配备，而且大胆地安装了一个硬盘驱动器和一个光盘托盘。之所以会不要软盘驱动器，乔布斯引用了冰球明星韦恩 · 格雷茨基（Wayne Gretzky) 的名言：“要向着冰球运动的方向滑，而不是它现在的位置。”这在当时非常前卫，但最后大多数计算机都改为了硬盘驱动器。

iMac 的外观设计也十分独特，艾夫把机箱塑料外壳变成了透明的海蓝色，为了把半透明色彩做得更富活力，艾夫和他的设计团队甚至去了一家糖豆生产工厂去学习。艾夫还突发奇想在 iMac 电脑的外壳顶部设计一个内嵌的扶手，以便让使用者能够手提着电脑走动。iMac 是一台台式电脑，其实不太会有人提着它四处走动，这样来看这个设计并不太实用，但它很好地增添了 iMac 的趣味性。

艾夫自己很喜欢这个设计，但他不知道乔布斯会不会同意，因为这会增加 iMac 的生产成本，一般的公司老板都不会同意，但乔布斯一看到这个设计就同意了。这件事让艾夫印象深刻：

“当时，人们对科技产品还比较陌生。当你畏惧一样东西的时候，你不会去触碰它。我就看到我妈妈不敢碰计算机。所以我就想，如果它上面有个提手，就能使一种关系变为可能。它是易于接近的，是与生俱来的，它允许你去触摸它。它使你觉得它与众不同。糟糕的是，要制造一个凹陷的提手需要大量投入。这要是在以前的苹果公司，我的想法肯定会被否决。让人惊喜的是，乔布斯第一眼看到它的时候就说了一句：‘这太酷了！’我从没向他解释过为何要这样做，但他就是自然而然地领会了。他认为，这就是 iMac 友好及有趣的方面之一。”

艾夫的这个设计自然遭到了鲁宾斯坦和他的制造工程部门的反对，他们认为不能为了满足艾夫对美学的需求和“异想天开”，就不考虑现实的成本问题。他们甚至罗列了 38 种不能接受这个设计的理由，但乔布斯很坚定地说：“不，不，我就是要这么做。”当被问及“为什么“时，乔布斯给了一个很独裁的回答：“就是因为我是 CEO，我认为这么做没问题。”鲁宾斯坦和他的制造工程部门不得不接受这个设计。

由此可见，尽管苹果的团队内部会存在意见的分歧，但乔布斯的坚持让他们意识到：只要一个创意被选中，无论反对的人有多么不情愿操作，也必须将这个创意贯彻到底。也正是一种从设计师到工程师 100% 贯彻创意的精神，才让苹果的产品变得与众不同。

Business Develop

联想创始人柳传志的执行理念对于史玉柱的影响极为深刻：“第一条就是说到做到，做不到就不要说。这个话很土，但是很实用，这个就是柳传志挑起来的，他跟我说了这个标准。因为我过去也经常发生这个情况，我的部下向我拍胸脯，我下个月销售额一定做到多少，然后到下个月没有完成，没完成好像也没啥，然后他又再往下个月再拍胸脯，这样一搞就等于下面骗上面，上面再一放炮又骗下面，团队的气氛就非常不好，没有战斗力。”

有时，史玉柱对于员工执行能力的要求近于苛刻。2009 年，巨人网络集团业绩下滑，IT 企业解释为受金融危机影响，巨人团队从执行的结果检查中意识到，事情并非如此，团队负责人很坦率地表示：“金融危机不是遮羞布，业绩下滑是我们自身的原因，主要是《巨人》游戏不是特别成功。”

此时，连史玉柱也发现，经历了上市的成功，短期内，不少企业的高管和员工开始滋生享乐主义，不思进取的情绪。巨人的研发团队显得有些慵懒：握着股权的老员工行权之后，住上了别墅；新员工没有股权，工作也并不那么热情。

此时的史玉柱开始意识到，让员工们签署“任务承诺书”都是无效的。

在他看来，只有让员工为自己干活，项目才能真正取得进展。产品做得好，研发人员能得到高额分红，将来公司甚至可能独立上市；做得不好，自己的投资也全部落空。为此，史玉柱在执行上再次提高声调，要求团队成员不忘本，并且在团队的管理制度上恢复了从前简单化和严格化的传统。

在西方的管理大师们看来，执行力这个概念差不多相当于将战略规划后的所有管理职能全部杂糅在一起。简单来说，就是以结果为导向和标准，达到标准就是执行到位，否则就会受到相应的惩罚。

下面是一些所谓执行力课程中所讲授的如何提高执行力的方法：

1. 主动工作

要提高个人的执行能力，必须解决好“想执行”和“会执行”的问题，把执行变为自动自发的行动。有了自动自发的思想，就可以帮助你扫除工作中的一切挫折。在日常工作中，我们在执行某项任务时，总会遇到一些问题，而对待问题有两种选择：一种就是充分发挥主观能动性想方设法解决问题，千方百计消灭问题，结果是圆满完成任务；一种是面对问题，一筹莫展，结果是问题依然存在，任务也就不可能完成。

2. 敢于负责，注重细节

工作中无小事，工作就意味着责任，责任是压力，也是努力完成工作的动力。做工作的意义在于把事情做对做好，最严格的标准应该是自己设定的，而不是别人要求的。因此提高个人执行力就必须树立起强烈的责任意识，养成认真负责、追求卓越的良好习惯。

认真负责的同时，我们还要培养注重细节的工作态度。

3. 永不放弃

永不放弃是指在工作中具有挫折忍耐力、压力忍受力、自我控制力；永不放弃首先表现为坚定的意志，对目标的坚持，无论遇到多大的困难仍要千方百计地完成工作。

这种所谓的执行力培养，实际上可能忽略了管理者和员工双方的关键需求：管理者总是有问题要关注，被管理者总是有问题解决的麻烦。所以正确的方式，并不是过分强调心理干预而忽视管理者自身执行能力的提高问题。

从人力资源的角度说，执行能力的高低，很大程度上只有在参与生产，不断纠错改进后才能看出。那些心理战术，缺乏观察和数据支持，无法进一步加入计划和决策中。投入太多的培训，可能是浪费资源和时间。

即便真有所谓执行力的提高，也可能是一个数据的幻觉。团队的气氛改变，可能让管理者忽视企业真正的硬问题，比如财务风险、管理风险等。

因此，做这些执行力的操作，首先要注意公司本身的管理数据，尽量降低这类操之过急的干预的权重。毕竟，如果人们不相信宣传可以做到理想社会的工作方式，那靠执行力这样的口号也同样达不到长期的目标。

第五章
做领袖，坚决不做跟风者

领袖和跟风者的区别就在于创新。有很多人在创新，但那并不是我事业最主要的与众不同之处。苹果之所以能与人们产生共鸣，是因为在我们的创新中深藏着一种人文精神。

我们拒绝做
戴尔二号、康柏二号

我们只想做我们自己。

苹果的根本宗旨是做大众电脑，而不是企业电脑。我们拒做戴尔二号、康柏二号。

——1999 年 10 月 18 日《时代周刊》

延伸阅读

“领袖与跟风者的区别就在于创新。”这是乔布斯谈自己的“与众不同”哲学时所说的话。所谓的跟风者，就是那种擅长“尾灯战略”的人，就像开车，跟风的人总是跟在别人的尾灯后面亦步亦趋，跟近了怕撞上，跟远了怕跟丢。乔布斯虽然在很多产品战略上不是开创者，但是他也不是跟风者，他的创新是一种破坏性的创新，只要他一出手，就对市场上的主流业务产生破坏性影响。他从来不在既定的轨道上奔跑行驶，但会破坏游戏规则重新开辟跑道，进而颠覆整个行业的格局。

当然，在当今时代，乔布斯不是唯一的创新者，很多人都在倡导创新，做着创新的事情，可以说，乔布斯是创新跟风者中的一员。但是乔布斯不仅要做创新的跟风者，还要做这些跟风者的领袖。这就主要体现在乔布斯不断做到行业领先。

乔布斯使苹果公司与众不同的秘密武器就是不断地做到行业领先。乔布斯说过苹果的产品被很多人抄袭和模仿，但苹果依然在行业领先，就是因为苹果的创新总能领先于行业其他人，领先于时代。为了做到这一点苹果在研发上投入了大量资金，苹果公司的研发经费一直在大幅增加，2003 年时达到 4.71 亿美元，并且光是研发部门就聘用了 2500 名员工。除了苹果电脑的主流研发外，他们也在进行进一步多元化的尝试。

可见，创新的最高境界并非差异化，而是领先于行业、领先于时代。当然，作为领军者会很辛苦，但得到的收益也十分巨大。乔布斯一直以领先者为荣，他甚至以被抄袭为荣。看看他在 2004 年 MacWorld Conference&Expo 上在谈到与微软的竞争时是如何对微软冷嘲热讽的。乔布斯说："Mac 系列在 20 世纪 80 年代重塑了个人电脑产业，而微软在 90 年代抄袭成功，并且创造了极大的利润。如今，我们靠着 MacOSX 重新站上了技术领先的地位，我认为微软一定还会再次抄袭我们。"

乔布斯就是要做一个产业领先者，这也是他"与众不同"的最强大的武器。虽然这是一条艰难的路径，但是也更显示出乔布斯是一个创新高手，甚至可以用偏执狂来形容他的创新。

Business Develop

在这个世界上充满了形形色色的追随者和模仿者，他们总是喜欢依照他人的足迹行走，沿着他人的思路思考。他们认为，走别人走过的路可让自己省心省力，是走向成功、创造卓越人生的一条捷径。岂不知，"模仿乃是死，创造才是生"。但乔布斯不是喜欢跟风的人，他喜欢做领导者。和乔布斯一样，恒大地产集团董事局主席许家印也认为做事就要做到最好，这不仅是他对自己的要求，也是他对身边每个人的要求。

许家印曾在 2010 年恒大足球、排球俱乐部活动上的讲话中提到了这一点，他说："我这个人要强，该我做的事我会做好，没做好是一回事，但做好了就要有体现。其实接手足球那天开始我就知道，要把足球搞好没有那么容易，而且真的是烧钱的。我也实话告诉你们，我们接手 5 个月已经花了过亿，但是今年下半年和明年我还准备再拿资金出来，大力支持，持续打造豪门劲旅。还是那句话，要么就不做，要做就一定要做好。"

2003 年的春天，许家印带领恒大的几个高层领导到地方上视察一套别墅的建造情况，恒大集团地方董事长作陪，许家印边走边问："这套房子的檐口高度是多少？"

这个董事长身上一阵冷汗，他从没去了解过这个问题，一时答不上来。许家印回头看了他一眼说，既然不知道，那就自己去量量吧。

许家印作为一个集团的老总，每天要处理数不清的事情，竟然会关注到一个房子的檐口高度，这种认真细致和追求完美的特质深深地影响了这位地方董事长。这之后，只要是工作相关的问题，他全都仔细用心做到最好。后来的一次会议上，许家印又问他一些问题，结果不管是房子某个细处的尺寸，还是内部外部设施的具体情况，数十个问题也没能难倒这位地方董事长。

要么不做，要么就做到最好。许家印不但身体力行，还将这种标准作为恒大地产的发展策略。在实施红海战略时，许家印给恒大定下了必须做到最好、精益求精的目标，必须实现"规模""团队"和"品牌"三个一流。

保证一流、保证做到最好才能给公司带来最大的收益。一流的规模是指要拥有最多数量的土地，规模化的运转方式能够保证成本最低；而人是所有工作的主导，只有一流的人才和团队才能够保证一流的产出；所谓一流的品牌就是许家印提出的精品战略路线，只有高水准的质量才能够树立越来越强大的企业形象，这与许家印创业之初提出的"质量树品牌"是一致的。

对于企业而言，"最好"就是出精品，而对于企业中的个人而言，最好就是业绩出众，是优秀员工的共性。优秀的员工无论从事什么工作，都不会轻率疏忽或满足于现状。相反，他会在工作中以最高的规格要求自己，无论面对多么困难的工作，他都力求最好。

对于我们来说，创造才是下一个梦想

跟风不是我们的事，创造才是。

我们总在拿自己的眼光打赌。但是宁愿这样，我们也不愿追随别人的脚步，跟风的事情就留给其他公司吧。对我们来说，创造才是下一个梦想。

——1984 年 1 月 24 日苹果 Mac 电脑发布会

延伸阅读

艺术大师毕加索曾说过："创造之前必须先破坏。"破坏什么？破坏传统观念和传统规则！乔布斯擅长破坏性创造，他有这样的勇气和果决的行事作风。而苹果公司也在一次次破坏中激发出了新的创意，创造了新的奇迹。

20 世纪 80 年代末，乔布斯前往底特律进行商业拜访。由于当时的一次约会被取消了，乔布斯还有不少时间，环顾四周，他发现自己正站在通用汽车公司国际总部的大楼前。于是乔布斯突然心血来潮地杀进通用汽车公司 CE0 的办公室，与通用汽车公司的 CE0 罗杰 · 史密斯进行了一项谈判。

"先生，有什么事吗？"警卫问道。

"给我接通罗杰的电话，他会听的。"乔布斯充满自信地要求。

“史密斯先生正忙呢。”罗杰的秘书说。

“告诉他，史蒂夫在门厅里，他会见我的。”乔布斯说。

过了一会儿，他被护送到顶层，一座巴洛克式的宫殿里。罗杰·史密斯急忙走进会客厅，他大声说：“史蒂夫，你好啊！”

随后，他们进入罗杰的私人办公室，当时，罗杰刚过 65 岁生日，已经宣布退休，这是他在公司的最后一周。

“我们想卖给你电脑。”乔布斯热情地说。

罗杰叫来了他的接班人鲍勃·斯坦普尔，和乔布斯谈了 45 分钟的生意。

很多人会觉得这很不可思议，但这是乔布斯的一个癖好，他经常事先不通知就去拜访名人。不过，这次罗杰·史密斯很买乔布斯面子的一个重要原因是，他们在 12 年前见过面。

正如《史蒂夫·乔布斯复出记》中所描写的，乔布斯极其情绪化、不稳定。像个小孩一样完全不可捉摸。他会变得很暴躁，做错一些事情，好像并不知道如何才能做得更好。他也会带着一种不受任何影响的魅力，完全天真无邪。他从不会乖乖地按照既定的轨道前行，而总是去做一个破坏规则的人，纵使会出现错误和遭遇失败，他依然乐此不疲，而现实证明，他的这种理念也让他取得了很多成功。

2001 年，苹果公司推出音乐播放器 iPod，从此，长期统治网上音乐销售的天下。

2007 年，第一代苹果手机 iPhone 问世，苹果公司颠覆了大众对智能手机的定义。

2010 年 4 月，苹果推出个人平板电脑 iPad，打破了平板电脑模式的僵局。

在 iPod 之前，MP3 就诞生了，并统治着音乐播放器市场；在 iPhone 之前，智能手机也已成为手机的发展趋势；在 iPad 之前，微软早在十年前就提出了平板电脑概念。在不少产品战略上，乔布斯都不是最初的开创者，但他也不是随波逐流的人。当他发现在某个领域，他人已经制定了游戏规则，要领先很难时，他就会重新开创一条路，颠覆整个游戏规则，直到他成为游戏规则的制定者。因为对乔布斯来说，跟风不是他想做的事，创造才是他的梦想。

所以，乔布斯的确是一个可怕的破坏者，他一出手，对整个主流市场的破坏性是难以估计的。他用他伟大的创造力，冲出既定跑道，摧毁了竞争的赛道，直奔终点，将对手们远远抛在身后。

Business Develop

有魄力的人总是喜欢视规则标准如草芥，在规则标准面前，他们喜欢变客为主、变被动为主动，争取掌握主动权。史玉柱就是一个善于打破标准与规则的创新者。

2006 年 4 月 21 日，史玉柱称“网游《征途》公开测试首日人数达 20 万”。《征途》总是在为网游界制造诸多意外，在业界的质疑声和玩家的叫好声中，这款公测仅仅八个月的国产 2D 网游，创造了 2006 年中国网游神话。在 2006 年 11 月 11 日打破《传奇》保持四年之久的同类网游最高同时在线纪录后，12 月 23 日更突破 75 万大关，又一次刷新自己创造的纪录。2007 年 3 月 23 日，《征途》同时最高在线达到 86 万，遥遥领先于同类网游，成为中国最火爆的网游。

巨人凭借其“免费游戏”模式的良好表现，荣获“2006-2007 年度中国互联网市场年度创新商业模式”大奖，成为唯一一家获此殊荣的网游企业。对于《征途》后来者居上的原因，史玉柱总结为打破行规，不断创新。他说自己的特点是不按常理出牌，只是按照自己的思考去做。

史玉柱总是主动的，他对行业规则从来就不理会。但他并没有蔑视规则，而是自己琢磨规则，创造规则。他以前做过很多行业，他认为网游行业是思想最保守，最不善于创新的行业，但他觉得娱乐行业不应该这样，为此他进行了创新，这对行业是个推进。他表示会吸取巨人以前的教训，坚持走自己的路线。

面对众多竞争对手的质疑，史玉柱公然宣称：

“《征途》的成功是产品的成功，有一些专家发表评论认为《征途》是‘搅局者’，大概是因为我们没有按规矩来。我们不在乎形式，只要玩家喜欢、开心，他们提出的要求合法合理，我们都会尽量满足。”

史玉柱本人作为游戏玩家的体验，使他比很多其他一些从业七八年的网游公司的老板还了解网络游戏，更好地把握了玩家的需求。商业经验丰富且对玩家心态有深度把握的史玉柱成为规则的颠覆者。在他看来，网游行业虽成长速度快，但因为行业较年轻，是一个“没有太多资本积累，同时心态浮躁，却爱因循守旧”的领域。

史玉柱说：“目前针对市面上每一款流行的网络游戏，我们都有一个专门小组在研究它，研究它的亮点，也研究它的缺陷。我们觉得这个行业条条框框太多。”

行业规则的合理性是和产业发展阶段联系在一起的。目前处在初级阶段的网络游戏，难免会面临阵痛，需要冲击，需要有人站出来打破旧的规则，史玉柱就要做这个吃螃蟹的人。在他的网游公司，研发人员基本来自其他网游公司，对所谓行规非常了解。他要求研发人员在遵守国家法规的前提下，从思想上放弃行规的约束。

按照传统来说，网游厂商固定的研发运营轨迹是按内测、公测到推出正式版本。但是史玉柱自从进入网游以来，一直在打破行规。其首款游戏《征途》在内测期间即向玩家开放并收费，而且刻意改变所谓正式版本不能更改的行规。运行了一个多月后，在2005年12月20日，还在内测阶段的《征途》，便宣布游戏“永久”免费。从此之后，免费已成为国产游戏的主流模式。

玩不玩游戏、懂不懂玩家，对公司大的方向把握是至关重要的。史玉柱是直接从玩家到投资公司，他跳过了一个过程，就是这个行业里面研发网游的经历，这使他不会受网游开发条条框框的限制。

一般网游里面有很多不成文的规定，一个网游要经历技术测试、封闭测试、内部测试、公开测试，然后商业化。但是史玉柱不管那么多，他就要打破这些旧的规则。

在史玉柱看来，“网游是所有行业中最保守的行业”。他认为韩国人制定的游戏规则并不是法律，并不是不可违背的，《征途》正是因为无视这些规则，打破了这些僵化的规则，才成功的。

史玉柱开创网游的免费模式，正是打破世俗规则与标准的重要体现。他以后进入者的身份创新规则，这是“变客为主”，开创了先河，取得了成功。由此我们可以看出，要想取得异于常人的成功，就要有异于常人的思维，异于常人的胆识。最重要的是要有敢于与标准规则叫板的勇气。

大赢，首先要领先这个时代

哪怕 5 年内不做任何改进，我们依然能领先。

iphone 比任何其他产品都领先了 5 年，哪怕在 5 年内不做任何改进，我们依旧具备领先优势。

——2007 年 1 月 9 日《新闻周刊》

延伸阅读

2007 年乔布斯在 D5 峰会上时，曾被主持人问道：“你认为 iPhone，还是别的智能手机，我很清楚，在你眼中，目前的 iPhone 要远远优秀于其他的智能手机，你指的是不是全部智能手机，我清楚电脑借助了许多的外来元素，那么好吧，当你谈起了电话，听着非常相似。”

对于主持人的问题，乔布斯的回答是：“基本上全部的电话都包含外来元素的，没错，它包含外来元素，但又如何呢？有人会在乎设备的内涵吗？全都不重要，最重要的一点是它的根本是什么？如何来使用它？用户对它的反馈意见如何？因此，没有人会在乎设备里面的内容。”

接着，乔布斯用 iphone 上的地图定位功能来举例说明。乔布斯本人十分喜欢使用谷歌开发的地图，于是他把它安装在自己的电脑浏览器上。后来当他们研发

iPhone 时，乔布斯很自然地联想到：如果在 iPhone 上实现一个地图功能，那不是很美妙吗？因此，苹果开始与谷歌合作，使得 iPhone 具备了地图定位这种独一无二的新功能，通过此功能可以准确地知道你现在所处的位置，并能在地图上找到它。

服务器上面使用的是一样的数据，由于 iphone 上的地图定位功能创造了一种全新的体验，比起电脑来，它更加实用一些。可以说，相比其他手机地图，iPhone 中运用的地图开启了一个新篇章。它使用起来带给人的感受如此神奇，相比在电脑上使用，感觉要棒很多。更为重要的是，相比以前的电脑，它的感觉也有很大不同。众所周知，现在很多产品都是根据客户的需要和体验量身定做的，所以，乔布斯将这个产品在客户面前进行展示时，大家都被这个产品强大的功能震撼了。这样的体验是通过浏览器完全体验不到的。每个人都懂得借助浏览器搜寻大量的信息，然后再借助浏览器到达每一个想去的站点，以及操作电脑上的程序等。

iphone 的第二个独一无二的新功能是首页链接功能。就是帮助你把你所喜欢的网站保留记录在你的首页上，最大限度地保存 9 个链接，供你随时访问。

第三个就是桌面定制功能。它可以满足你自己的需求来设计排列桌面图标，更改图表顺序，从而制作出自己喜欢的桌面。

第四个就是短信群发功能。很简单，就是同时可以给若干人发送信息。另外，在你观看视频的时候，还可以把视频分节，给其添加字幕并选择语言，并且能够和 iPod 一样，支持歌曲的音乐和歌词同步。

让人们可以通过简单的操作实现首页链接，制作自己满意的桌面，还可以实现短信群发。这就是 iPhone 所具有的新的功能。在 2008 年，在中国市场都还没有出现触摸屏手机，地图定位、首页链接更是连想都没想过，而乔布斯已经极具前瞻性地在 iphone 上实现了这些功能，这无疑奠定了 iphone 在市场上的领先地位。

Business Develop

超前意识是一种以将来可能出现的状况面对现实进行弹性调整的意识。它可以对前景进行预测性思考，可以使我们调整现实事物的发展方向，从而帮助我们制订正确的计划和目标并实施正确的决策。

超前意识体现的是一种非凡的智慧，它使决策者能够看到别人看不到的前景，从而调整战略，抢占先机。这一点在财富新贵，分众传媒（中国）控股有限公司的创始人江南春身上得到了良好的体现。

2000 年，江南春看到了电梯里包含的巨大商机，用液晶电视播放广告来填补等待时间，用动态画面代替户外静态广告的创意应运而生。全新的商业模式再加上江南春的个人魅力，立刻吸引了软银的风险投资。两年内，分众的液晶电视覆盖了 40 多个城市的 2 万多座楼宇，成为行业急先锋。

小小一方电梯间，成就了江南春的大舞台。

做广告出生的江南春，除了精于推销，善于演讲，能在任何陌生人面前滔滔不绝地讲上 4 个小时，每天平均睡眠 4 个小时，拥有不知疲倦的工作热情外，更为可取的是他的创新能力。在他自己看来，由他一手缔造的永怡就富有这样的天然优势："和 4A 广告公司相比，我们的创新性是相当强的，其一在于传统媒体的创新性运用，其二就是开发原来没有的创新性广告传媒平台。"

循着这样的思路，江南春建立了一套自己的广告无缝化传播理论和新载体。"分众传播的角度强调立体化传播和无缝化传播，立体化指针对人们生活的多元化，进行多渠道的传播，单一媒体已经不能满足人们立体化的多元生活。无缝化传播是根据特种人群的生活习性，进行符合他们生活习惯的传播。我们根据人们的文化生活习性和媒体接触点，来开发创造出一些新的、原来没有的媒体形式、渠道、方式等。"

例如，商务人士整日忙于工作、应酬而无法关注传统媒体这一事实，使江南春认识到，要打这类人的广告，不能采取传统模式，而要在他们常在的会所、健身房、办公楼宇等地方树立媒体。

这种认识使江南春决定尝试电视广告非家庭化的思路，"我们只有把电视广告从家中带到他们经常去的家庭以外的各种地点，并且通过在不同地点设置视频广告，才能帮助广告到达所要针对的不同的目标人群，从而大大提升传播的有效性，避免大量的媒体预算浪费在错误的人群中。”凭着这样的理念，江南春首先想到的是高档写字楼的电梯，“利用人们等电梯的无聊时间来播放广告”。

2003 年 5 月，江南春注册成立分众传媒（中国）控股有限公司，并出任首席执行官。当分众传媒通过私募获得充沛资本之后，江南春以迅雷不及掩耳之势在全国各大城市掀起了“圈地”攻势，在短短两年多的时间里，江南春在全国 45 个城市中占领了 2 万栋商业楼宇。据最新的统计数据显示，分众已在全国拥有 3.75 万块液晶屏。正如《福布斯》杂志所描述的："江南春以最快的速度占领当地的主要高档写字楼，将剩下的市场空间留给了随后出现的模仿者。”分众传媒以其独特的商业模式、独特的分众性，不但赢得了业界的高度认同，其高速成长更得到众多国际知名投资机构的积极响应，相继注资数千万美元，推动了户外电视广告网络的发展。

2005 年 7 月，分众传媒成功登陆美国的纳斯达克，成为海外上市纯广告传媒第一股，上市短短 5 个月，其市值已经飙升至 12 亿美元。

江南春以及分众传媒的成功告诉我们，具有超前意识对事物的发展是有促进作用的。比尔·盖茨曾说，要想成功就要常常“思考未来”，当改变必然发生时，你必须预先指出它、接受它和找出方法使其改变能为你服务。这种思考未来指的就是要有超前意识。

那么，企业家要怎样培养自己的超前意识呢？

首先，应该戒骄戒傲，摒弃故步自封、骄傲自满的思想。

其次，要不断学习。学习包括一是学习书本知识，二是向别人学习，如果不走出去，永远是坐井观天。

再次，要勇于实践。只有经过不断的实践，才能逐步提高判断能力和思维能力。

最后，要用发展的眼光来看待问题，抓住未来发展的趋向，制定相应决策，牢牢掌握人生和事业发展的主动权。

和iTunes一起加入音乐革命吧

iTunes 一出现，音乐革命就开始了。

和 iTunes 一起加入音乐革命吧，它可以把你的音乐设备的价值增加十倍！

——2001 年 1 月 Macworld 大会乔布斯发言

延伸阅读

2000 年时，人们开始热衷于将音乐从 CD 上拷贝下来，放到自己的电脑中去，或者从 Napster 之类的文件分享服务商那里下载音乐，然后把自己喜欢的音乐刻录进空白 CD。光是 2000 年这一年，美国就卖出了 3.2 亿张的空白 CD，比美国当时的总人口数量——2.8 亿还要多。这让乔布斯意识到，音乐将是一笔大生意，他开始后悔自己当时不让在电脑上加刻录光驱的决定，并决定马上为 iMac 加上一个 CD 刻录光驱。

当然，他的想法肯定不只是在 iMac 加一个 CD 刻录光驱那么简单，他希望把人们喜欢的这个过程变得更简单：从 CD 上传输音乐到计算机、用计算机管理音乐，然后刻录。当时已经有公司开始制作一些音乐管理软件了，比如 Real Jukebox、Windows Media Player，以及惠普推出的和刻录光驱配套的一款软件。乔布斯对这些音乐管理软件都仔细研究了一番，最后得出了一个结论：这些软件都是二流产品，它们不只笨拙，还很复杂，即使是天才也只能搞明白其中一半的功能。

这时，比尔·金凯德（Bill Kincaid）出现了。他之前是苹果公司的软件工程师，后来他离开了，和他的两个朋友杰夫·罗宾(Jeff Robbin)和戴夫·海勒（Dave Heller)，这两人之前也是苹果公司的软件工程师，合作开发了一款音乐管理软件——SoundJam，这款软件为苹果机用户提供了一个专为 Rio 设置的界面，一个用来管理计算机上音乐的点唱机，而且在播放音乐时屏幕上还可以显示那种迷幻的律动。乔布斯看中了这款音乐管理软件，并果断地于 2000 年 7 月买下了 SoundJam，还把三个发明人也重新收归到苹果公司中。

但乔布斯并不想直接使用 SoundJam，因为它的功能太多，因此屏幕显示有些复杂，很容易让用户迷惑。他要把它变成苹果的产品，苹果的产品都是简单的，于是他要求三个发明人删除软件中那些过于复杂的功能，好让软件变得简单有趣。比如，SoundJam 原来的界面是用户可以按照歌手、歌曲名或是专辑名进行搜索，但乔布斯要求简化它，于是它被改成了一个简单的输入框，用户可以直接输入任何你想搜索的信息。从 iMovie 开始，乔布斯就要求这个系列的软件界面是统一的拉丝金属风格的外框，这款音乐软件自然也不例外，最终它被命名为 iTunes。

2001 年 1 月的 Macworld 大会上，乔布斯发布了 iTunes。他宣布，所有苹果机用户都可以免费使用该软件。在大会的结尾，他热情洋溢地喊道："和 iTunes 一起加入音乐革命吧，它可以把你的音乐设备的价值增加十倍！"他的结束语引发了热烈掌声。随后，iTrnies 的广告语也出来了："扒歌，混制，刻录"（Rip，Mix，Burn)。

就在 2001 年，苹果又发布了 ipod——一款便携式音乐播放器，这样，iPod、iTunes 软件和计算机之间的无缝连接，可以让苹果用户更方便地管理音乐。但乔布斯很快就发现了面临的新问题，那就是人们如果要得到新的音乐，就必须去外面购买 CD，或者在网上下载歌曲，选择后一种方式就意味着要涉足文件分享和盗版服务的灰色地带。这激发了乔布斯的一个想法：为 iPod 用户提供一个简单、安全且合法的下载音乐的方式。

其实，乔布斯可以不必管这个，因为免费音乐意味着他能卖掉更多的 ipod。但他打心底里热爱音乐，也热爱创作音乐的艺术家，于是他打算为这些艺术家做点什么。于是，他开始创立 iTunes 商店，努力争取五大唱片公司的数字音乐销售权。他建议唱片公司把每首歌曲的价格定为 99 美分，唱片公司拿 70 美分，剩下 29 美分归苹果公司。尽管唱片公司对合作条件不是特别满意，但他们对音乐市场盗版猖獗的情况束手无策，最终只能答应乔布斯的要求。对于那些可以自己控制数字歌曲发现的顶尖音乐人，乔布斯也努力进行了拉拢。

准备工作就绪后，乔布斯于 2003 年 4 月 28 日发布了 iTunes 商店，他宣称：iTunes 商店一开始会有 20 万首歌曲，之后的每一天都会增加新的歌曲。有了 iTunes 商店，你可以得到你想要的歌曲，把它们刻录成 CD，不用担心质量问题，可以在下载之前试听曲目，还可以用 iMovie 和 iDVD 以这些歌曲为配乐“制作你自己的音乐大碟”。价格如何？ 99 美分。还不到一杯星巴克拿铁咖啡价格的 1/3。为什么花这个钱是值得的？因为从 Kazaa 下载一首优质的歌曲需要 15 分钟，而从 iTunes 下载只需要 1 分钟。为了省 4 美元而花费整整 1 个小时，你赚得比最低时薪还要低！当然，更重要的是，你用 iTunes 下载歌曲不再是偷窃，你种下的是善因。

ITuncs 一经推出就获得了巨大的成功，它在 2003 年 4 月发布后的 6 天内卖出了 100 万首歌曲，在当年卖出了 7000 万首歌曲，到 2006 年 2 月，它已经卖出了 10 亿首歌曲，到 2010 年 2 月，它已经卖出了 100 亿首歌曲。它颠覆了整个音乐界，也改变了人们的生活。

Business Develop

和乔布斯一样，雷军也渴望用一个创造性的产品去征服世界。40 岁时，雷军雄心勃勃复出创业，通过一款叫作“小米”的手机把中国的手机行业和移动互联网江湖搅了个风生水起。在雷军身上，我们很清楚地看到一种颠覆自我、不断创新的精神。

雷军创办小米科技，目标很明确，就是要做“软件 + 硬件 + 移动互联网”铁人三项的公司。相比于传统的手机行业，哪怕是苹果、三星这样的企业，这也是一种颠覆。

苹果 iPhone 在硬件方面独树一帜，以简约的外形、方便的操作体验而迅速风靡全球。iPone 独家的 iOS 操作系统，有别于之前诺基亚的塞班，以及微软的系统，更加适合手机使用。直到后来谷歌开发出安卓，才能与之一较短长。但是 iPhone 最大盈利来自硬件销售，这就决定了公司不会把更多的精力放在其他方面。

小米则不同，如果一味模仿苹果，那么小米肯定没有机会。但是雷军发现了移动互联网时代的巨大商机，小米不仅仅要做苹果，更要做亚马逊，而且还要做谷歌这样的开发者平台，这样小米才能真正成长为一棵参天大树。

小米科技创立之后，最先做的不是硬件，而是 MIUI 系统。这个深度优化的安卓系统，在短短时间内就有了 2000 万注册用户。更重要的是，MIUI 在开发过程中完全互联网化的全新工作方式。MIUI 会根据网友的测评以及用户的意见，每周更新版本。这在全球都是唯一的，是唯一的一个每周更新的手机系统。

从总体上看，小米的颠覆与创新主要表现在以下几个方面：

第一，雷军创业把握住了移动互联网飞速发展的机会，做的是顺风车，顺历史潮流而动，所以在开始的时候就成功了一半；

第二，摈弃了以前做软件行业一切都靠自己打拼的工作方法，充分利用可以利用的资源，比如小米最为成功的 MIUI 系统就是在安卓这个开放系统下的深度优化版本；

第三，充分利用互联网的优势，调动发烧友和粉丝的积极性，通过小米论坛充分吸收粉丝的意见，每周更新最新的版本；

第四，小米手机研发团队永远走在时代的最前列，用最好的硬件、最优的技术，生产性价比最高的手机，不过他们却不自己生产，而是完全通过代工的办法，扬长避短，成为效率优先的最佳典范。

雷军认为，乔布斯颠覆业界规则的并不仅仅是 iPhone，更重要的是他重建了整个行业的游戏规则，建立了一个自己的苹果帝国。而雷军不仅开发了对短信和电话做了速度提升的手机操作系统 MIUI、拥有超过 1700 万注册用户的米聊，而且还有过去三年在移动互联网产业链上完成的最为系统化的布局。

这一布局包括投资拥有 2 亿注册用户的移动互联网入口 UCweb、移动社区乐讯等，以及拥有一群肝胆相照、在各个公司独当一面的创业家们组成的“兄弟连”。更重要的是，雷军还拥有小米手机这一硬件平台。这一切，都可以成为雷军构建属于自己的移动互联网王国的基石。

小米的知名度原本是最难解决的问题，但是因为小米科技先做了 MIUI 的操作系统，已经有 2000 万的注册用户。而且在各大论坛，各种网站，小米一直保持着高曝光率，所以知名度反倒不成问题。而小米 1 第一次网络销售，仅仅 5 分钟就卖光了 30 万台，充分说明了小米先做系统后做手机的成功。

至于售后方面，小米则大力组建售后客服团队，目前小米公司一般的原公司都是客服，甚至雷军等高管一开始都每天在线回答客户问题。手机发售之后，立即在全国主要城市建立小米之家，解决客户上门维修的问题。

当然，如果小米手机，仅仅是靠网络销售降低成本，以及销售附件及周边产品获利的话，那么企业很难发展壮大。其实雷军之所以肯倾全力发展手机业务，还有一个没有告诉别人的关键点，就是为了抢占移动互联网的入口。

有投资人曾经这样评价小米说小米在观念上比其他企业快两年半，在技术上比其他企业领先一年半。可见观念上的颠覆和创新远比技术上的颠覆和创新更加重要。

小米铁人三项的第三项如何实现，在别人还在云里梦里的时候，已经有目光敏锐的人看出了端倪。那些雷军曾经投资过的企业，却是为小米发展移动互联网早早做好了准备。

使用小米手机，上 UC 浏览器，在凡客、乐淘购物，用多看阅读读书，玩金山开发的手游，办公有 WPS，储存有金山云，如果觉得手机屏幕小了，还可以外接小米盒子联通小米电视。如果消费，线上可以使用小米米币，线下可以用拉卡拉支付。如果说移动互联网将改变我们的生活，那么，最新改变生活的将是小米。

现在对小米来说，最重要的是销售更多的手机，占领更大的市场，这样以小米为入口的产品才可能随之发展壮大。所以，小米除了铁人三项之外，更需要国际化。只有全世界都知道小米，才能实现雷军建立一个世界一流企业的梦想。也只有小米成为了国际品牌，那么小米才能真正与苹果、三星一样改变我们的生活。

从这个角度来说，小米颠覆的不仅仅是手机行业，也不仅仅是移动互联网，更重要的是颠覆我们在移动互联网时代的生活方式，创造全新的生活体验。

第六章
创新，其实是旧东西的新组合

并不是每个人都需要种植自己的粮食，也不是每个人都需要做自己穿的衣服，我们说着别人发明的语言，使用别人发明的数学……我们一直在使用别人的成果。

站在人文和科技的交叉点上

我喜欢科技与人文的那个交集。

除了一种卓越的技术和创新是我们所能够做的努力之外，我们更致力于一种人文手段所创作的创新价值。

这也正是我为苹果感到骄傲的事情：科技与人文的完美结合。这种完美结合同样应用于出版的改革上。Mac 电脑创造了一场革命性的创新，这种创新着眼于对出版和打印的改革上：在印刷工艺的基础上，联合其自身的技术知识及其优点，进一步实现了电子化的执行——这二者的结合产生了巨大的变化。这种变化使得使用电脑变得简单，因为人们可以不必了解晦涩难懂的计算机就可以指令它了。对这两项的结合，我感到无比自豪。这项技术不仅被应用于苹果二代机，同时也为 Lisa 电脑所采用。虽然，在此之前，一些其他的问题致使 Lisa 电脑没能成功上市，但是在这之后这两项技术的结合被大量应用于 Mac 电脑上。

——1995 年接受《计算机世界周报》的采访

延伸阅读

2001 年，iPod 改变了苹果和整个音乐产业。

2007 年，iPhone 的横空出世颠覆了整个信息产业。

2010 年，ipad 一出世便在平板电脑中占据了统治地位。

苹果迅速占领了科技市场，也迅速融入了人们的文化空间。“文化营销”成为苹果的代名词。一个人接受这个产品，同时接受的还是这个产品文化，将这个文化带入他的价值观和生活方式，这也是商业营销中的一种文化攻破。这样一个产品在消费者心里的地位才是坚不可摧的。

资源有一天总会枯竭，但是文化是经久不息的。将文化带入产品之中是苹果营销的一种方式。把自己的产品和服务赋予文化内涵是苹果的理念。苹果带来的不仅是一场科技的革命也是一次文化变革。

苹果把经典的艺术美分解成体验的因素。不论是平板电脑还是手机，它带给人的视觉的温馨和听觉的随心所欲，让消费者有了一种“优雅”的感觉体验。这也是消费者在忙碌的生活中最渴求最向往的，这也是苹果的高贵和纯粹之处。将产品需求转化为一种产品体验，将产品体验转变成一种技术和美的服务。苹果将它独特的文化传递给消费者，也影响着消费者。

乔布斯始终倡导着一种新的体验方式，他称之为“think different（另类思考）”。这种另类就是文化冲击。产品的消费原本是理性的科技消费，乔布斯通过文化向人们传递着一种感性的消费信号，这种信号是文化的互动体验。好的营销就是文化营销，好的产品是一种文化内涵的创新创造。这就是乔布斯的“different”。

犹如消费者每天都在倾听他们手中的苹果一样，苹果也在倾听着他们的消费者。苹果隐藏在消费者身后倾听，也引导着消费者用一种全新的思考方式面对多种多样的产品。乔布斯倡导让产品走进消费者，将文化融入到消费者的生活中，紧密得亲密无间，紧密得消费者还没意识到自己真正需要什么之前，苹果已经将文化嵌入消费者的思维中。

乔布斯不仅提出将文化带入自己的产品，还不断地创新文化、创造文化。“我们的工作不应只是在创造一种产品，而是应该创造一种文化。让我们工作结果的享用者们能通过体验这种文化而获得心灵的感动，从而认可我们的工作，让我们的工作价值提升。”正是这种文化创新撞击了人们的视觉和听觉，带给人震撼才能给人耳目一新的感觉。

为产品赋予一种文化内涵，让产品成为一种特定的文化传播方式。这种强大的文化号召力是产品进入文化市场最大的筹码。文化是产品与消费者之间的连接线，它把越来越多的客户群体整合起来，形成了一种文化生态圈。苹果正是这种文化载体，把产品与服务更好地结合起来，然后更有力地推动产品的发展。

Business Develop

星巴克这个很多消费者耳熟能详的咖啡品牌创建于 1971 年。自 1992 年在纳斯达克成功上市以来，星巴克的经营一飞冲天，其销售额平均每年增长 20% 以上，利润平均增长率则达到 30%。经过十多年的发展，星巴克已从昔日西雅图一条小小的“美人鱼”进化到今天遍布全球 40 多个国家和地区，连锁店达到一万多家的“绿巨人”。星巴克的股价攀升了 22 倍，收益之高超过通用电气、百事可乐、可口可乐、微软以及 IBM 等大型公司。今天，星巴克公司已成为北美地区一流的精致咖啡的零售商、烘烤商及一流品牌的拥有者，它的扩张速度让《财富》《福布斯》等世界顶级商业杂志津津乐道。

在一个没有喝咖啡传统的国度，卖咖啡的星巴克却遍地开花。朋友聊天去星巴克、亲友聚会去星巴克、商务谈判去星巴克，于是有了那句“我不在星巴克，就在去往星巴克的路上”的具有小资情调的话。然而星巴克的咖啡就一定很好喝吗？答案可能是否定的，但星巴克始终吸引着人们，并且成功地改变了无数人的饮品习惯，重塑了消费者的消费观念，更重要的是，深刻地影响了我们的文化。

有人把星巴克概括为“一家有病毒般繁殖能力和宗教般信仰的公司，一家有灵魂的公司”。可以说，星巴克的成就建立在对人与人之间关系的洞察和尊重上。

星巴克的核心价值观表现在以下几个方面：

1. 可信赖的产品品质:坚持选用最好（相对于大众市场而言最好）的咖啡豆。

2. 高度的环保意识：采用更多的环保型设备和包装材料，大力倡导并严格要求能源的节约利用。

3. 对员工和咖啡种植者的人文关怀：向经济欠发达国家的咖啡种植者支付优厚的采购价格并提供种植者扶植基金；为员工提供最优越的健康福利计划，并大面积推行员工持股。

4. 和谐共处的社区精神：为顾客营造温馨、自由的消费环境，鼓励店面工作人员和顾客交流，让顾客无论是独处还是小聚都能怡然自得、融入其中，润物细无声地把星巴克变为顾客住宅和工作地点之外的生活中必不可少的“第三地”。

星巴克的成功之处在于它在卖咖啡的同时还能输出文化、观念，毫无疑问，它之所以风靡全球，是因为背后有强大的品牌文化作为支撑。星巴克还有选择地参与一些温情、励志的电影和图书的推广和发行，这为星巴克的品牌赋予了更多的文化内涵，增加其独树一帜的文化品位。

作为企业管理者，要学会文化营销，这是一种至高无上的营销。品牌的背后是文化，成功的品牌无疑是深厚文化底蕴和文化优势的体现。品牌文化是品牌价值的基石，具有深厚文化底蕴的品牌不仅给企业带来利润，而且使消费者从中得到精神满足，改变和引导着消费者的价值观和消费观。未来的品牌竞争将成为文化的竞争。所以，作为企业领导者，不仅要输出产品，更要输出品牌文化，这是促使企业壮大的重要因素。

好的艺术家抄，伟大的艺术家盗

好的艺术家懂得复制，伟大的艺术家则擅长偷窃。

你问我对产品的直觉从哪里来？

终究可以归结为品味，这是品味的问题。重点是让自己接触人类的精华，努力将之融入你在做的事情里。我的意思是，毕加索曾说过“好的艺术家懂得复制，伟大的艺术家则擅长偷窃”，而我们不羞于窃取伟大的想法。

我觉得Mac成功的原因，在于其创造者是音乐家、诗人和艺术家、动物学家和历史学家，他们正好也是全球最棒的电脑科学家，如果没投身电脑科学，他们在其他领域都会有杰出成就，而我们都为电脑带来了人文气息，这种人文的态度让我们从其他领域引进想法，眼光狭隘是不可能做到的。

——1996年7月《书呆子的胜利》节目

延伸阅读

毕加索曾说过：“好的艺术家抄，伟大的艺术家盗。”乔布斯认为这两句话体现了创新的一个重要内涵。乔布斯认为，“潮”是单纯地模仿，但“盗”在汲取对方的创作灵感，对伟大作品的思想并加以运用，是创新的一种重要方式。

为了“盗”别人的作品，乔布斯常常带领员工去参观博物馆和看展览，在设计或建筑方面对他们进行教育。他曾带着 Mac 电脑小组参观新艺术派设计大师路易斯·康福特·蒂梵尼的作品展，蒂梵尼是一位将自己的作品商业化的艺术家。在 NeXT 时，乔布斯也曾带领一个小组去弗兰克·劳埃德·赖特位于宾夕法尼亚的流水别墅实地考察旅行，学习这位伟大建筑师的设计。

在性能独一无二的苹果产品上，其实也有不少“盗”的痕迹。以 iPod 为例，其造型选择烟盒大小，不是更大，也不是更小。硬盘是东芝生产的 1.8 英寸的硬盘，其滑轮选曲界面来自惠普早期的一款设备。实际上，不光是 iPod 在“盗”别人的作品，在乔布斯的所有产品创作中，都可以发现这种“盗”的痕迹。

1979 年，为了研发新型电脑，乔布斯决定到施乐公司研究中心参观。因为当时施乐为防止打印机、复印机等核心业务受到冲击，并没有将精力投放在计算机新技术 Alto 的关注上。而乔布斯知道这项技术若继续开发，肯定会有前景。参观回来后，乔布斯就将从施乐公司看到的 Alto 新技术用到了苹果系列的个人计算机中。

再比如个人计算机上的 USB 接口技术，这项技术是英特尔公司发明的。但却是苹果公司首先把它应用到了个人计算机上，并使得这一技术广泛推广。

再比如，WiFi 无线网络也不是苹果发明的，WiFi 无线网络是美国朗讯公司开发的，但它却像当初施乐公司的 Alto 一样并没有引起过多关注。直到后来，苹果公司将这一技术用在笔记本电脑中，它才广为人知。

在乔布斯看来，创新其实就是把旧东西用一种新的方式组合起来，就像他在 1996 年 2 月《连线》杂志上所说的那样：“创造力只是把不同的事物联系起来。如果你问那些富有创造力的人是如何做到的，他们也许会感觉有些惭愧，因为他们没有真正的创造，他们只是看见了某种联系，在经过一段时间后，这种联系对他们来说已经显而易见。因为他们能把以前的经历联系起来，组成新的事物。他们具备这样的能力是因为他们有着比他人更多的经历，或他们对自己经历的思考更加深刻。

“可惜，这一过程很少能够成就一件商品。我们这行的很多人都缺乏丰富的阅历，所以他们没有足够多的经历可供自己进行连接。最后，他们能拿出的只是一些线性解决方案，没有以一种宽阔的视野来看待问题。一个人对人生阅历的理解越宽阔，其设计就越出色。”

Business Develop

创新有多种形式，它不仅仅指开辟一条前人从未走过的道路，也告诉我们，可以站在前人的肩膀上，尝试着走一条别人已经走过的路，并且去走得更好。

牛顿曾说：“我之所以能取得如此辉煌的成就，只是因为站在了巨人的肩膀上。”这里固然有他自谦的成分，却也道出了一种创新的途径。我们完全可以向“牛顿式”的创新者学习，为自己设置一个更高的目标，站在巨人的肩膀上超越巨人。

腾讯公司众多产品有模仿的特性。无论是即时通讯工具、门户网站，还是网络游戏，甚至C2C电子商务网站拍拍网，马化腾无一例外都是在“抄袭”既有模式。QQ是抄袭了ICQ，门户网站是抄袭了搜狐、新浪，网络游戏是抄袭了网易和盛大，拍拍网是抄袭了淘宝和易趣。

但问题显然又不是这么简单的，因为腾讯无论“抄”什么，最后都能青出于蓝，把对手甩在后面。其实，搜狐、新浪等门户网站是抄袭了美国的雅虎，李彦宏的百度是抄袭了美国的Google，李国庆的当当网是全盘抄袭了美国的亚马逊公司……这样的案例还有很多，究竟应该如何看待这些“抄袭”呢？

中国互联网协会专家郭涛表示，互联网的很多核心技术其实都不在中国，包括支付宝、腾讯、视频技术，等等，都是从国外引进的。实际上有很多被模仿者也是最初的模仿者，大家都模仿了国外的同一商业模式，那么谁的技术更先进，谁的文化移植更易被接受，谁就能取得成功。

腾讯研究院的副院长郑全战说：“技术上的成功并不等于商业上的成功。我们不应该重复发明，而是要在其基础上开发性能更好或者价格更低的东西，或者将现有的发明与其他的技术结合起来，创造更加实用的东西。……在我们身边有很多东西，甚至一些我们平时司空见惯的东西，它们在功能或易用性上有非常大的提升空间。譬如 Apple TV，它竟然可以做得如此小巧精致。”

在某种程度上，这是腾讯对创新的理解。任何创新都是站在前人的肩膀上做出的，创新从来不是无中生有。就像搜索加广告的模式并非谷歌发明的一样，IBM 公司——曾被现代管理之父彼得·德鲁克称为“全球首屈一指的创新模仿家”，它尾随雷明顿·蓝德公司推出了商业大型计算机。不可否认，有了后知之明之后，后来者更能避开早期产品的各种缺陷，从而获得更大的利润。事实上，历史上更多时候是创业型公司担当了开拓创新者的角色，因为他们更需要制造一个新的蓝海市场。

腾讯公司主要创始人马化腾深知，模仿是需要创新的。腾讯的创新分为 3 个阶段。1998–2004 年，是学习型创新阶段。比如 QQ 秀，就是学习了韩国 Avatar 的产品理念。2004–2006 年，是整合创新阶段，比如 QQ 游戏，它把联众的休闲游戏模式植入到即时通信产品中。2006 年以后，是战略创新阶段，这个阶段对创新人才的要求非常高，腾讯已经吸引了一批优秀的互联网人才。

对于如何模仿才算得上是创新，马化腾说：“很多创业者往往一上来就陷入创新的误区，结果死于创新。我认为，模仿并不丢人，但模仿有两个基本的要诀——

“第一是选择模仿的对象。一定要选择已经被证明成功的有前景的‘好东西’，同时要牢记模仿只是手段和工具，模仿的目的是创新和颠覆。但我最反对盲目创新，一定要谋定而后发。被模仿者和模仿者是先发和后发的关系，先发总有预想不到的问题，后发可以研究哪些最适合我们发挥。在学习模仿先行者的基础上，我们要有所取舍地创新。

“第二是把握模仿的时机。在进入一个领域的时机把握上，我们一般选择有第二者出现后，即一家开创者加一家跟进者，这表示这个市场即将启动。此时，我们一定要派几个人追踪一下，一旦我们能看清楚，立即让大部队跟进去，超第二，拼第一。尽管这种理念有时会使腾讯贻误更好的战机，但保证了腾讯在战略方向上不会出现大偏差，这对于度过创业期进入发展期的腾讯至关重要，尤其是在变幻莫测的互联网行业。”

ipad的灵感激发了iphone的创造

设定优先级，用 iPad 的灵感成就 iPhone。

其实，我一开始计划发明一个平板电脑：不需要键盘，用户可以直接用手指在多点触控的屏幕上输入指令。于是我问团队："我们可以设计出一个用手指就能直接输入的多点触控屏幕吗？"大约过了 6 个月，我拿到了他们设计的样品，绝对是一个神奇的产品。那时是 2000 年初。然后，我把它交给了公司另一位用户界面设计师。几周后，他提出了增加惯性滚动功能和其他一些小建议。"天啦，我们可以做一部这样的手机！"我突然想到这点。于是，我暂时叫停了研发平板电脑的计划，认为研发手机才是当务之急。经过几年的努力，我们发布了 iPhone。

——2012 年 6 月 1 日 -3 日 D8 数字大会

延伸阅读

自 2001 年 iPod 面世以来，这款造型功能都十分独特的产品深受大众喜爱，它的销量也逐年上升，到了 2005 年，销量更是暴涨，一年就售出 2000 万台，是 2004 年销量的 4 倍，占了当年苹果总收入的 45%。而且，iPod 还带动了 Mac

系列产品的销售，为苹果公司塑造出时髦的企业形象。

看到 iPod 取得如此巨大的成功，苹果公司的人都感到前途一片光明，只有一个人例外，这个人就是乔布斯。他总在担心这种辉煌局面的背后是迅速没落的危机。几经思考后，他终于得出了结论，手机将会抢走苹果的饭碗。当时，手机开始配备摄像头，这使得数码相机市场急剧萎缩。在乔布斯看来，手机如果开始内置音乐播放器，ipod 的市场同样也会急剧萎缩。这让乔布斯觉得，苹果公司很有必要来研发一款手机，而他想到的第一个策略就是与一家手机公司合作。

一旦确定自己的想法，乔布斯就开始和摩托罗拉的新任 CEO 埃德・赞德商谈合作事宜。乔布斯的初步意向是和摩托罗拉的畅销手机刀锋（RAZR) 系列合作，该系列手机配有摄像头，乔布斯打算在其中内置 iPod，这就是摩托罗拉的 ROKR 手机。然后，最后面世的摩托罗拉 ROKR 系列手机让乔布斯十分不满意，因为它既没有 iPod 迷人的极简风格，也没有刀锋系列便捷的超薄造型，这种丑陋的外观让他十分难受，更让他难受的是它下载困难，只能容纳近百首歌曲。而且，RAZR 系列手机的硬件、软件和内容分别由不同的公司控制，硬件由摩托罗拉公司负责，软件由苹果公司负责，内容则由无线运营商辛格勒（Cingular）负责，这就是一款拼凑出来的产品，这完全违背了乔布斯的一体化理念。

对于这款被拼凑出来的丑陋产品，乔布斯大失所望，于是他决定终止和摩托罗拉公司的合作，自己研发一部手机。这个决定让乔布斯和他的团队都十分高兴，因为他们看到了打造一款自己想用的手机的前景。乔布斯认为这是最好的动力。

研发手机的任务落到了法德尔和他的团队身上，他们最初的设想是在 iPod 的基础上制作一款手机，不用键盘输入数字，而是让使用者用滚轮来选择手机功能。但这样的设计用到手机上并不实用，因为使用滚轮浏览通讯簿很方便，但拨号的时候会很不方便，想输入点儿什么更是麻烦。尽管法德尔和他的团队一直在努力说服自己：人们打电话的对象主要是打给已经存储在通讯簿里的人，但没有成功，而且这样不实用的设计在乔布斯那里也不会得到通过。

当时苹果还在秘密进行一个研发平板电脑的项目。当时乔尼·艾夫和他的设计团队已经在为苹果 MacBook Pro 的触控板研发多点触控输入技术，他们在私下里多方实验，试图将这种技术移至电脑屏幕。他们还用投影仪在墙上演示了这项技术。在艾夫看来，这是一项能改变一切的技术，但他出于谨慎，没有立即展示给乔布斯，以免直接被乔布斯否决。最终，他在一个合适的时机——在他自己的会议室里私下向乔布斯展示了团队的这个想法。在他看来，在没有观众的情况下，乔布斯一般不会做出草率的判断。

幸运的是，乔布斯很喜欢这项技术，并给予了极高的赞许："这就是未来！"看到这项技术，乔布斯就意识到：它可以用来解决手机界面的问题。而且，由于手机项目更为重要，于是乔布斯暂时搁置了平板电脑的研发，将多点触控界面用于手机大小的屏幕上。他觉得，只要这项技术能成功运用在手机上，也就能成功运用到平板电脑上。

于是，乔布斯召开了一个秘密会议，让艾夫将这项技术展示给法德尔及其团队，每个人都喜欢这项技术，但没人能保证这项技术一定能在手机设备上实现。于是，他们兵分两路：一组人马研发滚轮手机，代号 P1；另一组人马研发多点触摸屏手机，代号 P2。

很快，P2 项目组的人就接洽到一家制作出一系列多点触控板的小公司 FingerWorks，这家公司的创始人是美国特拉华大学的学者约翰·埃利亚斯（John Elias）和韦恩·韦斯特曼（Wayne Westermen），他们已经研发出具有多点触控功能的平板电脑，并为将手指动作转化为有用功能的技术申请了专利。于是，在 2005 年初，苹果公司悄悄收购了该公司及其全部专利，将两位创始人也收归苹果公司，FingerWorks 的产品从此不再对苹果公司以外的公司销售。这项举动为将多点触控技术运用到手机上加大了成功的筹码，也促使乔布斯最终决定要在手机上用触摸屏，决定奋力一搏。然后引领潮流的 iphone 手机就这么诞生了。

可见，尽管 ipad 比 iphone 晚上市，但 iPad 的想法实际上先于 iPhone 出现，而且正是由于平板电脑的理念融入了手机计划之中，才帮助塑造了 iPhone。

在“地球是平的”的互联网时代，要想让一个企业获得长久的生存，企业家必须具备发散思维。发散思维是心理学的一个名词，英文叫法是Divergent Thinking，又称辐射思维、放射思维、扩散思维或求异思维，是指大脑在思维时呈现的一种扩散状态的思维模式，表现为思维视野广阔，思维呈现出多维发散状。如人们在生活中常说的“一题多解”、“一事多写”、“一物多用”等方式，就是发散思维。心理学家普遍认为，发散思维是创造性思维的最主要的特点，是测定创造力的主要标志之一。

乔布斯的发散思维帮助苹果创造了iphone，王卫的发散思维帮助顺丰创办了顺丰优选。

2013年11月12日零点，“天猫”数据直播室的大屏幕定格在：350亿。就在去年的同一时刻，这个数字只是停留在：191亿。这就是说，2014年“双十一购物狂欢节”支付宝的销售额达到9月份全国零售总额的一半，同比增长83%。如此惊人的数据可见电子商务的巨大发展潜力，对于一直身在其中的快递行业来说难免眼红，逆流而上涉入电商似乎势在必行。

事实上，早在几年前，快递行业就刮起了一阵阵“送而优则商”的跨界风。圆通快递开设了一个农产品销售网站——“新农网”；申通推出了“久久票务网”，从事火车票、汽车票等网上票务的代购与配送；中国邮政和TOM集团联合打造了一个购物平台——“邮乐网”，主打服饰、鞋帽、家电等产品的销售；宅急送推出了E购宅急送网上平台；就连国际快递巨头联邦快递也推出了电子设备的维修服务。

如果说将产业链向上延伸是快递业的发展潮流，那么，对于王卫而言，涉足电商不仅仅是顺势而为，更是一种未雨绸缪的危机意识。王卫心里不糊涂，在顺丰6000多个营业网点和200亿销售额的繁华背后其实暗潮汹涌。

2008—2012 年之间，我国国内生产总值从 30 万亿元增加到 52 万亿元，涨幅约为 70%；而 M1 货币量从 16.6 万亿元增加到 30.9 万亿元，涨幅为 86%。可见，现实的支付手段和购买力在不断下降。这就进一步造成了地价、物价、油价、人力成本等的大幅上涨。对于“劳动密集型”的顺丰速运而言，70% 以上的成本构成源于地租、人员成本、油费等。顺丰的网点覆盖了全国 300 多个大中城市和 1900 多个县级市或县区，集散中心和中转场的用地量是相当大的，运输货物所需的汽油量也是非常多的，地价油价的微小增长就会造成总成本的巨幅提升。举个例子而言，如果顺丰员工的平均月薪是 4000 元，按照 15 万的总人数来计算，工资上涨 10%，那么顺丰的整体人力成本就要增加 6000 万。由此可见，宏观经济的变化将对顺丰的运营造成巨大的负担。

而运营成本的增加、利润率的下降又会加剧快递行业内部的竞争，顺丰的生存空间也会受到一定程度的挤压。快递界的同行加紧步伐，逼近顺丰的中高端市场。“四通一达”（申通、圆通、中通、汇通、韵达）正积极备战航空货运，试图追上顺丰时速，抢夺市场份额。此外，像联邦快递、UPS 这样的国际巨头也在暗中窥视，伺机而动，随时准备凶猛杀入。

与此同时，“四通一达”几乎分食了淘宝的业务量，大多数淘宝客户对于价格比较敏感，反而对时效性本身的要求不高，更重要的是已经同“四通一达”形成了稳定的合作习惯。所以，这样看来，顺丰的优势似乎没有用武之地。若想拓展淘宝市场，必然也是困难重重。

国内 60% 的快递源自淘宝，剩下的主要来自各大电子商务网站。但是情况也不容乐观。为了吸引更多的流量，电商巨头之间的价格战愈演愈烈，各种包邮的活动五花八门、层出不穷。然而，让利于消费者是需要付出代价的。这种代价一部分转嫁到了商品价格上，另一部分只得快递行业来承担。这就难免会降低顺丰在电商快件上的利润。此外，现有的研究表明，电商自建物流体系所需的配送成本比第三方配送至少低 25%。因此，京东、苏宁、1 号店纷纷着手构建物流。曾经的客户即将变成未来的竞争对手，这一方面减少了顺丰的业务量，另一方面又增加了潜在的威胁。

环顾顺丰，十面埋伏。如果要杀出重围，就不得不拓展新的发展空间，创造更多的收入来源。不管是“形势所逼”还是“蓄谋已久”，逆流而上涉入电商似乎是王卫的唯一选择。

那么，顺丰该如何涉入电商领域呢？王卫从“粽子”上获得了启发，原来，2009年端午节，顺丰一个分公司为了搞创收或创新，突然想到借送快递之便给客户推销粽子，不料效果奇佳，一个端午节就卖出100多万，第二年该公司又如法炮制，更是取得500多万的营销佳绩。这件事对王卫触动很大，也促使他最终决定做生鲜食品电商。但王卫很谨慎，毕竟他对电商行业的了解还不够透彻，于是，“顺丰E商圈”自2010年8月正式上线运营起，就不断在转型试错，从最长月饼业务开始，逐步扩展到礼品、母婴用品、茶叶、地方特产等十数类商品，并尝试与便利店合作的O2O模式，但运营不顺，于2011年6月主动退出大陆区域业务，专注香港市场，主营有机蔬菜食品，并在当年12月底取得第三方支付“顺丰宝”的牌照后，在北京注册1000万元成立新公司，正式在电子商务领域发力。3个月后，高端礼品平台“尊礼会”上线，又过了3个月，定位“全球美食优选网购商城”的“顺丰优选”正式上线。

借力使力，找出最佳模式

进入电子书业务，最有利的策略就是借力使力。

亚马逊搞砸了。它用批发价买了一些书，但用低于成本价的9.99美元进行销售。出版商对此深恶痛绝，这会影响他们以28美元的价格销售精装书的能力。因此，在苹果还未进入电子书领域之前，一些书商就已经停止向亚马逊供书。于是，我们跟出版商说，“我们采用代理模式，你们定价，我们抽成30%。确实，消费者会多出点儿钱，但是反正这就是你们想要的结果”。不过，我们也要求，如果有别的地方比我们卖得更便宜，那么我们也能以更低的价格进行销售。于是，他们找到亚马逊说，“你们得跟我们签订代理合同，否则我们就不会给你们书”。

我们不是最早进入电子书业务的。鉴于现有的情况，对我们最有利的策略就是借力使力，和出版商建立代理模式。我们成功了。

——《史蒂夫·乔布斯传》

延伸阅读

乔布斯推出iPod，从而改变了音乐产业。而乔布斯推出iPad及其应用程序商店，就开始改变所有媒介，最先是出版，然后是新闻，再拓展到了电视和电影。

苹果不是第一个涉足图书业务的，当时的亚马逊从苹果的 iTimes 商店出售音乐的模式中得到启发，开始借用这种模式销售电子书的销售，它用批发价从出版商那里买了一些书，在亚马逊上用低于成本价的 9.99 美元进行销售。出版商对此深恶痛绝，因为这极大地阻碍了他们以 28 美元的价格销售精装书。因此，许多书商不得不停止供货给亚马逊。尽管亚马逊借鉴苹果的销售模式并不成功，但亚马逊的 Kindle 充分表明市场对于电子书有很大的兴趣。

正是有了亚马逊在电子书业务的试水，乔布斯才开始让苹果进入电子书。在乔布斯看来，苹果应该借力使力，那就是和出版商建立代理模式，这是对他们最有利的策略。于是，乔布斯主动找到出版商，给他们提供了唱片公司梦寐以求的合作条件：出版商可以在 iBook 商店中售卖电子书，价格由出版商自己定，苹果则从销售利润中提成 30%。不过，如果有别的地方比 iBook 卖得更便宜，那么 iBook 也能以更低的价格进行销售。一些人担心 iBook 上电子书售卖的价格比亚马逊贵，因而不会有什么销量，但乔布斯很自信地说：这没必要担心，价格还是一样的。事实确实如乔布斯所说，因为出版商要求亚马逊跟他们签订代理合同，否则他们就不给亚马逊提供书。就这样，在电子书销售领域，乔布斯就轻松击败了亚马逊。

Business Develop

聪明人都懂得借势的道理。借势，就是借助他人的力量、金钱、智慧、名望甚至社会关系，用以扩充自己的大脑，延伸自己的手脚，增强自身的能力，借他人之光照亮自己的前程。如果你想尽快成功，就必须有一个良好的载体，也就是说，你想尽快到达成功的目的地，就必须“借乘”一辆开向成功的快速列车。

2010 年，中国互联网行业“空降”了一个神秘人物，他携带女友穿梭于中国本土互联网企业大腕之间，吸引了诸多关注的眼球，他就是刚刚被评为《时代》周刊年度人物的年轻亿万富豪、Facebook 创始人——马克·扎克伯格。

这是一次标准的“出镜”：模糊的抓拍照片，招牌式的笑容，不知所云的密谈，携带女友游走于行业巨头间。

马克·扎克伯格在中国的突然出现，惹来了几乎所有媒体关注或疑惑的眼神，由于 Facebook 在中国尚未落地，且存在着许多障碍和疑问，当然还有期待，在扎克伯格未揭开谜底前，这位新兴互联网大腕着实过了一把明星瘾，并引发了一系列的传言和猜测。

2010 年 12 月 22 日，在前一天刚刚秘密会晤了百度创始人李彦宏后，从百度大厦走出来的扎克伯格又现身新浪，与新浪高管曹国伟进行了短暂的闭门会谈，参观其办公场所，并参与了一期访谈节目的录制，对新浪的微博产品还给出了积极评价。互联网上，扎克伯格的招牌式的笑容照片不时被曝光。

而参与其中的互联网企业，大多也借势大肆曝光。不过，扎克伯格的中国之行的目的是什么？与企业接触和会谈的内容为何？事后斟酌一番，仅仅是在中国领先的企业百度、中国移动、新浪等走了一圈“穴”而已，便引发了互联网行业的一次地震。Facebook 还未在中国“露面”,就已经赚到了眼球,堪称是一次漂亮的“现身”。

荀子说过一段话，很能说明借势的意义。他说：“借助于车马的人，不必自己跑得快，却能远行千里；借助于舟船的人，不必自己善水性，却能渡江河。君子生性与别人无异，只是因为他善于借助和利用外物，所以就不同罢了！”

历史时刻在上演着沧海桑田的剧情，在不断的大浪淘沙中，能够立于不败之地的人显然是凤毛麟角，而他们之所以能够成为成功者，就在于他们深刻理解顺势而为，借势而成气候的道理。三国时期的刘备，一介市井布衣出身，自诩“中山靖王”之后，在乱世之秋拉起队伍，附袁绍、傍吕布、依刘表、投曹操、联孙权，不断借助他人的势力，最终实现三分天下有其一的目标。从中我们不难看出借势发展的力量，它既能克己所短，更能扬人所长，从而取得发展先机。实践证明，大凡推动发展的高手都是借势的高手。

由此看来，顺势而为对我们的生活和工作都有很高的借鉴意义。无论是干事业还是干工作，我们强调苦干，但是我们更强调巧干，能够有效地利用环境，借势而动、顺势而为正是巧干的一种表现，它往往能让我们的工作事半功倍。

第七章
一流选手喜欢和一流选手共事

人们总是说他们和别人合不来，他们不喜欢团队合作。但是我发现，一流选手喜欢和一流选手共事，他们只是不喜欢和三流选手在一起罢了。

吸引那些想在宇宙中留下印记的人

我需要那些能在宇宙中留下印记的人。

我们吸引了一种与众不同的人——他们不愿意花五年或十年的时间去等待，等待有一天有人愿意冒险重用他们。他们希望自己能够超越现实，在宇宙中留下一点印记。

——1985 年 2 月 1 日《花花公子》杂志

延伸阅读

对于如何为公司寻找到一名与众不同的想要在宇宙中留下印记的员工，乔布斯有着自己独特的选人智慧。在乔布斯的面试中，经常会有一些特别出乎人意料的问题，有时甚至很刁钻。比如乔布斯在 1982 年为 Mac 电脑小组招聘员工时必问的一个问题："你在何时丧失的童贞？"

那是 1982 年 1 月初，乔布斯在年度主管会议中展示了 Mac 电脑计划。在此之前，乔布斯紧锣密鼓地为 Mac 电脑计划配备员工。最初，乔布斯准备要 45 人，后来又放宽到 100 人，但他要确定 Mac 电脑小组的每一个新进的员工都能符合现有的标准。于是，前来参加面试的新进人员在面谈时就会被问到像上面的问题。其实，乔布斯不在乎答案，而主要看应聘者被问到这样的问题时如何反应，其答案是否具有创意性而且带点疯狂，他需要的是能配合这个计划，同时真正具有能打破常规特质的员工。后来，苹果公司老员工赫兹菲尔德回忆说："我们这批人真是万中选一的精英。一方面我们有非常崇高的目标，要生产出像施乐公司 PARC 风格的产品；另一方面，我们也要配合低价且容量有限的内存、芯片。"

这就是乔布斯的面试风格：有意对面试者施加压力，使其焦虑不安，以探究应聘者在这种压力状况下，到底如何来应付。尽管这样的考验对应聘者来说有点残酷，但却有效地帮助乔布斯做出了正确判断。

乔布斯对于员工打破常规特质的把握是非常敏锐的，他总能在短短的面试过程中，很快就发现应聘者不是他所需要的人才，并会很不留情面地拒绝不符合他标准的人。

当然，如果你能力卓越但你在面对乔布斯时表现不佳，你还可以在其他时间找机会向乔布斯证明，证明你就是他要找的那些渴望在宇宙中留下印记的人。有一次，当乔布斯想找人设计新的苹果操作系统的图形界面时，他收到了一个年轻人的邮件，于是就叫他到公司来面试。可惜年轻人太紧张了，在面试时的表现不好，于是他很快被乔布斯拒绝了。面试结束后，年轻人坐在苹果公司的大厅里，对自己面试时的表现感到十分沮丧。然后，他看见了乔布斯，于是赶紧走上前去，请求乔布斯给他一个展示作品的机会。乔布斯起初不以为然，但当他看到了一段用 Adobe Director 制作的视频，视频上所有的图标都在屏幕的下方排成一排，当年轻人把鼠标移动到某一个图标上时，鼠标就会像放大镜一样把那个图标膨胀变大。这个发现让乔布斯惊喜万分，然后当场就雇用了这个年轻人。年轻人发明的这一界面特征后来成为了苹果操作系统 MacOSX 中一个非常受人喜爱的部分，他在进入苹果后，又接着设计出了多点触控屏幕的惯性翻页功能，使得在鼠标停止滑动之后，页面仍能够自动翻页一段时间。

由此可以知道苹果之所以能够长期走在社会潮流的前列，能够创造出各种堪称伟大的产品，就是因为乔布斯将一群渴望在宇宙中留下印记的与众不同的人聚集在了一起。

进入 21 世纪，企业之间的主要竞争变成了人才的竞争，拥有人才、善用人才，企业就会不断创新，企业竞争力得以提高，企业就会不断发展壮大。因此，优秀的企业家都非常重视对人才的引进和选拔，把网罗人才放在头等位置。

正是有了乔布斯的赏识和慧眼识珠的能力，才会有很多天才成员的加入，从而才有了苹果的成功。而这些天才也愿意追随乔布斯，因为乔布斯会让他们的才能得到升华，他们能够让自己的名字和“苹果”拴在一起是一件何等荣耀的事情。所以，优秀的管理者的成功之处往往在于善于发现和使用人才。

和乔布斯一样，比尔·盖茨也十分注重人才的选拔，他的微软帝国之所以能从最初的两个人发展到现在的几万人，成为“迄今为止致力于 PC 软件开发的世界上最大最富有的公司”，在很大程度上就得益于比尔·盖茨对人才选拔的高标准。正如比尔·盖茨自己所说，“微软的成功，主要来源于会聚英才”。

在比尔·盖茨看来，微软要想快速发展，必须要坚持一个用人理念——“必须始终寻找并聘请电脑工业中最出色的人才”，要知道，盖茨本人就对计算机有着极高的天赋，他雇用的员工，如果整体能力不如他，起码也要在一方面十分突出。这项用人原则说起来也非常简单，那就是“找最聪明的”。

在比尔·盖茨的理解中，“聪明”的人就是指能迅速地、有创见地理解并深入研究复杂的问题的人。具体地说，“聪明”的人需要满足五个条件：第一，善于接受新事物，反应敏捷；第二，能迅速地进入一个新领域，并对其做出头头是道的解释；第三，提出的问题往往一针见血，正中要害；第四，能及时掌握所学知识，并且博闻强识；第五，能把原来认为互不相干的领域联系在一起并使问题得到解决。

比尔·盖茨之所以为微软定下这样高标准的人才选拔原则，根本原因在于微软所处的软件行业产品周期通常只有六到十八个月，因此企业员工岗位责任和职位变动极为频繁，只有能够随时解决业内新问题并快速适应业务需要的人，才能保证企业发展的稳定。正如比尔·盖茨时常对软件开发人员说的："四到五年后，现在的每句程序指令都得淘汰。"这么快的更新速度要求程序设计员必须时刻保持良好的创新能力。

因此，即使微软公司每年会收到数以十几万计的求职简历，也保持着长期以来只雇用 5% 最顶尖的人才的做法。现在微软公司有 220 多名专职招聘人员，这些专职人员每年要访问 130 多所大学，举行 7400 多次面谈，而所做的一切仅仅是为了招聘 2000 名新雇员。

可见，如果你想让自己的企业在行业内快速发展，并保持领先地位，那么，就请和优秀的人在一起，在他们的带动和帮助下，你一定能取得更大的成功。

协作招聘
更能识别真正的A级人才

打造一个全部都是一流选手的团队。

在生活中，大多数情况下，“最佳”和“一般”之间大约相差30%。无论是品质一流的飞机还是最棒的美食，它们也只是比平均水准高30%。但是当我见到沃兹尼亚克时，我认为他比普通工程师要优秀50倍。很多要开会解决的事在他的脑子里就能完成了。Mac团队就致力于成为一个全部是他这样的一流选手的团队。人们总是说他们和别人合不来，他们不喜欢团队合作。但是我发现，一流选手喜欢和一流选手共事，他们只是不喜欢和三流选手在一起罢了。在皮克斯公司，整个公司的人都是一流选手。当我回到苹果，我决定也这么试一下。首先就需要一个协作式的招聘过程。当我们招聘时，即使那个人是要去营销部门，我也会让他和设计部的人以及工程师们聊聊。我一直把罗伯特·奥本海默（J.Robert Oppenheimer）视为榜样。我知道他在建立原子弹项目小组时的招聘要求。我没有他那么优秀，但这是我渴望达到的目标。

——《史蒂夫·乔布斯传》

延伸阅读

乔布斯十分重视人才，他认为在寻求世界上最优秀的人才方面，他做的每一件事情都是值得的。在他看来："保持我所在的团队的一流水平，是我工作的一部分。为团队招募A级人才，是我应该做出的贡献。……好的设计师要比糟糕的设计师好上100倍甚至200倍。在编写程序方面，优秀程序员与普通程序员之间一也有着天壤之别。正是这种理念，促使他总是全力争取某一特定领域的最优人才。布鲁斯·霍恩就是一个例子。

20世纪80年代初，乔布斯组建了第一个"A级小组"，他们在苹果公司总部的一个单独的部门工作，目的是研发第一代Mac电脑。Mac电脑小组核心团队由第一代Mac电脑小组组长杰夫·拉斯金组建，但乔布斯总是亲自参与招聘工作。为了成功说服霍恩加盟，乔布斯花费了两天时间向他介绍苹果公司，当时霍恩刚刚接受了另一家公司的聘请,那家公司承诺给他1.5万美元的签约津贴，这在当时是一笔大数目，但乔布斯还是成功地说服了霍恩。

程序员布鲁斯·霍恩一直对20世纪80年代乔布斯挖他的情景记忆犹新：

某个星期五的晚上，我接到了一个电话。"布鲁斯，我是乔布斯。你认为苹果公司怎么样？"给我打电话的正是乔布斯本人。"嗯，苹果公司确实非常棒，但是我已经接受其他的工作了。"

"别去管它，明天早上你来我们公司，我们有很多东西要给你看。明天早上9点，你一定要来！"乔布斯是在打广告，但我想我应该去一趟苹果公司，做做样子，然后告诉他我已经下定决心要去别处了。

但是第二天乔布斯完全说服了我。我几乎看到了Mac电脑小组的每个人，从安迪到罗德·霍尔特，再到杰里·默罗克，还有其他软件工程师，最后又回到了乔布斯身上。经过整整两天的演示，各种不同设计的绘图以及市场营销计划将我完全征服了。

星期一，我打电话给本打算去的那家公司告诉他们我改变主意了。

可以说，乔布斯最核心的工作一直就是网罗一流人才，或者说组建由一流的设计师、程序员和管理人员组成的“A 级小组”。在谈他自己独特的团队及人才观时，他说：“我过去常常认为一位出色的人才能顶两名平庸的员工，现在我认为能顶 50 名。我大约把四分之一的时间用于招募人才。”

但乔布斯自己也意识到，要鉴别一个人是不是真正的 A 级人才，光靠他自己一个人去鉴别是不行的，于是他在苹果公司实行了协作式的招聘模式。他会安排候选人直接面见公司的主要负责人——库克、泰瓦尼安、席勒、鲁宾斯坦，还有艾夫——而不是只见一下部门经理。正如乔布斯自己所说的那样：“当我们招聘时，即使那个人是要去营销部门，我也会让和设计部的人以及工程师们聊聊……然后我们就会一起讨论他们能不能入选。”在乔布斯看来，协作招聘能够很好地避免“笨蛋大爆炸”，以免公司上下充斥着“二流人才”，那可是他绝对忍受不了的。

Business Develop

作为一个管理者，想要获得成功，会用人是非常重要的。在这一点上，万通控股董事长冯仑有他自己的见解。冯仑认为，想要学会用人，那就要先学会品人。看一个人的时候，要确认他会不会贪污公司的钱财，会不会跟别人做黑箱交易，这些都是需要品的。当看一个人看不出有什么品格问题的时候，还要学会试人。比如说，拿钱让一个人去帮忙买东西，扔给对方一沓钱，一副没有数过的样子，但其实是数过的，这么做为的就是看他回来怎么报账。

如果这个人回来之后大咧咧的，说明是一个粗放型的人，比较鲁莽，不拘小节那种。这种人多半不会贪污，但很容易将事情搞乱。第二种就是将各种票据贴得整整齐齐的，很有规矩，然后跟你解释各个票据的具体情况，将整个事情都说得严丝合缝。冯仑觉得，这种人一定是有问题的。因为按照常理来说，很少有人会在票据上做得这么详细，花费这么大的工夫。而根据他的个人经验，这么做的人，也确实是常常作假的。第三种，是介于两者中间的，票据也都贴了，但马马虎虎，不工整。问他具体的某一个票据的时候，有的他记得，有的不记得。这样的人，确实会有点误差，但一般讲，很少有问题的。

这就是识人和品人的方法了。

当然，这都是基于品格的判断，并不是基于能力的判断。一般来讲，想要认识一个人真正的能力，看平时的表现会有个大概的印象。但想要看透，想要具体掌握，还要看遇到大事的时候他的表现。如果一个人在遇到大事的时候，足够镇定，临危不乱。那么即使有些小纰漏也是没问题的，因为这很可能是因为经验不足，如果日后加以培养，定然能够成为一个有用的人才。如果遇到麻烦事之后，就不知道怎么办了，或者先将自己吓得不敢做事了，那么这样的人不管平日里有多么优秀，都是不太可用的。因为他们缺少气度，这是决定一个人格局的东西。

对于手下的人，还要仔细观察。看这个人平日里的表现，观察他是否表里如一，这一点也很重要。

当这些都确定之后，就是用人了。一个管理者，能让每个人都坐到自己合适的位置，是能力。但让整个集体的人都能够严格要求自己，严格服从命令，则是更大的能力。关于这点，冯仑也有自己的看法。他觉得，最能严格要求自己的，就是教徒。教徒是不需要别人时时提醒的，有很强的自觉性。因此，作为一个管理者，要在公司确立一种价值，这种价值类似于宗教的那种归属情怀。有了这种价值之后，员工自然就会或多或少萌生教徒意识，也就有自觉性了。

一群有高度自觉性的人在一起，一定是有效率的。而且，一个依靠自觉性做事的人，展现出来的也必然是他的真实能力，这对于判定一个人是否是人才，以及发现他适合什么样的岗位，也是非常重要的。

现在的许多企业人才济济，管理层却总是抱怨无人可用。为什么组织中很多崭露头角的明日之星最终都沦为“万年科员”？可见，企业中真正奇缺的不是人才，而是将才！在当前竞争日趋激烈的环境下，培养一批充满青春活力、敢打硬仗、善打硬仗的年轻化、专业化、知识化的将才，对企业来说尤为重要。那如何发现并培养出这样一批支持公司业务发展的基层将才呢？

1. 严格甄选将才，做到量才而用。识别任用将才也是一种领导能力的具体体现。作为一个公司管理者，要全方位地看待每一名员工，不仅要看他的学历水平、专业技能和工作能力，更要注重他的道德水准和综合素质。要善于发现每一个人的亮点，谁适合做什么要做到心中有数。

2. 帮潜在将才做好职业规划。经过观察我们可以大胆地发掘出可以成为将才的人，一旦确定人选，第一步就是帮其建立信心，确立职业生涯规划，制定短、中、长期目标，设定每个阶段要实现怎样的改变，鼓励其不断往前走。而第二步是鼓励他们放大格局。这里的格局是指对目标的渴望，不拘一格确定努力的目标。确定努力的目标和实现的方案后，想方设法地帮他们去实现。尝试过一次达到目标高峰，以后的目标就不会低，借此树立标杆，对整个团队都是极大的鼓励。第三要包容失败，善于总结。指导对象一时没达到目标不能气馁，不能轻言放弃，要客观分析，认真总结，为下一步和以后的培养打好基础并提供借鉴。

3. 对将才进行定向培训。要侧重于政治思想、理论知识、专业技能的提升以及企业文化的熏陶。通过甄选确定下来的人员必须经过一个定向培训的过程才能走上工作岗位。这就好比是“打铁成器”，通过定向培训，才能把将才锻造成一个个适合企业发展的个体。

过程就是奖励，他们终究会明白

我们拥有同样的生活态度：过程就是奖励。

工作团队是Mac背后的动力。我的任务则是为他们提供空间，清理组织中的其他部分，确保工作团队不受影响……迄今为止，他们是我合作过的最干净利落的团队。每个人都绝顶聪明，但最重要的是，他们拥有同样的生活态度——过程就是奖励。他们都迫切希望看到产品的面世。对于他们来说，目前这比个人生活重要得多。

——1984年2月《Mac世界》杂志

延伸阅读

乔布斯在1982年9月带领Mac团队的成员，去到蒙特雷附近的帕加罗沙丘开集思会时，他曾给团队成员灌输他的两个想法，第一个想法是“决不妥协”，这点我们已经在前面详细讲过了，第二个是“过程就是奖励”，这是乔布斯最喜欢的一句格言。

在乔布斯看来，Mac团队是一支有着崇高使命的特殊队伍。尽管现在他们在工作中备受煎熬和痛苦，但在未来的某一天，他们回顾这段共同度过的时光，对于那些痛苦的时刻，只觉得是过眼云烟，或者付之一笑，他们会把这段时光看作人生中奇妙的巅峰时刻。

在那次集思会的最后，乔布斯站在众人面前，发表了一番独白："随着时间的流逝，这里的 50 个人所做的工作将会对整个世界产生深远的影响。我知道我可能有一点难相处，但这是我一生中做过的最有趣的事情。"许多年之后，当时参加集思会的大多数人想起乔布斯那句"有一点难相处"时，都还会被逗笑，但他们都十分同意他的说法：能深远地影响世界，是他们一生中最大的乐趣。

Mac 一经发布，就引起了轰动。而发布会的当天下午，一辆卡车开进了位于班德利路 3 号的苹果公司总部的停车场，卡车上载有 100 台全新的 Mac 电脑，每一台都配有一个个性化的铭牌。乔布斯把 Mac 所有团队成员召集到一起，按电脑的铭牌将电脑逐一送到每位团队成员手上，并同他们握手微笑，其余的人就在周围欢呼。对于参与 Mac 开发的赫茨菲尔德来说，那一幕让他印象深刻，终生难忘："Mac 电脑的诞生过程令人筋疲力尽，许多人都被乔布斯可恶有时甚至残酷的管理风格伤害过。但是，无论拉斯金还是沃兹尼亚克，抑或是斯卡利或公司任何其他人，都不可能创造出 Mac 电脑。它也不可能诞生于常规的市场调查组和产品设计委员会。"正是这些痛苦难熬的经历，才真正让苹果的员工理解到"过程就是奖励"的真意。

2011 年的一个周五，当乔布斯被病痛折磨时，他曾给一位很久以前的同事安・鲍尔斯（Ann Bowers) 发了封邮件，询问她是否能在第二天过来看她。鲍尔斯在 20 世纪 80 年代初期曾担任苹果的人力资源总监和女训导，主要的工作就是负责在乔布斯发脾气以后训斥他，同时很好地安慰受伤的同事们。乔布斯问她第二天是否可以来看他。鲍尔斯当时刚巧在纽约，但她回来后周日就去了乔布斯家。尽管当时的乔布斯身体十分虚弱，疼痛的折磨让他十分疲乏，但他仍兴致勃勃地向鲍尔斯展示新总部大楼的透视图，并对她说："你应该为苹果而骄傲，你应该为我们所创造的东西而骄傲。"鲍尔斯对此表示赞同。然后，乔布斯问了一个让她有些为难的问题："告诉我，我年轻的时候是什么样子？"尽管鲍尔斯怕说实话会刺激乔布斯，甚至可能加重他的病情，但她还是觉得诚实一点比较好，于是她说："你那时非常冲动，非常难以相处，不过你的视野确实让人折服。你告诉我们，'过程就是奖励'。结果表明你说得一点儿也没错。"

可见，"过程就是奖励"这个理念已经牢牢地在苹果的员工心中生了根发了芽，以至于他们离开苹果，也会坚持相信它。而正是因为相信"过程就是奖励"，苹果的员工才能攻克一个个难关，创造出真正伟大的产品。

Business Develop

做一件事情，我们往往期待着成功，为了成功，我们不辞劳苦，然而仍有失败。尽管乔布斯说"过程就是奖励"，但这并不是说他不重视结果，而是在结果明确的前提下享受奋斗的过程。正如心理学家马斯洛所说：真正智慧的人做一件事情几乎总是表现出手段与目的的界限，然而不同于普通人的看重目的和结果，他们会把活动经历当作目的本身，因而比常人更能体验到活动本身的乐趣。

稻盛和夫说：如果想成就某项事业，自己就应该时时在脑海里仔细描绘自己心中期待的工作的最佳状态；同时必须对实现这个理想的过程也要反复地进行周密的考虑。用稻盛的话说，就是使工作的结果变得清晰可见为止。做到这一点很重要，必须胸中有大山河，又必须细致入微地周全考虑到如何精确地去实施。

稻盛和夫在自己的人生关键点上多次体验过这样的情形。

在第二电电 (KDDI) 刚开始进军移动通信事业时，稻盛大胆预言，移动电话带来的风暴即将来袭。这时，周围的人还在观望徘徊，或者充满疑惑，或者不以为然，觉得稻盛所言无非天方夜谭。

但是，稻盛凭着自己的敏锐直觉，已经洞悉移动电话市场未来的发展前景，心中已经有一幅完整的图画了。移动电话这种非常有潜力的产品，它将来的发展速度、普及过程、价格定位、流行款式大小等等一系列问题的答案，已经在稻盛脑海中的胶片上清晰显影。这发生在第二电电的事业进入正轨之前。

稻盛怎么会有那么敏锐的眼光呢？由于从事京瓷经营的半导体零部件事业，稻盛已经很了解关于移动电话技术革新的进展的状况和速度，拥有了足够的信息和知识。

最早的“移动电话”非常庞大，也很笨重，需要肩扛才能移动，十分不便，因此被称为“肩扛电话”。后来，通过技术进步和革新，移动电话的各种集成电路可以被压缩到更小巧轻便的半导体内，于是“移动电话”旧貌换新颜，以迅雷不及掩耳之势实现了小型化。手机发展日新月异，更以惊人的速度在大众中普及。对于现今发生的这一切，稻盛早就精确地预测到了。

此外，稻盛关于未来的定价为题也早已有所准备，对于契约费、基本月租费、话费计算都有了周密的考虑。刚好当时公司一位干部把稻盛在会议中所提出的数据记在本子上。直至第二电电的移动通信事业步入正轨，这位干部在翻阅自己以前的笔记时发现：当初稻盛所预计的费用体系与现在实际费用的数据竟然奇迹般地相差无几。

这就是在从事工作时，已经看到了结果。这不是特异功能，而是通过用心去熟悉自己所做的工作，在头脑里反复思考，不断进行模拟演练，最终得到的结论，仿佛能预知未来一样。只有这样，才能够感受到乔布斯所说的“过程就是奖励”。

上下一心，才能改变世界

希望改变世界的共同愿景，让我们上下一心。

在苹果，使我们上下一心的是希望改变世界的共同愿景。这一点很重要。

——1995 年 4 月 20 日史密森学会口述及视频历史纪录

延伸阅读

在乔布斯的眼里，活着就是为了改变世界，没有什么其他原因。乔布斯曾说："真正伟大的创新和产品，其获得必须首先拥有改变世界的野心。强大的精神力量是你唯一能依靠的东西。"所以，乔布斯就是在改变世界的野心驱使下，创建了苹果公司，改变了世界。

拥有野心，这种精神的力量不仅会对自身产生极大的激励作用，同样也会感染他人。想要获得外力的帮助，首先就应该用某种事物打动他人，而精神力量就不失为很好的一种。在创业之初，乔布斯能够吸引大量的投资最关键的因素就是他强大的野心。

乔布斯在准备创办 Next 公司时，佩罗无意中在电视里看到乔布斯畅谈 Next 的美妙前景，乔布斯的目标、理想和干劲一下子把他深深吸引住了。佩罗这样评价乔布斯："乔布斯是我见到过的最不寻常的年轻人，在美国工业界还没有一个年轻人能比得上他，他们已经在写世界上最激动人心的诗篇，我是试图帮助他们完成一些句子……"

可见，精神力量的魅力是非常巨大的。而作为一个领导者，乔布斯的野心不仅成为自己的动力之源，也让他的团队备受鼓舞。

1977 年，还很年轻的 PPT 的发明者坎贝尔在丹佛一家小软件公司当程序设计员，他为苹果电脑写了一个关于基础会计的软件。乔布斯很欣赏这个年轻的电脑高手，便打电话邀请他来加州见面。当时，乔布斯还没什么名气，坎贝尔也没怎么听说过他。因此，在会见乔布斯之前，坎贝尔拜访了多家公司，希望能找到适合自己的职位。坎贝尔拜访的第一家公司是苹果公司的竞争对手泰迪，当坎贝尔问泰迪的高管，他们对个人电脑的未来有什么看法时，泰迪的高管说："我觉得它会成为人们在圣诞节相互赠送的大礼。它简直就是下一个民用波段收音机啊。"民用波段收音机是当时最时尚的产品，泰迪的高管认为电脑也会成为一种时尚。但坎贝尔对这一答案并不感兴趣。接着，坎贝尔又去了其他几家公司，问了同样的问题，但他们的答案都没有打动坎贝尔。最后，坎贝尔见到了乔布斯。乔布斯用他的远见和宏图震撼了坎贝尔。"乔布斯讲的故事太精彩了。他滔滔不绝地讲了一个小时。关于个人电脑如何改变世界，他为我描述了一幅美丽的蓝图。在未来，我们的工作、教育、娱乐等一切都被个人电脑改变了。我想，没有人能抗拒这么美丽的梦想。"于是，坎贝尔当即加入了苹果公司。

即使是 30 多年以后，每当坎贝尔回忆起与乔布斯会面的情景，他都会兴奋不已。"史蒂夫是一个怀抱着改变世界的野心的人，他能够看到海的那头。"坎贝尔认为这正是乔布斯与其他领导人最为不同之处。

正是因为苹果公司的员工都和乔布斯一样拥有希望改变世界的共同愿景，

才使得苹果公司的员工和乔布斯上下一心，通力合作，才能做出一个又一个伟大的产品。

Business Develop

美国著名管理学者托马斯·彼得曾说："一个伟大的组织能够长期生存下来，最主要的条件并非结构、形式和管理技能，而是我们称之为信念的那种精神力量以及信念对组织全体成员所具有的感召力。"

使命感是企业之魂，是企业在长期的生产经营实践中自觉形成的，经过全体职工认同信守的理想目标、价值追求、意志品质和行动准则，是企业经营方针、经营思想、经营作风、精神风貌的概括反映。其核心是价值观。使命感一旦形成，就会产生巨大的有形力量，就能对企业成员的思想和行为起到潜移默化的作用。因此通过培育和再塑企业使命感，有利于建设一支富有战斗力的、能够完成企业既定任务的纯洁的员工队伍。

阿里巴巴的使命是："让天下没有难做的生意。"所以员工做任何事情都必须围绕这个目标，任何违背这个使命的事情都不做。所以有人奇怪地问马云凭什么做出这样一个决定，马云回答说是凭使命感。

阿里巴巴每推出一个产品，首先要考虑的是这个产品是否有利于生意。阿里巴巴的使命就是让客户挣钱，帮助他们省钱，帮助他们管理员工。马云在做每一个决定之前，都会考虑怎样做才会使客户的利益更大化。

马云说，阿里巴巴提出让天下没有难做的生意以后，就把这个作为企业推出任何服务和产品的唯一标准。阿里巴巴以前曾经说最少推出一个免费的产品，工程师和产品设计师、销售师马上想到免费搞得复杂一点，将来收费搞得简单一点就可以了，所以产品就越做越复杂。但是，一旦想到企业的使命——"让天下没有难做的生意"，之前那样的想法就彻底消除了。阿里巴巴就是要把产品做得非常简单。让客户操作越来越简单，把麻烦留给自己，这就是使命感的驱动。

面对“为什么阿里巴巴当时选择了电子商务，而不是当时其他人所看好的赚钱方式”的提问，马云的回答是：只有电子商务才能改变中国未来的经济，他坚信人们进入信息时代以后，中国完全有可能成为世界一流的国家，无论是政治、军事还是文化。

阿里巴巴成立的时候，马云就相信中国一定能进入 WTO，而中国的腾飞又是以中小企业的发展为基础的，阿里巴巴用 IT 武装他们，帮助他们腾飞，也帮助自己腾飞，公司也能赚钱。

IDC 互联网高级分析师黄涌涛认为，B2B 网站的上市，最终要让中国 4200 万的中小企业受惠，中小企业中会产生更多的百万富翁、千万富翁乃至亿万富翁。“让天下没有难做的生意”的使命感，使阿里巴巴受到了众多客户的尊重。因为阿里巴巴这个平台，不仅解决了众多中小企业的问题，也为社会创造了很多的就业机会。

马云总结道：阿里巴巴是要让中小企业真正赚钱，让中小企业有更多的后继者，中国有 13 亿～ 14 亿人口，20 年以后可能很多人因各种各样的原因失业，他希望电子商务帮助更多的人有就业机会，有就业机会社会就稳定，家庭就稳定，事业就发展。

在马云看来，一个企业家要承担社会责任，并把这个社会责任贯穿于自己的工作中，企业要承担责任，要推进社会发展。这才是马云做企业的真实目的，也是他的真正使命。

一家著名企业的高管曾说：“为什么有人能力大，发挥的作用却小？为什么有人似乎无所不知却又无所作为？为什么有人盯着好房好车却不能盯着责任义务？因为缺乏使命感。”

使命感是一种促使人们积极采取行动，实现自我信仰和人生目标的心理状态，也是决定人们行为取向和行为能力的关键因素。真正的伟大由使命感成就，无论我们是在创业还是在做普通的工作，都要具有强烈的使命感。使命感如同浩然正气，是一种信仰，能让我们在面对任何艰难困苦时绝不犹豫退缩，能极大调动我们的积极性，努力去做好心中想做的事情。

非顶尖员工，必须得离开

确保团队的优秀始终是我的责任。

对我来说，最让人觉得难以解决的事情是：摆脱一群并非顶级的员工。在我的工作中经常要面对这样的境遇处理这样的事情，即如何让一些不符合标准的人离开苹果，对于这些问题的处理，我一直以一种人道的方式去处理，但是这种必须为之的问题背后藏着一种无奈与无意义。

——1995 年接受《计算机世界周报》的采访

延伸阅读

乔布斯认为，当你聚集足够的顶尖人才，你千辛万苦才找到五个人，他们真的喜欢一起工作，他们以前从没有这样的机会，他们就不想再和次级人才共事，这变成一种自我约束的行为，他们只想聘请更多顶尖人才。

因此，乔布斯对于一些并非顶级的员工，往往会采取比较决绝的措施。在他看来，一个团队里最大的敌人就是那些并非顶级的员工，用他的话来说，就是“笨蛋”。苹果是一家充满活力的公司，乔布斯手下的员工应该个个精神饱满，精明强干，他无法忍受一个“笨蛋”影响公司生机勃勃的面貌。

1995 年，乔布斯在接受媒体采访时说：“当你发现有些员工并非顶级的员工而不得不开除他们时，这是一件非常痛苦的事情，但是这就是我的工作：开除一些不合格的人，我一直都非常讨厌以仁慈的方式做这件事情。不管怎么样，这件事一定要做，尽管这从来都不好玩。”

所谓开除“笨蛋”，其第一个含义是开除“笨蛋”产品。在硅谷著名的管理学者杰弗里·摩尔看来，“产品出来后，一定要有一位独裁者”。摩尔还说乔布斯是一个完美的产品挑选人。挑选产品的最佳决策方式往往并不是集体决策，而是要由一个人来担任决策者。“这是一种走钢丝般的冒险行为。这就像是在参加温布尔登网球公开赛，你一定要有足够的把握才能去做这件事。通过集体决策来挑选产品，并不能保证比一个人挑选更好。”

开除“笨蛋”的第二个含义才是开除“笨蛋”员工。只有及时开除那些不合格的人，才能打造出一支追求成功、追求卓越的团队。

苹果公司在苛刻的乔布斯手下被打造成精英者的天下，弱者在这里是没有立足之地的。

一次，乔布斯仅仅为了一颗螺丝就发雷霆。原来他要求一位设计师在设计Mac电脑时，不能有一颗螺丝裸露在外面，然而，那个严格来说不能被称作笨蛋的家伙居然将一枚螺丝藏在了一个把手下面，结果他立刻就被乔布斯扫地出门了。

乔布斯这样残酷的用人政策一度在苹果公司造成恐慌。员工谈“他”色变，甚至不敢跟他同乘一座电梯。因为，将自己暴露在首席执行官乔布斯的视野中是一件非常蠢的事。乔布斯或许会在没有任何征兆的情况下将自己开除！正如《商业周刊》杂志的报道所披露的，在苹果公司，能否长久地待下去取决于能否达到乔布斯的高标准。乔布斯的做法或许比较残忍，比较狠，然而，每个成功的领导者都会赞同乔布斯的做法！

当然，发现“优秀”和开除“笨蛋”是两个相辅相成的所在。很少有人能够同时都擅长这两点。但是如果只擅长其中一点，就会使人接近失败。这是因为，如果一个领导者只擅长发现“优秀”，但是却对工作中产生的“笨蛋”没有认识，那么整体的“优秀”就会打折扣，有时候甚至会被这些“笨蛋”所拖累。而如果只善于开除笨蛋，那么就会给原本很优秀的团队造成恐慌，从而影响企业人员的稳定性。因此，只有同时擅长这两点，才能真正保证企业的稳定，维持企业创造的最佳状态。

Business Develop

乔布斯认为苹果要保持行业领先地位，就必须要摆脱那些并非顶级的员工。华为创始人任正非也十分认同乔布斯的这个理念，他在华为贯彻了末位淘汰制，目的在于裁掉那些落后的人，裁掉那些不努力工作的员工或不胜任工作的员工。

末位淘汰制是绩效考核的一种制度，是指工作单位根据本单位的总体目标和具体目标，结合各个岗位的实际情况，设定一定的考核指标体系，以此指标体系为标准对员工进行考核，根据考核的结果对得分靠后的员工进行淘汰的绩效管理制度。

任正非认为，实行末位淘汰走掉一些落后的员工，其实有利于保护优秀的员工，有利于激活华为整个组织。大家都说美国的将军大多很年轻，但只要了解西点的军官培训体系和军衔的晋升制度就会知道，通往将军之路，就是艰难困苦之路，西点军校就是坚定不移地贯彻末位淘汰制度的。

许多人问任正非：华为的末位淘汰制实行到什么时候为止？任正非很肯定地回答道：“末位淘汰是永不停止的，只有淘汰不优秀的员工，才能把整个组织激活。”任正非十分欣赏 GE（通用电气公司）的“活力曲线”，它可以说是 GE 活了 100 多年的长寿秘诀。活力曲线其实就是一条强制淘汰曲线，用原 GE 董事长兼 CEO 杰克·韦尔奇的话来说，活力曲线是一个能够使一个大公司时刻保持着小公司的活力的东西。GE 活到今天得益于这个方法，因此任正非认为华为在末位淘汰制上也必须坚持下去，不能把它当作一个三五年的短期行为。当然，任正非也强调华为管理层不会急于草率地对人评价不负责任，他们会耐着性子全方位地考察一个员工的工作能力。

末位淘汰制有积极的作用，即从客观上推动了职工的工作积极性、精简机构等；也有消极的方面，如有损人格尊严、过于残酷等。如果执行不当，末位淘汰制很容易在企业内部引起恐慌，反而不利于企业发展。因此，企业在实行末位淘汰制时，一定要注意三点：

首先，在原则上“末位淘汰制”对参与排序的员工规模是有要求的。在一个组织中实施末位淘汰法是假设企业员工的素质和表现符合统计学中的所谓正态分布：大多数人表现是中等，表现很好和表现不好的人都是少数。这种分布在统计对象数量巨大的时候是成立的；但是，对有些部门来说，员工的数量不会很多，员工的表现不太可能符合正态分布，可能大多数表现很好，或者相反。正如案例中的销售部门，该部门员工的表现已经很好了，并不存在所谓的表现很差的 10%。既然这样，就不应该人为地硬性找出 10% 的“最差的”，把他们淘汰。而如果将整个企业所有的员工放在一起进行排序，从数量上说，是符合要求了，但是不同性质岗位的员工放在一起对比，是否有可比性，会不会出现案例中出现的现象：干活越多的人，出错的概率越大；越坚持原则的人，得罪的人越多，结果是这两类人都被淘汰了。

其次，“末位淘汰制”对岗位特点是有要求的，不同岗位的工作内容的特点（包括技能要求、员工经验积累等）是不同的。在人员配备、岗位配置、机构设置已经非常合理的企业，当我们淘汰一批人以后，还要从外部人才市场或者企业内部人才市场招聘到同等数量的员工。通常，我们很难保证新招进来的人更合适。加上招聘成本，这种“换血”大多数是得不偿失的。比如研发部门的岗位，都要经过公司较长时间培养才能开始为公司做贡献。在公司外这种人才很少，不太可能像一些低技能要求的岗位，例如生产线上的操作工那样很容易找到人，并且不需要太多的培训。因此，末位淘汰制更多的是指对一些低技能要求的岗位。

再次，360 度评价不宜作为末位淘汰的主要依据。国外的企业往往是将 360 度评价用于员工培训与技能开发，而一般不是直接与淘汰和薪酬挂钩。而我国的很多企业目前都将360度评级直接作为员工加薪、发放奖金甚至末位淘汰的依据，再加上很多企业的评价标准不准确，主观性随意性太强，结果导致绩效考核的结果与实际情况发生较大的偏差，搞得上级不敢管下级，或者是大家之间彼此猜疑，人际关系复杂，工作的有效性很低，不仅绩效管理的开发功能无法体现，甚至连绩效管理系统的管理功能也无法正常实现。

最后，“末位淘汰制”仅适用于一定阶段的人力资源现状，也就是说，这种方法适应于某个特殊的员工群体。比如企业创业之初，管理上比较混乱，有的甚至连有关人力资源的规章制度都不健全，更谈不上建立严格的员工竞争机制。管理要讲适用不讲最佳，对于一些员工素质要求不高的企业实行末位淘汰制未尝不可。这种办法可以激励员工，从而提高工作效率。

第八章

让我们一起干“海盗”吧

选择成为一名海盗，意味着脱离人们对可能性的概念，一小群人做一些伟大的事情，并在历史长河中被铭记。

当“海盗”，不要当“海军”

成为海盗比加入海军更有意思。

做海盗比做正规海军棒多了。让我们一起干海盗吧！

爱你的工作，一周奋斗 90 个小时吧！

——乔布斯 1982 年秋季写给 Mac 电脑小组的两句口号

延伸阅读

乔布斯的团队理念强调一种冲劲，用他的话形容就是“海盗文化”。1992 年 9 月底，乔布斯在离苹果公司 100 多英里的帕哈楼沙丘城率领 Mac 电脑小组举行了一次静修大会。当时的 Mac 电脑小组已经扩张到 100 多人，是一个平均年龄 28 岁的年轻团队。在大会开始时，乔布斯在黑板上写下：干“海盗”胜过加入正规海军。让我们一起干“海盗”吧！这一激动人心的话让参加会议的每位成员欢声雷动。他们都想做率性而为的“海盗”，一起向“海盗王”宣誓。从这时起，“海盗精神”便成为团队的灵魂，它让团队成员们共同努力奋斗并深信不疑自己正在从事一项意义重大的工作。

一个好的团队一定要拥有灵魂，知道自己为何而战。有了灵魂的团队，才会有强大的向心力，从而形成强大的战斗力。乔布斯深知这一点，所以，一直非常注重并善于向自己的团队灌输自己的精神，让自己的团队拥有团队的灵魂。

乔布斯很擅长搞一些小花样。他想在 1983 年 5 月 16 日全美计算机大会开幕的那一天推出 Mac 电脑，让世人大大惊讶一番。当时，虽然不少核心工作已经完成，但是仍存在无数小的疑难问题有待解决，他需要大家奋力冲刺。于是在静修大会上，乔布斯为了制造更震撼的效果，在写下“干海盗”的口号后，他还写了一句口号：“一星期工作 90 小时，并乐在其中！”之后，他又用夸张及作秀的姿势，打开一个盒子，拿出一件绣有口号的 T 恤衫，并套在自己身上。参加活动的成员每人都有一件，他就是要再次强化“海盗”主题。但是小组成员之间并不平等，在少数几件 T 恤衫的左胸下面还有一行小字，用以凸显少数核心人员的精英心态，字样是“Mac 骨干”。乔布斯就是按海盗的方法来刺激他们，他们是一群快乐的“海盗”，但仍存在差别待遇，有的人是甲板上做苦力的普通海盗，有的人则是在船长室里享用豪华大餐的高层海盗。值得欣慰的是，乔布斯成功制造了一个士气高涨的氛围。

在几乎与世隔绝的环境下努力工作，“海盗”们的工作效率远远高于其他任何一家计算机公司，甚至令整个计算机产业界为之汗颜。短短两年时间，Mac 电脑小组的成员就研发出了当时世界上最出色的电脑。在乔布斯看来，只有这些不知天高地厚，深受反文化潮流影响的海盗员，才能开发出让业界为之侧目的全新电脑产品。

Business Develop

没有共同价值观的团队必定是松散而没有竞争力的，如同大海中失去航向的船只。正如乔布斯说：“你必须明白，如果你想把许多东西搬上山，你自己一个人绝对是干不了的。”因此，团队存在的意义就是集合大多数人的智慧来解决问题，应该把寻找一流解决方案作为核心，而不是寻找那些凑合的想法，白白浪费了众人的智慧。队员们中为共同的目标而努力，这样的团队才是真有力量。

在业界眼中，华远素有“披着绿军装的地产大军”之称。这一称谓并不是凭空产生的，而是有一定的事实根据的。

首先，华远的舵手任志强就是地地道道的军人出身，他在 1969−1981 年参军，并先后做过排长、参谋，有 11 年的军龄。军旅生涯让他养成了一种革命英雄主义精神，这种英雄主义精神让他在以后的创业中有了一往无前的勇气。他说："我刚入伍的时候学的第一首歌就是《钢铁的部队》，然后是《钢铁战士》《钢铁的兵》，只要想起这些军歌，我就有了战胜一切困难的勇气。"

其次，华远有很多人都是军人出身。华远集团党委 7 个人中有 5 人曾为军人，1 人为军属。过去的华远集团公司有 400 人之多，将近 1/3 的人是军人。

这一特点也注定了华远有军人气质。不怕困难，努力争取的"军队精神"成为华远决战地产江湖的重要精神，而任志强也在企业管理中运用部队指挥、管理的一套，并且收到了很好的效果。

华远的"军人文化"对企业管理者管理企业是有借鉴意义的，一个企业只有具备迎难而上、坚韧不拔、不断进攻的精神，才能在商战竞争中站稳脚跟，取得胜利。

组建一个团队并不难，但要想把团队成员凝聚在一起，让他们为了一个共同目标而努力奋斗，却很困难。企业家单枪匹马、大包大揽是很难获得成功的，因为伟大的事业需要一群忠诚于共同理想的人，团结一心，共同奋斗。如果一个企业家无法激励团队成员一起为你的理想而奋斗，你就无法取得成功。就像乔布斯说的："就像你想把许多东西搬上山一样，你自己一个人是干不了的。"乔布斯之所以能带领一群自命不凡且毫无纪律的人开创伟大事业，正是因为他用一种"海盗"文化和精神凝聚他们，一起创造出一个又一个伟大的产品。

一流人才的自尊心，不需要你呵护

我的工作不是对员工和善，而是让他们更优秀。

我的工作并不是对员工好，而是让他们变得更优秀。

——2008 年 2 月 CNN.com

延伸阅读

乔布斯因为极力追求完美，这常常让他在工作中显得十分尖锐。许多人受不了他的苛刻，但那些没有被他的苛刻摧毁的人也因此变得更加强大。这样也有一些好处。那些没有被摧毁的人都变得更为强大。他们能更好地完成工作，既是出于对乔布斯的畏惧，又渴望取悦他，是他让他们意识到自己身上背负着这样的期待。

对于这一点，乔布斯在多年后的一次采访中曾说道："多年以来，我认识到，当你拥有真正优秀的人才时，你不必对他们太纵容，你期待他们做出好成绩，你就能让他们做出好成绩。最初的Mac团队让我知道，顶级的人才喜欢一起工作，而且他们是不能容忍平庸作品的。你随便找一个 Mac 团队的成员问一问。他们会告诉你，那些痛苦都是值得的。"

在产品成功面世后，大多数苹果员工的想法确实如乔布斯预料的那样，苹果的员工霍夫曼就曾说过：“他（乔布斯）的行为可以让你在情感上饱受折磨，但如果你能挺过去，它就能起到积极的作用。”

确实，在苹果公司，尽管乔布斯不喜欢别人违背他的意愿，但在某些时候，苹果的员工会发现他们可以对抗乔布斯的力量，而且对抗不仅会让他们幸存下来，还能茁壮成长。当然，对抗乔布斯的行为并不总能成功，拉斯金尝试过，短时间内他成功了，但最终还是被摧毁了。但如果你很清楚地知道你在干什么，而且十分自信你是正确的，并且努力让乔布斯认识到了这一点，你就能获得他的尊重。可以说，正是因为乔布斯的苛刻磨砺了他身边的人，因为无论是在他的私人生活还是职业生涯中，他的核心圈子里集中的都是真正的强者，而不是谄媚者。

Mac 的团队渐渐意识到了这一点。为了鼓舞团队的成员有对抗乔布斯的勇气，Mac 团队从 1981 年开始设立了一个“最能勇敢面对乔布斯奖”的奖项，把它颁发给当年最能勇敢面对乔布斯的人。乔布斯知道这个奖后，并不生气，反而十分喜欢它。

第一年和第二年的“最能勇敢面对乔布斯奖”都颁给了乔安娜·霍夫曼，她来自一个东欧难民家庭，脾气十分火暴，意志异常强硬，面对乔布斯的苛刻时总有对抗的勇气。比如，有一天，当她发现乔布斯把她的日常规划改得面目全非，她就抑制不住内心的怒火，气势汹汹地冲向他的办公室，嘴里嚷道：“我要拿把刀插进他的心脏。”吓得公司的法律顾问阿尔·艾森施塔特（Al Eisemtat) 赶紧跑过来制止她。但乔布斯听完她的抗议后，反而做出了让步。

第三年的“最能勇敢面对乔布斯奖”落到了才进入公司一年的 Mac 团队成员黛比·科尔曼手中，这让她深刻地意识到，她必须坚守自己的信念，才能获得乔布斯的尊重。事实也确实如此，因为从那以后，她开始得到晋升，并最终成为制造部门的负责人。

阿特金森手下一名工程师也曾成功对抗了乔布斯。某一天，当乔布斯冲进了那位工程师的小隔间，大声地批评他的工作成果：“这是狗屎。”那位工程师却回答说："不，这其实是最好的方法。"然后，他向史蒂夫解释了自己在工程方面做的一些权衡，最终让乔布斯认同了他的想法。这让苹果的员工意识到，他们应该把乔布斯常说的那句苛刻的话——"这是狗屎"解读为一个问句，它本来的目的不是在责骂对方，而是在问："告诉我，这为什么是最好的方法？"尽管乔布斯认同了那位工程师的想法，但那位工程师还是对乔布斯提出的建议进行了多番思考，最终找到了一个更好的方法，来实现乔布斯之前指责的那个功能。可见，正是因为史蒂夫挑战了他，他才找到了更好的方法。这也让苹果的员工意识到：你可以反驳乔布斯的意见，但也应该认真听他说的话，因为他通常都是正确的。

Business Develop

对真正的人才来讲，溺爱即是摧毁，而折腾恰恰是培养和检验。一个人如果不经历必要的磨难，就会很脆弱，没有能力抵抗以后的风风雨雨。

德鲁克认为，卓有成效的管理者有一个共同点，那就是他们在实践中都要经历一段训练，这一训练使他们工作起来卓有成效。不管他们是在政府机构内、企业机构内、医院内，还是学校内，不管他们是干什么的，这些训练的内容都是一样的。对于这一点，联想集团的创始人柳传志十分认同，用他自己的话来说，就是："企业的人才培养是一个动态的过程，是一个实践到认识到再实践到再认识的过程。最好的认识人才和培养人才的方法就是让他们去做事。只有在赛马中才能识别好马，才能发现千里马。"

联想集团现任总裁兼 CEO 杨元庆就是在赛马过程中被训练出来的一匹千里马。

1988 年，24 岁的杨元庆进入联想工作，公司给他安排的第一个工作是做销售业务员。多年以后，杨元庆还记得，他骑着一辆破旧的自行车，穿行在北京的大街小巷，去推销联想产品时的情景。

虽然刚开始杨元庆并不喜欢做销售工作，但他仍然干得非常认真，并且卓有成效。正是销售工作的历练，使杨元庆后来能够面对诸多困难。也正是杨元庆敏锐的市场眼光和出色的客户服务，引起了柳传志的注意。

1992 年 4 月，联想集团任命杨元庆为计算机辅助设备（CAD）部总经理。杨元庆在这个位置上不仅创造出了很好的业绩，而且还带出一支十分优秀的营销队伍。

1994 年，柳传志任命他为联想微机事业部的总经理，把从研发到物流的所有权力都交给了杨元庆。2001 年 4 月，37 岁的杨元庆正式出任联想总裁兼 CEO。

为了磨一磨杨元庆倔强的脾气，1996 年的一个晚上，柳传志在会议室里当着大家的面狠狠地骂了他一顿：“不要以为你所得到的一切都是理所当然的，你的舞台是我们顶着巨大的压力给你搭起来的……你不能一股劲只顾往前冲，什么事都来找我柳传志讲公不公平，你不妥协，要我如何做？”一点都没给杨元庆面子，柳传志在骂哭杨元庆后的第二天给杨元庆写了一封信：只有把自己锻炼成火鸡那么大，小鸡才肯承认你比它大。当你真像鸵鸟那么大时，小鸡才会心服。

杨元庆回忆起当时的情景说：“如果当初只有我那种年轻气盛的做法，没有柳总的妥协，联想就可能没有今天了。”经过不断的“折腾”，杨元庆最终成了一名经得起任何压力的“铁人”。

这种“折腾”式的选人方法，有点类似心理学上的蘑菇定律。所谓蘑菇定律，就是指初入世者常常会被置于阴暗的角落，不受重视或打杂跑腿，就像蘑菇培育一样还要被浇上大粪，接受各种无端的批评、指责、代人受过，得不到必要的指导和提携，处于自生自灭过程中。蘑菇生长必须经历这样一个过程，人的成长也肯定会经历这样一个过程。

会制造噪音的团队，才会磨出美丽的石头

要想石头变得美丽光滑，就得不断摩擦，不断砥砺。

每次（新产品计划）刚开始的时候，我们有很多很棒的想法，团队对他们的想法深信不疑。这一刻，我总会想起我小时候的一幕。

街上有个丧偶的男人，他已经八十岁了，我记得他花钱请我帮他除草，有一天他说，到我的车库来，我有东西给你看，他拉出老旧的磨石机，架子上只有一个马达、咖啡罐和连接两者的皮带。

我们到后院捡了一些石头，一些普通、老旧、不起眼的石头，我们把石头丢进罐里，倒点水，加点粗砂粉，把罐子关起来，他打开马达说，“明天再来看看”。

我第二天回来，打开罐子拿出的是令人惊艳，美极了的石头！

本来只是寻常不过的石头，经由互相摩擦，互相砥砺，发出些许噪音，结果变成美丽光滑的石头，这件事我一直记在脑海里。

在我心里，这个比喻最能代表一个为理想奋斗的团队。集合一群才华洋溢的伙伴，让他们互相冲撞、争执，甚至大吵，这会制造

一些噪音，但是，工作的过程中，他们会让对方变得更棒，也让点子变得更棒，最后就会产出这些美丽的石头。

——1995 年接受《书呆子的胜利》采访

延伸阅读

乔布斯非常喜欢善于表达自己观点的人，同时，他也鼓励员工勇敢表达自己的想法，因为在他看来，一个团队里不能只有一种声音，应该有各种观点的互相冲撞、争执，甚至大吵，这样制造噪音的过程中会让想法变得更完善，就像将平常无奇的石头放在一起摩擦砥砺，就会变成美丽光滑的石头一样。

因此，在苹果公司没有森严的等级制度，连清洁工也可以直接向乔布斯提出自己的想法，只要这种想法是正确合理的。各个部门的员工都可以通过各种渠道向乔布斯表达自己对工作的看法。虽然，在产品的开发过程中，乔布斯参与了很多重要决策的制定，但是苹果公司的决策并不总是自上而下的，头脑风暴是公司最常用的决策方式之一。乔布斯鼓励大家为产品的设计争论与辩论，因为这种方式最容易产生精准、有创意的想法。在苹果，只听到一种意见是不正常的，如果有必要，那么，你可以直接找合适的人谈谈，而不需要害怕是否越权，因为大家都只有一个共同的目标，那就是以最快最完美的方式解决问题。

乔布斯曾说："苹果公司大约有 25，000 名员工。差不多 10，000 人在专卖店里工作。而我的工作是和他们当中最出色的 100 个人合作。这并不意味着他们都是副总裁之类的领导，他们中的一些人只是对苹果做出卓越贡献的优秀人才。所以如果有好的创意，我就会把这些创意告诉他们，听听他们的看法，让他们围绕着它展开讨论，就此争论不休，让想法在这个由 100 人组成的群体里充分循环，让不同的人从不同的层面对它展开分析，你知道的，就是深入剖析。"

在曾经由乔布斯掌控的皮克斯，乔布斯也开创了一种著名的企业文化，就是"以下犯上"。在皮克斯，自由自在、愉悦轻松的工作环境，我行我素、稀奇古怪的员工，构成了一种高度个人化的企业文化。在这样的公司，员工们可以随时随地提出他们的创意，实现他们的想法。一位皮克斯员工说："什么中层、部门、领导，这些词我们统统没有，这就是我们独一无二的地方。"

Business Develop

现代管理学之父德鲁克认为，有效的决策并不像课本里所说的那样来自于对真相的一致看法。恰恰相反，正确决策的意识正是在不同意见的冲突与矛盾之中产生的，是认真考虑各方意见的一个综合性结果。

德鲁克说，美国历史上的每一位卓有成效的总统都有各自一套激发不同意见的办法，以帮助自己做出有效的决策。华盛顿总统最讨厌他开的会议上有冲突，或者争论不休。然而，就连他这样一向推崇团结的人在重要决策上，也会同时去征求汉密尔顿等人的意见，以使自己能听到必要的不同声音。

富兰克林·D. 罗斯福是美国历史上最为出色的总统之一。他对听取不同意见的理解最为深刻。每当需要对重要事情做决策时，他会找来一位喜欢散步小道消息的助手，对他说："我想请你帮我研究一个问题，但请不要声张。"（其实，罗斯福心里清楚，即使说了这句话，此消息也会立刻传遍华盛顿。）

接着，他又找来几位从一开始就对此问题持不同意见的助手，向他们布置了同样的任务，并也叫他们绝对保密。这样一来，他便可以肯定，这些消息会在极端的时间内在利益相关者当中传遍。伴随而来的会有各种各样的声音。综合了各种意见，他的决策就不会被某个人先入为主的想法所左右。

罗斯福的这一做法曾经受到内政部长的强烈指责。在这位部长的日记里，诸如"缺乏严谨的工作作风""过于轻率""视同儿戏"等指责总统的言辞到处可见。不过罗斯福心中明白，美国总统的首要使命不是行政管理，而是进行决策，正确地进行决策。而获得正确决策的最好办法就是将总统府比作法院，通过各种意见的对立和辩解使真相凸显，使决策相关的各种情况都能摆到桌面上来。

从案例中我们可以看出，卓有成效的管理者善于听取不同意见。为什么要听取不同的意见？德鲁克给出三条理由：不同意见能够避免决策者被某种看法所左右；不同意见可为决策提供多种选择；不同意见有助于激发想象力。

其实，发生分歧的时候就是需要了解的时候，当双方意见不统一时，你就该想想为什么会出现这种情况，在分歧中，必须先明确对方真正诉求的主题。到底是单纯寻求问题解决的可能性；或只是抒发个人的不满、牢骚、愤怒；或是纯为鸡毛蒜皮的小事，无理取闹；又或是一味玩个人游戏，借此以引起注意；或是对方的自我困惑与矛盾。“分歧，就是了解的时候”。它是探索对方需求的时候，而不是自我表达的时候；是相互之间理清作为困扰及方向的时候。切勿落入对方情绪的旋涡里，跟着团团转。

克服掉不怕分歧的心理障碍后，紧接着就要建立共赢的沟通理念。追求共赢，可以采用以下几个步骤：

第一步，是要了解双方的需要：某甲因口渴，想喝果汁，所以需要橘子；某乙想要用橘子皮做蛋糕。

第二步，是要找出彼此的共同点：在这个例子中，两个人需要同一个东西，却有不同的用途。

第三步，是要寻找是否有可行的合作办法：在某甲想喝果汁，而某乙想要橘子皮的情况下，答案是显而易见的，因为双方都可以从完整的橘子里各取所需，双赢的结果非常容易达到。

第四步，是联手合作。

关键不在制度，
在于如何通过流程实现高效

奉行零制度，才能保证流程的高效。

苹果奉行零制度，但这并不表示没有生产流程。在苹果，一切都严谨有序，生产流程非常合理。关键不在于制度，而是如何通过流程实现高效。

——2004年10月12日

《彭博商业周刊》

延伸阅读

1995年，乔布斯在参加《书呆子的胜利》节目采访时，曾经说到过："好产品的关键因素，不在管理流程而是答案本身。"

在乔布斯看来，很多大企业之所以很难做出富有创造力的产品，是因为他们在上一次的成功中沉迷了，迷失了方向，只是想要复制上一次的成功。许多人坚信当初成功的过程，一定有其奇妙之处，于是他们开始尝试把当年的成功经验变成制度。不久人们便感到困惑：为什么制度本身变成了答案？IBM之所以会失败，就是因为这个原因。其实IBM拥有世界上最好的制度管理人员，可惜他们忘了设计流程的目的，就是为了找到最棒的答案，做出

最好的产品。

为了说明这个问题，乔布斯举了一个有关研发 Lisa 电脑时的例子。1983 年，为了设计一台全新的电脑，苹果公司从惠普雇来了几名工程师。在施乐 PARC 看到图形界面技术后，乔布斯就督促这些工程师尽快设计出图形界面电脑，但对方一点儿也不同意他的看法，一些人甚至还和乔布斯大吵了一架。那些工程师认为最酷的用户界面，是在荧幕底部加上软体键盘，他们没有等比例间距字体的概念，也没有滑鼠的概念。他们甚至说设计一个鼠标需要耗费五年的时间，设计成本更是高达 300 美元。乔布斯感觉自己无法与这帮工程师沟通，于是就去外面找到大卫·凯利 (David Kelly) 设计鼠标，结果只用了不到 90 天的时间就有了成本仅 15 美元的滑鼠，而且功能可靠。

乔布斯非常喜欢善于表达自己观点的人。所以在苹果公司没有森严的等级制度，任何人都可以直接向乔布斯提出自己的想法，包括清洁工，只要他的想法能够帮助苹果创造伟大的产品。

曾经有记者问乔布斯 :“人们为什么想在苹果公司工作？”乔布斯做了如下回答 :“这是因为你在苹果公司能够做的事，在其他任何地方都做不到。”

当然，这并不是说乔布斯领导下的苹果就是一家没有制度的公司，其实苹果作为一家纪律严明的公司，有着完善的操作程序，而且这些程序的目的是为了提高效率，而绝不是为了程序化而制定程序。因为创新的出现时间往往是不准确的、不规律的，或者是在走廊上的一次无意碰面打招呼，或者是晚上 10 点半的一个电话，其间可能就包含着一个新的想法，一个关于素来思考问题的漏洞。

苹果的组织方式其实很简单，每个项目都只是一个人在负责，比如说，iPhoneOS 软件、Mac 硬件、iPhone 硬件工程、全球营销、运营等，这些方面都是一个人在独当一面，这种组织方式就跟一个新成立不久的公司是一样的，唯一的区别在于苹果是世界上规模最大的新建公司。同时乔布斯他们每周会抽出 3 个小时的时间来讨论我们在整个业务中所做的一切。

Business Develop

很多可以用一个流程就做完的事情，实际上却花了许多流程去做，精力、时间、效率就这样白白地消耗掉了。其实，要想更好地提高效率，可以通过简化流程的方式，让具体的工作变得更简单。

中国最大的鞋业民营企业——奥康集团曾经有一个“撤掉中仓，再造一个奥康”的事例，这正是简化流程、提高效率的典型。

2004 年，奥康开始和意大利著名制鞋企业 CEOX 进行合作，正式迈出国际化合作的步伐。很快，CEOX 就给奥康下了一笔 30 万双皮鞋的订单，并且要求他们在两个月内交货。而按照奥康当时的生产量来说，这么短的时间内不可能按时完成。

但这是奥康和 CEOX 的第一次合作，如果不能按时交货，那么不仅仅是赔偿那么简单，更重要的是会影响到与 CEOX 以后的合作。一向崇尚“没有什么不可能的”这一思想的奥康总裁王振滔并没有退缩，而是毫不犹豫地答应了。

多年没有进过车间的王振滔重新走进车间，对生产线的每一个流程都进行了仔细研究。结果，他发现他们一直奉行的“中仓协调流程”是实现流水线作业的最大障碍，原来的流程是：裁断裁好后进入中仓，针车从中仓领出来完成后再进中仓，中仓出来再到成型……这样一个中仓卡住，整条线就卡住。多这样一个中仓环节，不仅造成了人员的浪费，而且造成了生产效率的低下。

于是，王振滔立即撤除了中仓环节，让流程变得简单起来。这样做了以后，所有流水线的产量都翻了不止一倍，原来一条每天只能生产 600 多双鞋的生产线，现在可以生产 1400 双。用王振滔自己的话来说，就是“奥康用 20 天的时间，再造了一个奥康”！就这样，30 万双皮鞋的订单任务按时完成了。

我们相互间
应该诚实到残酷的地步

我们的规矩：你就得超级诚实。

我不认为我对别人很残暴，但如果谁把什么事搞砸了，我会当面跟他说。诚实是我的责任。我知道我在说什么，而且事实总是证明我是对的。那是我试图创建的文化。我们相互间诚实到残酷的地步，任何人都可以告诉我，他们认为我就是一堆狗屎，我也可以这样说他们。我们有过一些激烈的争吵，互相吼叫，那是我最美好的记忆。我在大庭广众之下说“罗恩，那个商店看起来像坨屎”的时候没什么不良感觉。或者我会说“上帝，我们真他妈把这个工艺搞砸了”，就当着负责人的面。这就是我们的规矩：你就得超级诚实。也许有更好的方式，像个绅士俱乐部一样，大家都戴着领带说着上等人的婆罗门语和华丽词汇，但是我不了解那种方式，因为我是来自加利福尼亚的中产阶级。

——《史蒂夫·乔布斯传》

延伸阅读

在和乔布斯相处过的人眼里，乔布斯的性格多少有些残暴。但乔布斯自己并不这样认为，他认为他只是在诚实地反映他对某个产品、某个性能的看法，并没有要攻击别人的意思。在他看来，诚实是他作为苹果管理者的责任，同样他也鼓励苹果的员工诚实。用他的话说，就是“我们相互间诚实到残酷的地步，任何人都可以告诉我，他们认为我就是一堆狗屎，我也可以这样说他们”。

对于他和苹果成员有过的激烈争吵、互相吼叫，乔布斯认为那是他最美好的记忆。他从来不会觉得在大庭广众之下说“罗恩，那个商店看起来像坨屎”，会有什么不良感觉。当他说“上帝，我们真他妈把这个工艺搞砸了”时，也不会避开负责人，而是当着负责人的面。说这句话。在他看来，苹果就应该有这样的规矩：你就得超级诚实。

乔布斯倡导“超级诚实”，其实就是在倡导一种问责文化。只有超级诚实，才能明白问题所在，而引发问题的人则必须要负起责任来。

2008 年夏天，为了实现乔布斯的数字中枢计划，苹果公司发布了一个叫作 MobileMe 的产品，这个产品可以让你把通讯录、文件、图片、视频、邮件和日历存储在云端，并在任何设备上同步，但它要收取昂贵的费用——每年 99 美元。在乔布斯看来，这个产品简直是烂透了，不仅是因为它价格高昂，还因为它非常复杂，设备同步得不好，邮件和其他数据会随机丢失。

因此当乔布斯的朋友沃尔特·莫斯伯格在《华尔街日报》上发表评论称：“苹果的 MobileMe 漏洞百出难以信赖”时，乔布斯怒不可遏。他把 MobileMe 团队召集到苹果园区的礼堂，站在台上问他们：“有没有谁能告诉我 MobileMe 是要做什么用的？”团队成员回答后，乔布斯马上又问道：那他妈的为什么它做不了那个？”接下来的半个小时里，他一直在斥责 MobileMe 团队。他无数次地叫喊道：“你们玷污了苹果的声誉，你们应该相互憎恨，因为你们令彼此失望。连我们的朋友莫斯伯格都不再写赞美我们的文章了。”

最后，在众目睽睽之下，他直接炒掉了 MobileMe 团队的负责人，换成了埃迪·库埃——他当时负责苹果所有的互联网内容。媒体对这件事大加赞赏，《财富》杂志的亚当·拉辛斯基就曾赞赏说：“问责制得到了严格执行。”

其实，早在研发 Lisa 电脑时，乔布斯就在团队严格执行问责制。乔布斯当时想要一个可以操纵光标向任意方向移动的鼠标，而不仅仅是上下左右，这就需要将鼠标通常使用的两个轮子改成一个滚球。一个工程师告诉阿特金森：这样的鼠标是不可能批量生产的。乔布斯得知了这件事，立即解雇了那名工程师，而接任后的工程师见到阿特金森的第一句话就是："我能做出那种鼠标。"

正是这种问责制在公司内部被严格执行的文化，才促使苹果的员工在产品研发时努力做到最好，因为如果你做不到最好，你就会被乔布斯抛弃。

Business Develop

卓有成效的管理者会自问："我应该贡献什么才能大幅度地提升我的组织的绩效和成果？"这里所要强调的是责任。但凡在某个领域内表现优异的人，必定是高度负责的人；负责是一种职业精神，缺乏这种职业精神的人，即便是从事自己最擅长的工作，也会做得一塌糊涂。工作就意味着责任，责任感能够产生强大的工作动力，不仅能使人排除万难，把不可能完成的工作任务完成得非常出色，还能促使人善于决断。

许家印之所以能把恒大集团由小做大，由大做强，其中一个重要原因就是他在恒大内部执行"失职问责制"。

在恒大，不管是高层领导还是基层员工，自己职责范围内的事情出现了问题，就要担负相应的责任，失职就要负责。

负责的方式首先是自己对这件事出错的原因进行深刻反省，然后在员工面前作检讨，同时，将自己对错误的认识写成书面文字提交。认识到错误只是第一步，第二步是要为出问题的地方想出解决方案。

为了将负责培养成一种群体行为，许家印把恒大集团中与工作相关的每件事情都分配到相应的岗位上，一个萝卜一个坑，这样，每个人都有自己需要负责的事情，每件事情都有专门负责的员工和岗位，避免责任分散的情况出现。

许家印说，之所以在恒大将问责作为管理的重点，就是要培养全体员工之间的互相监督，只有彼此之间有约束力才能很好地唤起每个人的责任心，将认真负责变成每个人职业化的素质。责任心并不是什么振聋发聩的新理念，但是当责任心形成气候，在群体中传播开，就会形成一种能量，就成了企业精神。

如今的恒大没有要求过员工加班，也没有加班费，但是到了晚上十一二点，依然还有很多人在办公楼里忙碌。责任心已经变成了敬业精神的一种体现，每个员工都明确自己的岗位职责，也自觉地为公司分担繁重的任务。恒大连年创造惊人的业绩，这和其中每个人强烈的责任心是分不开的。

责任感会使人在做出决策时完全摒弃个人利益，一切从组织利益出发。对于任何人，一切成绩都是在责任感之后的。换句话说，只有体现责任，才能取得成就；没有责任感，终将一事无成。责任感产生巨大的精神力量，并对行动产生决定性影响。卓越的企业管理者会在团队成员责任感上做足文章，只要责任感不缺失，哪怕是再平凡的团队，也能创造奇迹。

卖力工作，
就有资格得到期权奖励

一开始就把股票期权分给员工。

在苹果公司，我们从一开始就把股票期权分给了员工。我们是第一家在硅谷做到这一点的公司。我回到苹果后，取消了公司里大部分的现金奖励，用期权替代。没有汽车、没有飞机、没有奖金。但基本上，每个人都能拿到薪水和股票……这种非常平等的运作公司的方式是由惠普开创的，而苹果进一步巩固了这种方式。

——1998 年 11 月 9 日《财富杂志》

延伸阅读

杰出的领导者必须善于激励员工，为员工提供工作的动力。在乔布斯手下做事的人都干劲十足，就是因为乔布斯是一个非常善于激励员工的领导者。通常情况下，激励员工的方法主要有两种：一种是物质激励，即给员工提供丰厚的福利待遇；另一种是精神激励，即给员工提供精神上的各种支持。几乎所有的领导者都会运用这两种方法，但是却少有人能像乔布斯那样运用得出色。

苹果公司曾有一个非常受欢迎的股票购买计划，即员工可以以自己的薪水为基础大量购买折扣股票。购股价格为购股之日前的 6 个月内的最低价，外加一定的折扣，以保证购股人能够多挣点钱，结果是员工往往可以挣到很多钱。苹果公司的这种计划在硅谷将股票确立为奖励标准的进程中，起了很大的作用。

乔布斯离开苹果公司的那段时间里，苹果遇到了危机，股票不断下跌，这对员工的士气有着很大的影响。所以，重返苹果公司后，乔布斯的一个大动作就是立刻对不断下跌的股票进行重新定价，以阻止大批员工离开苹果公司。而当时，苹果公司的董事会成员表示反对，乔布斯为此与董事会展开了一场激战，努力争取让他们放弃。

企业的活力源于每个员工的积极性、创造性。因此，一个企业的激励制度是非常重要的。由于人的需求具有多样性、多层次性、动机的繁复性的特点，所以在调动人的积极性时也有着多种方法。只有综合运用各种动力激发手段，才能使全体员工的积极性、创造性、企业的综合活力达到最佳状态。

Business Develop

对很多企业管理者来说，股权鼓励是一种很好的提升员工工作积极性的鼓励方式。股权激励是以员工获得公司股权的形式，给予其一定的经济权利，使其能够以股东的身份参与企业决策、分享利润、承担风险，员工自身利益与企业利益更大程度地保持一致，从而勤勉尽责地为公司的长期发展而服务的一种制度安排。

随着科学技术的迅猛发展，企业之间的竞争已成为人力资源的竞争，如何留住有用之才，提高企业经济效益，每一个企业都殚精竭智，各出奇招。目前，欧美企业比较流行的员工参股的形式，就是使员工成为本公司的股东，实现利润分成计划。如果公司年利润超过一定的限额，员工就能获得奖金或购买公司股票的权利，从而由职员变成了股东。

在运用股权激励上，华为可谓是做得最好的一个。2013 年的一组数据显示，华为员工持股比例高达 98.58%，任正非作为个人持股 1.42%。华为可谓是全员持股的企业。

华为依靠这种方式来激励员工，这也是华为能够飞速发展的重要原因之一。“华为成立之初，没有任何东西可以依靠，只有依靠员工，因此设计出了这种股权结构，并且得到深圳市政府的批准。”这是华为运用股权激励员工的初衷。

华为的股权激励概念源自于创业期。当时的华为为了发展需要大量资金，但是当时的华为是民营企业的性质，融资就比较困难。华为想到的解决方式是首先在内部融资。于是在 1990 年，华为第一次提出了内部融资、员工持股的概念。当时参股的价格为每股 10 元，以税后利润的 15% 作为股权分红。华为这种融资方式是非常睿智的，它不但可以减少公司现金流风险，同时可以增强员工归属感。依靠这种激励方式，华为在 1995 年完成了 15 亿人民币的销售额，在 1998 年就将市场拓展到中国主要城市。

2000 年是网络经济泡沫时期，IT 业受到毁灭性的打击。2001 年底，华为也迎来了冬天，为了度过这个冬天，华为实行了名为“虚拟受限股”的期权改革。虚拟股票规定激励对象可以据此享受一定数量的分红权和股价升值权，但是没有所有权，没有表决权，股票不能转让和出售，如果本人离开企业，那么股票自动失效。华为这样做是为了能够控制整个企业。除了这个措施外，华为还实施了一系列新的股权激励政策：

第一，新员工不再派发长期不变一元一股的股票。

第二，老员工的股票也逐渐转化为期股。

第三，以后员工从期权中获得收益的大头不再是固定的分红，而是期股所对应的公司净资产的增值部分。

这种股权激励方式，激发了员工工作的积极性，同时也激发了他们的潜能，帮助华为安全度过了发展史上的第一个冬天。

2008 年，美国次贷危机引发了全球经济危机，世界经济遭到了重创。为了应对经济危机，华为又推出新一轮的股权激励措施。2008 年 12 月，华为推出“配股”公告，涉及范围几乎包括了所有在华为工作时间一年以上的员工，此次配股的股票价格为每股 4.04 元，年利率逾 6%。在这次配股中，华为实行的是不同工作级别匹配不同的持股量，级别越高的员工持股率越高，但是有上限。大部分在华为总部的老员工，由于持股已达到其级别持股量的上限，并没有参与这次配股。这次股权激励是华为内部员工持股结构的一次大规模改造，配股规模在 16 亿～ 17 亿股。

正是由于这次大规模的股权激励，所以，华为轻松度过了这次经济危机。

华为正是靠这种全员持股的方式来激励员工的斗志，让他们变成企业的主人，人人为家而奋斗，这正是华为能够如此强大的重要原因之一。

华为的事例告诉企业管理者们，股权激励对企业的发展是有很大的促进作用的。

采用员工参股的方式，具有许多优点，如可以促使员工更加关心公司，减少浪费，并激励员工更加努力工作；增加员工的个人收入；减少优秀员工的流动率；企业也可获得一定的发展资金等。

作为企业管理者，如果想提高员工的劳动积极性，不妨采用股权激励的方式，让更多的员工成为企业的主人。

第九章
我们不卖产品，只卖梦想

你如何看待自己的顾客？帮助他们激发自己内在的天赋，你将赢得他们的心。有些人觉得买Mac电脑的人疯了，但透过这股疯劲我们能发现天才。

把苹果卖给世界上最有创新精神的人

买苹果电脑的人代表了这个世界的创新精神。

买苹果电脑的人就是有与众不同的思维方式。他们代表了这个世界的创新精神，他们要去改变世界。我们为这种人制造工具。……我们从一开始就立志为购买我们产品的客户提供卓越的服务。很多时候，人们认为他们是疯子，但是透过疯狂的表象，我们看到了他们天才的一面，这些人都是我们公司创造产品并提供服务的对象和动力来源。

——1997 年 8 月波士顿的 Macworld 大会

延伸阅读

1997 年 8 月，Macworid 大会选在波士顿举行，得知乔布斯要来演讲的消息，超过 5000 个苹果的忠实拥护者，提前几个小时就涌进公园广场酒店（Park Plaza hotel) 的城堡会议厅，等待乔布斯的主题演讲。他们要亲眼见证他们的英雄归来，更重要的是，他们要看看他是否还能像过去那样成为他们在创新道路上的引路人。

当大屏幕上出现乔布斯1984年的照片，观众就爆发出一阵阵热烈的欢呼声："史蒂夫！史蒂夫！史蒂夫！"即便是主持人在介绍乔布斯时，这种欢呼声也没有停止，到乔布斯最终踏上舞台时，他依旧是原来留在人们心中的样子——穿着黑色背心，无领白衬衫，牛仔裤，带着顽皮的微笑，他一出场，现场的尖叫声就不断，闪光灯也闪个不停，其轰动程度一点也不比任何一个大牌摇滚歌星的出场逊色。

他首先做了个自我介绍，这个介绍没有提及他在苹果的身份，因为他说的是："我是史蒂夫·乔布斯，皮克斯的主席和CEO。"现场的尖叫声停了下来，似乎对他的身份感到疑惑。不过乔布斯很快解释了自己在苹果的角色："我和其他很多人一样，在一起努力帮助苹果健康起来。"现场的呼喊声就又响了起来。

然后，他解释了为什么苹果的销售额在两年间下滑了30%。在他看来，苹果有很多出色的人才，但是他们在做错误的事情，因为计划本身就错了。他发现苹果的很多人迫不及待地想去支持一个好的发展战略，可惜苹果公司一个好的发展战略也没有，所以才会陷入困境。

在乔布斯离开苹果的那段日子，苹果的方向走偏了，所以才迅速衰落。对于苹果的衰落，乔布斯感到很痛心，但这也让他深刻地意识到，只有坚持让苹果的产品走与众不同的路线，才能让苹果重新站起来。

在谈到他对苹果的规划时，他的热情越来越强烈地奔涌而出，语气激昂地对台下的观众说道："我认为你们要买苹果电脑时还是要用不同的思维方式，买苹果电脑的人就是有不同的思维方式。他们代表了这个世界的创新精神，他们要去改变世界。我们为这种人制造工具。"

事实也确实如此，在对市场进行一番调查后，乔布斯发现苹果面临两个细分后的市场，一个是教育市场，另一个就是创意产业市场，它涵盖了设计、出版和印刷前期等环节。大部分在创意产业工作的人都会用到电脑，而这些人大多数都会选择苹果电脑，也就是说，在创意产业占据的计算机市场中，苹果公司占据了领先地位。乔布斯调查发现，从事视觉、广告艺术工作，还有从事印刷前期工作的人群中，有 80% 都会使用苹果公司的 Mac 电脑；从事网站制作工作的人群中，有 64% 都会选择使用 Mac 电脑。这一点让乔布斯备受鼓舞，也更坚定了他要把苹果的产品卖给世界上最有创新精神的人的决心。事实上，苹果后来的辉煌局面正是基于这个策略。

Business Develop

市场定位是市场定位，是美国营销学家艾·里斯和杰克特劳特在 1972 年提出的一个理念，是指企业根据竞争者现有产品在市场上所处的位置，针对顾客对该类产品某些特征或属性的重视程度，为本企业产品塑造与众不同的，给人印象鲜明的形象，并将这种形象生动地传递给顾客，从而使该产品在市场上确定适当的位置。简单点说，市场定位就是企业及产品确定在目标市场上所处的位置。

乔布斯之所以能够在苹果没落的时候力挽狂澜，就是因为将苹果产品的市场定位定得十分精准。而娃哈哈品牌之所以能在中国走红，也是因为其创始人宗庆后在产品市场定位上做到了精准定位。

1988 年 6 月 16 日的《杭州日报》刊登了一条大幅广告："一种高效能的儿童营养液已在杭州保灵儿童食品厂试制成功，现向社会各界征集产品名称及商标图案……"这在 20 多年前，实在是一条颇能吸引人眼球的新鲜事。

虽然投资研发儿童营养液已经让宗庆后付出了不菲的代价，但面对登报的巨额广告费，宗庆后依然没有退缩。擅长造势营销的宗庆后认为这笔钱必须花：一方面他们已经为这款儿童营养液的命名伤透了脑筋，要是能通过有奖征名的方式征集到一个合适的名称，那正好解了燃眉之急。另一方面，即使最终没能寻觅到合适的名称，这款儿童营养液也能通过这次重金征名活动达到很好的宣传效果。宗庆后为人低调，却善于制造话题，他知道这种新颖的有奖征名活动一定会引起社会各界最广泛的讨论，其广告效应绝不低于花费更多的钱去电视上打广告。

果不其然，广告刊登后，这个有奖征名活动立刻引起了社会的关注。有的人感到新鲜好奇，有的人则跃跃欲试，也有的人担心这是不是骗人的，但不可否认的是，这款尚未面试的儿童营养液，已经在公众的视线中占据了一个很显眼的位置。

广告效应达到了，那是否真有合适的名称呢？征名结束后，宗庆后立即组织专家小组对应征作品进行逐条审核筛选。大多应征者推荐的名称都是常见的“xx 素”“xx 灵”“xx 精”，虽然也不乏一些朗朗上口的名字，但多缺少新意，很难一下子抓住消费者的眼球。

就在众人的情绪从高涨变得低迷时，工作人员报出了“娃哈哈”的名字，这么“幼稚”的名字连工作人员报完都忍不住笑了出来，审核小组的专家也都笑了。然而，坐在一旁的宗庆后却眼前一亮。就在大家准备研讨下一个名称时，一直没说话的宗庆后站了起来：“就是它了！”大家都感到十分惊讶，这么口语化的名字也能用来做品牌名称吗？

宗庆后便详细地分析了用娃哈哈做品牌的几大优势：首先是新奇性，大家一听就被逗乐了，这就是一种冲击力；其次是知名度高，《娃哈哈》这首儿歌几乎人人会唱；再者就是符合这款儿童营养液的定位，能引起家长的共鸣。

最终，在宗庆后的坚持下，娃哈哈这个名字就被正式采用了。后面的故事大家都耳熟能详了，凭借这款儿童营养液，娃哈哈这个名字和广告语“喝了娃哈哈，吃饭就是香”一起红遍了全中国。

最好的推广：告诉人们我们崇拜谁

让他们想起自己是谁，最好的办法就是要他们想起他们的偶像是谁。

苹果的人们已经逐渐忘记了苹果公司所代表的意义成为苹果公司如今面临的一个问题。如何阻止很多员工对于这个意义的遗忘，我们需要找出一种方式来提醒人们，提醒人们苹果公司的真正意义是什么，苹果公司到底代表着什么。如何将你是谁，你关心的是什么传达给别人是我们一直在思考的事情。最后我们所想到的解决办法是通过了解一个人心目中的英雄来了解这个人。"不同凡想"的广告的最初构想就是这一理念的具体实现。这个广告传达出的意味在于唤起人们对于心目中英雄的思考。它所要传达给人们的思考是：在我们的心目中，什么样的人是我们所欣赏的，谁才能成为我们心目中的时代英雄。这种思考的引发，也许会受到一部分人的肯定，也许会受到一部分人的无视。

——乔布斯 1999 年接受新加坡亚洲新闻台采访

延伸阅读

1997 年，乔布斯借助苹果收购 NeXT 的契机回归了苹果，但当他回到苹果后，发现苹果已经失去了自我，它不再释放出“苹果是与众不同的，选择它，也代表你与众不同”的理念。在乔布斯看来，这是苹果最迫切需要修正的问题。

于是，乔布斯想到了当年为Mac电脑打造出震撼人心的广告——“1984”的李·克劳，请他和他的公司TBWA\Chiat\Day广告公司来参与苹果公司的广告代理竞选。其实，当时李·克劳的广告公司在业界已经十分出名了，他们根本不需要参与苹果公司的广告竞选，但李·克劳出于对苹果公司的热爱，也出于渴望再与乔布斯创造一次辉煌的心理，他没有犹豫地同意了，并带来了一个棒极了的广告——非同凡想。

和乔布斯一样，李克劳也认为苹果是世界上最伟大的品牌之一，但他们也认为苹果的与众不同之处还没有得到人们的足够认识。因此，他们想做一个品牌形象宣传，而不是一系列突出产品的广告。其创意目的并不是赞美计算机可以做什么，而是赞美富有创造力的人们在计算机的辅助下可以做什么。说得简单一点，就是这个广告不是在说处理器速度或者内存，乔布斯回忆说，而是在说人们的创造力。

在乔布斯看来，苹果的员工已经忘记了自己是谁，忘记了自己是极富创造力的，而要让他们想起自己是谁，最好的办法就是要他们想起他们的偶像是谁。正如乔布斯在1999年接受新加坡亚洲新闻台采访时说到的那样：

“嗯，我们推出这句广告词的出发点并不是行不行得通，这是我要告诉你的。苹果的人们已经逐渐忘记了苹果公司所代表的意义成为苹果公司如今面临的一个问题。”而乔布斯认为，要想让苹果的员工重新认识到“我是谁”，知道他们真正关心的事情是什么，最好的办法就是了解他的偶像是谁。当然，这个方法对有些人管用，对有些人不管用。

很快，乔布斯和李克劳的团队就选定了广告要赞美的那些“非同凡想”的狂人——物理学家爱因斯坦，著名音乐人、诗人鲍勃·迪伦，美国民权领袖马丁·路德·金，英国爵士、超级富翁、第一个驾驶热气球飞跃大西洋的勇者理查德·布兰森，甲壳虫成员约翰·列侬，美国建筑师富勒，美国企业家、发明家爱迪生，重量级拳王阿里，CNN 创办人特德·特纳，希腊女高音歌唱家玛利亚·卡拉斯，印度民主领袖甘地，第一个单人驾驶飞机飞越大西洋的勇士艾米利亚·埃尔哈特，著名导演、悬念电影大师希区柯克，美国舞蹈家玛莎·葛兰姆，电视表演艺术家吉姆·汉森，著名建筑师奈特，抽象画派大师毕加索。

之所以会选择这些人，是因为乔布斯认为这些人都拥有一个共同点：像苹果公司一样，他们都拥有令人惊叹的远大梦想，但也像苹果公司那样，他们时而都会被贴上各种“不太讨好”的标记。比如马丁·路德·金 (Martin Luther King) 在被普遍奉为圣人之前，给人的印象是一个惹是生非之徒；叛逆的美国有线电视新闻网 (CNN) 创始人泰德·特纳 (Ted Turner) 最初试图推销他 24 小时新闻频道这个想法时，人们嘲讽他是异想天开；爱因斯坦在被颂为世界上最伟大的思想家之前，在人们心中也只不过是一个满脑子古怪想法的人。而苹果公司在 1997 年前，在人们心目中的形象更多的是——提供给“创意型人士”的一种“玩具”，而且它封闭的操作系统也使它备受批评。但乔布斯相信，通过这个广告，不仅会吸引更多的苹果品牌狂热爱好者，还会让那些站在对立面的人重新评估自己的想法，进而意识到，与众不同不是一件坏事。

美国思想家、诗人拉尔夫·沃尔多·爱默生 (Ralph Waldo Emerson) 曾说过：“伟大即意味着被误解。”乔布斯对此十分认同，认为这句话很好地概括了“非同凡想”广告背后的统一概念。

李·克劳的团队本打算用席尔（Seal）的那首《疯狂》作为广告的背景音乐，因为它的歌词很符合广告内容：“若不疯狂，便会灭亡……”可惜他们没能拿到这首歌的版权，而且它也不能被剪辑成 60 秒的电视广告，于是他们放弃了这个想法，转而用《死亡诗社》的风格来原创广告词。在乔布斯的参与下，他们最终完成了那段著名的广告词：致疯狂的人。他们特立独行。他们桀骜不驯。他们惹是生非。他们格格不入。他们用与众不同的眼光看待事物。他们不喜欢墨守成规。他们也不愿安守现状。你可以认同他们，反对他们，颂扬或是诋毁他们。但唯独不能漠视他们。因为他们改变了寻常事物。他们推动人类向前迈进。或许他们是别人眼里的疯子，但他们却是我们眼中的天才。因为只有那些疯狂到以为自己能够改变世界的人……才能真正改变世界。

在户外广告开始以及电视广告播出后，苹果公司不久便成为人们街谈巷议的热门话题。有些评论并不好。《洛杉矶时报》的一位撰稿人猛烈抨击这支广告，其言辞的大意是："苹果公司借助一帮死人来做广告真是太合适了，因为这个品牌也将消亡。"但是，令我们满意的是，无论好坏，人们都在谈论一个已被他们淡忘的品牌。而且他们谈论得非常热烈。苹果公司显然有生命力，虽然不像狮子那样强壮，但显然给人留下了壮如狮子的印象。这使苹果品牌的忠实爱好者热情激发，使态度犹豫不决的人重新成为苹果品牌的客户，并且使那些曾一度把苹果品牌视为半酷半蠢的受众忽然从一个全新的角度来看待这个品牌。苹果公司即将步入辉煌并创造历史。

"非同凡想"广告推出后，苹果公司很快便成了人们街谈巷议的热门话题。尽管《洛杉矶时报》的一位撰稿人猛烈抨击这支广告，说"苹果公司借助一帮死人来做广告真是太合适了，因为这个品牌也将消亡"。但无论好坏，人们都在热烈地谈论苹果这个已被他们淡忘的品牌。苹果公司还没有丧失生命力，虽然它不像狮子那样强壮，但这支广告让它留下了壮如狮子的印象。这让苹果品牌的忠实爱好者重新迸发热情，吸引那些犹豫观望的人加入到苹果用户的行列，还使得那些一度蔑视苹果产品的人开始从全新的角度来看待这个品牌。苹果公司的再次辉煌，就是从这个广告开始的。

Business Develop

德鲁克说，卓有成效的营销能够使顾客主动登门，剩下的事就是如何便于顾客得到产品或服务。因此，营销的最大价值就是消除推销。在这一点上，乔布斯做得很出色，苹果的两个著名广告——"1984"和"非同凡响"都没有阐述产品的性能，而是描绘产品的品牌文化。

和乔布斯一样，恒大地产集团董事局主席许家印也是一个懂得消除推销痕迹的营销高手。

2009 年夏天，当年获得五年冠的主攻手“铁榔头”郎平回国。这条消息瞬间引爆了各大媒体，甚至连法新社这样的欧洲媒体都予以报道。可就当人们兴奋地谈论着郎平的时候，一个对于大部分人很陌生的名字出现在了媒体的头条上：广州恒大集团女子排球俱乐部。恒大女排不过是 B 级联赛中的一支队伍，难道世界顶级名帅郎平要去那里当教练？

事实的确如此，不仅郎平确定担任恒大女排主教练，连周苏红、冯坤、杨昊等一批黄金一代的国手也转会至恒大女排，甚至还援引了几位美国的世界级球员。这一条条消息无不拨动着人们兴奋的神经，最终，恒大和许家印的名字在那些日子里传遍大江南北，每个爱好体育的人都知道了许家印和恒大地产。

许家印为什么会采用如此大的手笔打造恒大女排？这既有感情因素，也有商业考虑。许家印上大学时正是中国女排五连冠时期，许家印被郎平所代表的“女排精神”所鼓舞，所以一直都对郎平怀着偶像崇拜般的情结，能请郎平执教是他的心愿。为了打动这位世界名帅，许家印打出了感情牌，利用不错的私交多次与郎平面谈，希望郎平能够回国执教，为祖国争光。同时，许家印还承诺，在球队方面将完全权力下放，由郎平自由打造恒大女排，这也是吸引郎平的一大原因。

这就是许家印扩大恒大知名度的一个策略，正如他自己在 2010 年恒大足球、排球俱乐部活动上发言时说的那样：

“我们把郎指导从美国请回来，这本身是为国争光。为什么？当时郎指导带领美国队在奥运会把中国队打败了，多少中国球迷心里不舒服啊。所以有人问我，许总你能不能把郎指导请回来？所以我是带着任务和国家的荣誉、人民的盼望把郎指导请回来的，我感到光荣。所以，郎指导来到恒大，这是个爆炸性新闻，而且十二连胜不单是为恒大争光，我看也是为国争光。

“全国老百姓都知道我们发展足球和排球，反过来也促进我们的企业发展，大家都认为我们搞得好、有品牌有保障，就会购买我们的房屋，因此不能用金钱来衡量足球事业。”

事实也确实如许家印所料。受“铁榔头”效应刺激，恒大在2009年下半年楼盘销售异常火爆，甚至在年底时一举超过了业内第一的万科，许家印借着势头，重启IPO，顺利在香港上市。据专业人士估计，如果不是许家印成功利用郎平的招牌，要达到这一效果至少需要花费几亿元。

对顾客，我们的策略是动之以情

对顾客唯一的策略就是动之以情。

我们从不寄希望于以性能优势、存储容量为卖点，或靠图标和产品对比来推销。对顾客唯一的策略就是动之以情。

——2009 年《小王国》

延伸阅读

乔布斯对于苹果产品的品牌营销有着独特的策略，他赋予每一个苹果产品的不仅是深入的文化，更是一种梦想，能够让所有人感觉拥有苹果产品就等于实现了一个梦想。这就是乔布斯的对顾客动之以情的营销策略。

一、二、三、四，告诉我你更爱我了
漫漫长夜无法入睡，不禁感叹我的青春是为了什么
哦！少年时的希望
到你的门口，离开你什么也没带走
但是他们想得到更多。
你变心了，你知道你是谁
是甜蜜的还是苦涩的，现在我无法分辨，
舒适寒冷，不要本末倒置了。

那些青少年的希望，他们的眼眶里溢满了泪水。

很害怕不敢坦白承认一个小小的谎言！

这是苹果公司 iPod 著名广告歌曲《一、二、三、四》。iPod 的营销策略让人眼前一亮。在广告片中，可以看到一个黑色的剪影人在颜色鲜艳的背景里，随着 iPod 的音乐节奏舞蹈，在这其中，iPod 独特的白色耳机线非常抢眼。评论家认为苹果的这一广告表现出了一种全新的文化观念，表达了创造一种新的生活方式的雄心，而正是这种文化上带给人的震撼，使 iPod 给人留下了非常深刻的印象，大大提升了其销售业绩。

而在乔布斯看来，要真正对顾客做到动之以情，最好的方式就是让顾客参与到苹果的品牌建设中来，让顾客成为产品的代言人，免费为产品进行品牌传播，而苹果公司只需要负责引爆顾客的激情就行。

乔布斯 1997 年重回苹果公司时说了这样一段话："苹果公司的另一大资源就是顾客。大约有 2500 万 Mac 电脑用户，他们都是苹果公司忠实的顾客，其中有些人甚至称得上是世界上最忠实的顾客。如果他们继续购买苹果公司的产品的话，他们将是苹果公司东山再起的坚实基础。"

乔布斯认为，只有当顾客对苹果的产品有感情，他们才会对苹果这个品牌忠诚。即使苹果的产品有缺陷，也会被他们忽略不计，依然喜爱它。

事实证明，乔布斯的这种对顾客动之以情的策略是成功的。因为在人们的眼里，苹果公司是非常"酷"的，苹果公司生产的任何产品也都可以用"酷"来形容。Forrester 分析公司的特德·谢德勒曾用两个词总结了苹果公司"酷"的原因：伟大的产品。而这其中大部分功劳归于乔布斯，苹果公司高级技术部门的前任主管唐纳德·诺曼曾说："他有着一流的品味，伟大的设计师不仅创造伟大的产品，连失败也是伟大的。"在苹果公司的历史上失败的产品并不少见，呼声极高销量却差强人意的 Newton 和 Cube 都是苹果公司不成功的代表作，但是它们在被告知停产以后却掀起了苹果迷们的抗议和抢购热潮。这些在市场上"失败"的产品反而为苹果品牌增添了几分锋芒。

品牌的背后更深的是文化。要想打造出真正被世界认同的品牌，必须有自己的品牌文化。取得消费者对品牌文化的认同，能够建立起消费者的品牌忠诚度。很多企业进行品牌营销仅仅只为了把产品卖出去，对于品牌的文化建设虽有一定的投入但是深度却不够。

现代的产品理念和营销理念提倡一种“文化营销”，这种理念认为如果能让一个人接受一种产品所蕴含的文化，将这种文化变成他的一种价值观和生活方式，那么这种产品在人心里的地位将是牢不可破的。在营销工作中我们也要把自己的产品和服务赋予一种文化内涵，让消费者们去接受并变成他们的一种价值选择和生活方式，这样不仅有利于市场的开发，而且能够很好地培养顾客的忠诚。

华为老总任正非说过：资源总有一天会枯竭，只有文化才能长久。现代市场经济产品都是多元化，能够满足相同需求的同一类产品都有很多的替代品，相互之间本质上的差别很小。这时好的营销策略就不能局限在对产品本身功能的开发上，而要把目光转向产品本身所蕴含的文化内涵上来。

小米手机的营销策略就是典型的“文化营销”。

2011 年 9 月 5 日，小米手机正式开放网络预订，34 个小时预订 30 万部。

2012 年 10 月 30 日，小米 M2 手机网络发售，首轮 5 万台在 2 分 51 秒内被抢购一空。

2013 年 4 月 9 日，小米连续发布四款新品，当晚 8 点，20 万台小米 2S 开放购买，在 2 分钟内售罄。

从上面一次又一次被刷新的销售速度的数据，我们可以看出，小米是成功的，小米的销售也是非常成功的。作为一家年轻的企业，证明了小米在中国强大的用户号召力毋庸置疑，也让希望看到小米其实只是“三分钟热度”的人们大跌眼镜。

那么，小米依托什么能取得如此理想的成绩呢？其实，小米除了有硬件、软件和互联网的铁三角之外，还有另一个突出的特点：巨大的粉丝团。

雷军曾很骄傲地说："小米是个浩瀚的工程……但我从来没有担心过。因为我不是一个人在战斗，我的背后还有百万米粉！""小米与大部分企业的不同之处是在构建企业时，以'米粉'为核心，从使用者的角度细心思考了许多事情。"如果说小米是成功的，那么它最成功的一点便是塑造了自己独特的粉丝文化，让粉丝成为小米的代言人，去主动宣传小米的优点，并维护小米的品牌荣誉。"

小米的第一批"粉丝"多是技术和创业爱好者，他们对手机设计有想法并且渴望实现自己的想法。"大部分粉丝心中对完美手机都有很多想法，但因为开发一款手机很难，他们很多人无法实现自己的想法。他们会给我们提供意见，告诉我们希望在手机中集成什么样的功能。一旦我们采纳并实现这些功能，他们就会乐于与好友们分享好消息。"雷军这样描述小米狂热的粉丝，他认为，这些粉丝正是小米不断改进的动力和基础。

因此，作为互联网开发过程中的一个重要环节，小米科技的员工每天都有一项极其重要的工作，就是有事没事泡论坛，找人聊天，广泛地收集论坛上米粉反馈的信息。雷军每天都会花一定的时间到论坛上亲自解答粉丝的提问。从他小米的办公室里，时不时地传来这样的声音："不错！""你快来看看这个建议！"小米也在这样的催促下，得到了迅速的完善和升级。

产品试用过程中，小米团队也坚持在第一线和米粉交流，在第一时间获取新的建议，尽快进行改进。雷军倡导组建了"荣誉开发组"，这个开发组最初由120名自愿申请的发烧友组成，在MIUI每周升级的节奏中，周五发布新版本，周六到周一MIUI团队收集反馈，修正漏洞，周三又将更新的版本交给荣誉开发组的成员测试，不断修改，周五下午5点再向外界发布。就这样，整个过程中，都由这数十万用户驱动，最大限度贴近了用户的需求。

不光如此，就连小米手机正式发售前的最后一次小范围"公测"，也是由

MIUI 论坛的发烧友完成的。先期发售的 600 部工程纪念版，只针对满足一定条件的 MIUI 论坛发烧友。小米鼓励这些愿意尝鲜的发烧友在使用过程中及时反馈问题，根据这些问题的重要程度给予奖励。如若遇到严重问题，购买者可换正式发售后的新机器。根据这些反馈，小米不断在操作系统的升级和手机迭代中将性能和功能调到最好。

雷军认为，在这个时代，年轻的人们都需要一种热爱，而小米“为发烧而生”的手机，就是在为米粉们提供一种值得他们热爱的物品。用雷军的话说，发烧其实是一种文化。“比如单反相机、HiFi 音响，老百姓都玩不起，连 iPhone 对很多人来说也算是高消费。而拥有了发烧级的硬件配置的小米手机，却保留了亲民的售价。”雷军希望小米手机能够为更多的消费者,呵护着对“发烧”的热爱。

雷军很懂得和用户拉近感情和距离。他跟自己的团队说：“小米拥有的是粉丝而非用户。用户跟粉丝是两回事，用户是在没有更好选择的时候用你。怎么真心真意对待你的每个用户，怎么让你的粉丝支持你，这是最重要的。”处于为小米拓荒时代的雷军知道，只有贴近用户，与之交流，建立情感维系，才能支持产品的发展。

“因为米粉，所以小米”也是雷军经常讲的一句话。在小米的发布会上，雷军多次提到米粉对小米所做的贡献：MIUI 最初只开发了中文简体、中文繁体、英文三个版本，有热心米粉为小米补充上传了 25 种语言；原生 MIUI 的适配机型只有 36 款，在众多米粉的努力下，MIUI 的适配机型多达 143 款。

与此同时，米粉们还自发形成了强大的凝聚力，小米公司的品牌效应终于成型，小米手机和小米公司已经产生了非常强的正向品牌拉力。小米公司联合创始人黎万强，在不同场合都曾表示，不管是在产品上，还是在服务上，小米都秉承着“用户至上的米粉文化”。

大敌当前，英雄必须出场迎战

每一场演讲都是英雄和敌人的大战。

1984 年转眼就要来到，很多迹象表明，IBM 准备把整个市场占据在自己手中。在大家的心中，可以和 IBM 一较高下的公司只有苹果。经销商们过去一直对 IBM 展示自己无私又友好的姿态，可是如今他们不得不去想 IBM 如果独占了市场，将会为所欲为地操纵行业走势，于是他们开始寄希望于苹果公司，因为苹果公司能够让他们未来的境况不会太糟糕。

如今 IBM 的野心是占领整个市场，它已经端起了枪，对准了最后一个可能阻挡它野心的公司，就是苹果公司。素有蓝色巨人之称的 IBM 能如愿操纵这个行业，在这个信息时代做霸主吗？乔治·奥威尔曾经写过一部小说叫《1984》，其中描写的画面真的会成为现实吗？

（1984 年苹果广告开始播放，“老大哥”在屏幕上出现。）

（老大哥：“这一刻，‘信息净化指令’迎来了它的第一个伟大的周年庆。在我们的不懈努力下，一个纯意识形态的乐园诞生了，这是历史的第一次，乐园中的每位员工都能如花般灿烂盛开，那些传递反真理言论的毒虫不会侵袭我们的员工。我们拥有整齐划一的思想，它的威力比世界上任何武装力量都要强大。我们坚持统一的意志，怀揣一致的决心，奔着相同的目标奋斗，我们凝聚成为一个整体。我们的敌人只有一个结局，那就是灭亡，他们会因自身纷乱不堪的局面而走向毁灭。我们是最后的胜利者！”

播音员："苹果公司将在1月24日大力推出麦金塔电脑，此后大家就会了解噩梦一般的《1984》在1984年不会成为现实。”

我们会在推出麦金塔电脑之前的一周，播放今天的这条广告。

——乔布斯1983年在苹果股东大会上的演讲

延伸阅读

众所周知，史蒂夫乔布斯最擅长的手法就是在他的演讲中展开英雄和敌人的大战，每当此时，他声情并茂地述说着时下的困境和英雄的勇敢，利用他的号召力，让听众感同身受，为英雄的杰出和伟大感动

1984年苹果公司眼中的强劲对手就是“蓝色巨人”，IBM公司。在演讲中，他明确地向观众引入了对手的概念，并且将对手抽丝剥茧，提出需要解决的问题，使故事更有说服力，让听众都团结在苹果公司的周围，同仇敌忾地和共同的敌人作战。事实上，乔布斯演讲中的敌人不一定只由竞争对手来扮演。很多情况下都不是，许多时候，乔布斯嘴里的敌人实际上就是急需解决方案的一个难题。他虽然脾气急躁而且霸道，但并不会由此攻击同行。

当然，在乔布斯的剧本中，乔布斯的英雄是他那些精美绝伦的产品，但在乔布斯的演讲中，英雄所担负的任务并不一定是置对手于死地，而是使我们的生活变得更加美好时尚。

2001年10月23日苹果公司推出iPod，就证明了乔布斯的英雄和“刽子手”这两者之间的微妙而重要的差别。

在有关iPad的演讲中，一款被称作“上网本”的设备成了iPad演讲中的反派，成为侵略电脑使用者的敌人。在攻击这个敌人的时候，乔布斯首先给大

家展示了一张幻灯片，上面有两张图片：左边是一部 iPhone，右边是一台上网本，中间有一个大大的问号。乔布斯面对听众提出了这样的问题："为了创造出一类新的设备，必须保证这类设备在某些关键任务的使用效果远远优于其他设备，比笔记本电脑要强，比智能手机也要强。是什么样的任务呢？"乔布斯说，"比如说浏览网页，收发电子邮件，欣赏和分享照片，观看视频，欣赏珍藏的音乐，玩游戏，阅读电子书。如果非要创造出第三类设备，一定要保证其在这些任务上比笔记本电脑和智能手机表现得都出色，否则根本没有理由去创造。现在有些人已经想到，是不是上网本呢？可问题是上网本在哪方面都没有优势。它们速度又慢，显示效果又差，而且还在运行着 PC 上那些老旧笨重的软件。它们仅仅是更廉价的笔记本电脑而已，我们觉得它够不上第三类设备。但我们认为自己已经创造出了这种东西，愿意在今天第一次展示给大家，我们管它叫'iPad'。"

当然，平板电脑的诞生对于整个科技业来说是个划时代的创举，但是乔布斯英雄和反派的演讲方式更为平板电脑的面世创造了足以引人注意的效果。当乔布斯站在舞台上，剖析当今世界音乐行业的种种时，其实他的这些射向反派人物的利剑也同时有助于我们了解当时数字音乐行业的现状。

上文只是乔布斯通过这样的方式获得胜利的例子之一，实际上他用这种手段胜出过无数次，基本上人人知晓的案例就是苹果和微软的广告大战。乔布斯不惜余力地在广告中用沉闷的书呆子式的微软形象为时尚灵活的苹果公司做衬托，导致当时的舆论哗然一片，连素来沉得住气的微软都忍不住急忙迎战，找来很多知名人士参与微软 P C 机的广告拍摄，企图用侧面描述的方法将微软烘托为高品质的科技产品。可惜，苹果的广告太深入人心，而且乔布斯对于微软的弱点实在把握得太准了，很快，苹果风潮便席卷了年轻人的市场。从此，苹果公司英雄的形象奠定了基础，人们提起苹果，立即就会想起广告中灵巧、活泼、时尚的形象。

毫无疑问，值得乔布斯倾力攻击的反面角色，也一定不是普通角色，我们还以IBM上网本为例，在iPad面世之前，上网本几乎占领了笔记本曾经拥有的绝大部分市场。人们被它的体积小易携带和低廉的价格所迷惑，当时的电子厂商都在制造上网本。在面对上网本的时候，人们都忘了自己对图像分辨率和运转速率的要求，只顾着沉迷在它娇小的新奇面貌中。

但是乔布斯通过他的“英雄”，把电脑所应该带给人们的美好感受又唤起了，他强调，在iPad当中，照样可以享受和电脑同样甚至高过电脑的分辨率，可以享受美好的音乐盒电影，可以自由自在地看电子书，甚至它的体积比任何上网本都要轻巧，至于外形，毫无疑问，一贯的苹果式优雅。

乔布斯在设计这个英雄出场之前，首先对于反面角色做了一定的调查，了解到上网本之所以能占领市场的原因，了解到上网本和电脑相比的不足，了解到人们对上网本或多或少的微词。正因为参透了反面角色方方面面的优缺点，他才能胸有成竹地推荐他的“英雄”。

由于对手的存在，人才能够在一次次的竞争中学会反思，变得成熟，逐渐走向强大。对手的存在不仅是压力，更多的是一种动力。任何一个希望变得更强的组织和个人都应该正视对手，正视竞争。在竞争中成长，比对手更优秀，就能超越对手。当然，这一定要在与竞争对手的对比之下，借用强大对手的势力来凸显自身的优势，即要懂得如何活动对手来为自己造势，这也是乔布斯的独一无二的高招。但是乔布斯通过这样的方法能大获全胜的原因并不仅仅是因为他敢于挑战，敢公开对强大的对手下战书挑衅，而是他总是能从对手的招数中找到他们的薄弱之处，比如微软的沉闷，因特尔的不知变通，诸如此类。而一旦知己知彼，乔布斯很容易就找到对策来对付他们了。

这就是英雄策略在第一次上演的几乎25年后，能一直奏效的原因，从电脑到音乐播放器，再到手机和平板电脑，观众一直买乔布斯的账，原因就只是：这是一个知己知彼的英雄。

关于竞争，有一个著名的“鲇鱼效应”：很久以前，挪威人从深海捕捞的沙丁鱼，总是还没到岸就已经死了，渔民们想了无数的办法，想让沙丁鱼活着上岸，但都失败了。然而，有一条渔船总能带着活鱼上岸，他们带来的活鱼自然比死鱼的价格贵好几倍。这是为什么呢？这条船又有什么秘密呢？原来，他们在沙丁鱼槽里放进了鲇鱼，而鲇鱼是沙丁鱼的天敌，当鱼槽里同时放有沙丁鱼和鲇鱼时，鲇鱼出于天性会不断地追逐沙丁鱼。在鲇鱼的追逐下，沙丁鱼拼命游动，激发出内部的活力，从而能够活下来。

“鲇鱼效应”的道理非常简单，就是通过竞争来激发自身的活力，从而取得不断向前的动力，这也证明了，遇到优秀的对手，是很幸运的事。许多人都把对手视为心腹大患，是异己、眼中钉、肉中刺，恨不得马上除之而后快。

其实，能有一个强劲的对手，反而是一种福分，因为一个强劲的对手会让你时刻都有危机感，会激发你更加旺盛的精神和斗志。敌人的力量会让一个人发挥出巨大的潜能，创造出惊人的成绩，尤其是当敌人强大到足以威胁你的生命时。敌人就在你的身后，只要你一刻不努力，生命就会有万分的惊险和危难。

马云强调竞争要选择优秀的竞争对手，不要选择地痞流氓，而把这个竞争对手打成流氓你就赢了。发现对手的时候，一定要以开放的胸怀、眼光分析对手的独特竞争力是什么，核心理念是什么。

阿里巴巴今天的成熟，与其当年与 eBay 及其他对手的较量不无关系。淘宝与世界级巨头 eBay 相比，淘宝是后起之秀，与 eBay 差距甚大。2003 年 5 月淘宝成功上线，7 月份阿里巴巴宣布 1 亿元人民币投资淘宝，11 月推出网上实时通信软件贸易通（现在的阿里旺旺）。当时淘宝在 C2C 市场的主要竞争对手为 eBay 易趣，2003 年 eBay 易趣在 C2C 市场份额高达 90% 左右，并与中国主流门户签订排他性的广告协议。但这并未阻止淘宝的发展，凭借“免费模式”的推出，以及对于用户体验的关注及提升，淘宝网迅速聚拢人气。

2005 年 10 月，阿里巴巴宣布再向淘宝网投资 10 亿元人民币，淘宝网继续免费 3 年。从市场份额来看（据易观国际数字）：2005 年底淘宝 C2C 市场份额 57.74%，eBay 易趣 31.46%，拍拍网 3.76%；2008 年底淘宝 C2C 市场份额 86%，拍拍网 7.2%，eBay 易趣 6.6%。

马云对阿里巴巴的对手所持的态度是：尊重、欣赏、学习！他认为竞争是件好事，因为市场上的竞争者越多，就说明市场越大，机会也越多。马云将竞争对手当成“竞争队友”而加以感谢，因为在竞争中，自己可以从对手身上学到其长处以补己之短，使自己保持活力不断向前。

正如马云所说，与优秀的对手竞争是一种乐趣。如果有一天你发现竞争是一种痛苦，就一定是你的策略出了问题。在竞争中要多用一点智慧，多用一点脑子。把竞争当作给予，当作乐趣，当作游戏，才是竞争的大境界。

必须要有“超酷”的词汇

新颖的词汇带来一种听觉冲击。

这一天，我期待了整整两年半。每隔一段时间，就会有一件革命性的产品改变世界。1984 年，苹果发布的 Macintosh 改变了整个计算机产业。2001 年，苹果发布的 iPod 改变了整个音乐产业。今天，我们要发布 3 件同一重量级的革命性产品。

第一件产品，是一台宽屏幕、可触摸控制的 iPod；第二件产品，是一台革命性的手机；第三件产品，是一台前所未有的互联网通信工具。这三件产品并不是独立的设备，他们是一台设备。我们把它叫作 iPhone。今天，苹果要重新发明手机。

——2007 年 1 月 Macworld 大会

延伸阅读

无论是“把 1000 首歌曲装进你的口袋里”，“世界上最薄的笔记本电脑”还是“今天，苹果重新发明了手机”，这类标题频频出现于苹果公司所有的营销渠道中。一旦乔布斯在演讲舞台上宣布了某一标题，苹果公司的宣传和营销队伍就立刻全速跟进。往往是会场里面的麦金塔大会刚刚结束，醒目的大幅广告刚刚撤下，相应的户外广告牌就立即竖起，苹果公司的网站首页更新发布了产品信息和标题，报纸和杂志也随处可见，电视和电台的广告宣传也同步跟进。

2007年1月9日，国际权威IT媒体《微电脑世界》（*PC World*）上发表了一篇文章，宣布苹果公司将“重新发明手机”，其新的通讯设备将把3种产品——移动电话、iPod以及互联网浏览器——融合在一起。“今天，苹果重新发明了手机”这一口号被全球人熟知。

现在全世界人们都知道，这种三合一的产物就是苹果公司的天之骄子——iPhone手机。iPhone手机的表现也的确像广告中所宣传的那样，在行业内掀起了革命，并被《时代》杂志评为“年度最佳发明”。该手机上市后短短两年时间内，即到2008年底，就占领了智能手机市场13%的份额。

苹果的标题是具体鲜明、令人难忘且前后一致的：“苹果重新发明了手机！”这一次，《微电脑世界》的编辑像对待其他公司一样发挥自己的创造力，煞费苦心地为苹果设计标题。“苹果重新发明了手机！”这种新“造词”是苹果公司自行策划，并在新闻发布会上打出的宣传标题，这则标题早在乔布斯在麦金塔大会的演讲中就已经深入人心。

在麦金塔大会的演讲中，乔布斯揭开了iPhone手机的面纱，他没有等媒体来创建标题。他自己动手，并在演讲中多次重复这一关键信息。他5次使用“重新发明了手机”这个短句来定义iPhone。在向观众初步演示手机的功能以后，他把要传达的重点分析得非常透彻：“我认为当你有机会使用它时，你就会认同我今天的观点——苹果确实重新发明了手机。”乔布斯在详细介绍产品之前，先明确宣传标题，用最有冲击力的词汇让听众记住他们要宣传的产品。之后的演讲中，他通常结合示范演示详细介绍该产品，解释完产品的具体功能之后，往往还要迅速再度点题，以加深观众对宣传标题的印象。

在接受《财富》杂志采访的时候，乔布斯被记者问及如何描述苹果新的OSX系统操作界面。乔布斯的回答让听众惊讶，他说：“我们的屏幕设计十分漂亮，让你忍不住想去舔他们。”乔布斯的话让听众忍俊不禁。或许有人会认为在演讲中使用具有冲击力的新颖词汇有哗众取宠的意思，可是，选择有趣的、形象贴切的词汇是演讲成功的一种必备技能。

听过乔布斯演讲的人可能已经注意到，乔布斯在演讲中使用的“超酷“的词汇，其实也是大多数人在日常生活的闲聊中常用的词汇，例如：“令人惊异（amazing）”“难以置信（incredible）”“棒极了（gorgeous）”，等等。大多数演讲者在台上演讲或者作报告时，都不会是他平常说话的方式，所说的词汇会变得十分专业复杂，这往往让听众感觉乏味，而乔布斯在台上台下都是一样的简约风格，这也让他在演讲会上深受听众喜爱。

仔细观察，我们就会发现乔布斯发布新产品时选择的那些“超酷“的词汇都具备三个特点：简单、具体并且充满感情。简单，是指乔布斯从不使用专业术语和多音节词汇。具体，是指乔布斯总是运用非常具体的短语来对产品进行简短、具体、切实的描述，绝对没有冗长、抽象的讨论。感性，是指乔布斯经常使用描述性的形容词，这是因为他对苹果的每一个产品都充满了激情。

Business Develop

许多经验都表明，人们在演讲的时候使用那些简单的具有描述性的词汇，带给人们头脑的冲击力远远大于索然无味的话语。乔布斯在演讲中使用的那些“超酷”的词汇，往往能带给人们一种听觉上的冲击，还能带动听众的情绪。

我们可以试想，一个演讲者不为自己要宣传的产品感到兴奋，怎么能期望听众兴奋起来？这个兴奋点就在于演讲者在说话时如何表达兴奋点。如果我们真的发现这个产品令人振奋，那么就不要吝啬这些具有冲击力的“超酷”的词语。

《西雅图邮报》(*Seattle Post Intelligencer*) 是美国著名的百年老报，报纸的一个记者托德·毕晓普（Todd Bishop）在读者的敦促下独辟蹊径，撰写了一篇很有意思的文章。之所以说这篇文章很有意思，是因为在文章中，毕晓普用一种全新的方法，对盖茨和乔布斯的主题演讲进行研究，将二者的遣词造句的方式进行了比较。他选取的是 2007 年和 2008 年史蒂夫·乔布斯在 Macworld 大会上的主题演讲和比尔·盖茨在国际消费电子展上的演讲，然后把这两位商业领袖的语言用一个语言分析软件——UsingEnglish.com 提供的在线软件工具，来进行比较。这个语言分析软件的比较规则是：分数值越低，语言越容易被听众理解。

史蒂夫和盖茨的演讲预言被从四个指标来比较分析：

第一个指标是平均每句话的词汇量。

第二个指标是词汇的密度，简单点说就是比较分析阅读文本的难易程度。一般来说，文本的词汇密度越低，就越容易理解。因此，在词汇密度的分析中，百分比越低越好。

第三个指标是难懂的词汇，其实就是比较分析每个句子包含的超过 3 个音节的词的平均数。一般来说，难懂的词汇所占的比例越高，一般的听众接受起来效果就越差。

第四个指标是迷雾指数（Fog index），其实就是比较分析读者理解演讲内容理论上需要接受教育的年数。举个例子来说，《纽约时报》的迷雾指数为 11 级或 12 级，而一些学术文件的迷雾指数则为 18 级。迷雾指数意味着，要想让听众很好地理解演讲者的话，演讲者最好使用简单易懂的英语词汇构成的句子，而不要用复杂的语言讲述。

而最终通过这个语言分析软件比较分析出来的结果是：每一项指标都显示，乔布斯的表现明显优于盖茨，当涉及运用听众易懂的术语和语言时，乔布斯的指标更是大大优于盖茨。换句话说，就是乔布斯的话更简单，他的短语更具体，每句话他使用的词汇都比较少，词汇的密度也相对较低。其实有这个结果一点也不奇怪，对于奉行简约的乔布斯来说，他不仅在产品上注重简洁，在语言艺术上也是如此。

事实就是如此，尽管大多数人都在使用微软开发的 windows 软件，但如果你采用盖茨式的演讲语言——满是术语和行话，令人费解，你将无法吸引和激发听众的兴趣。因此，企业家要想在演讲时赢得听众的理解，就要避免词汇密度过高，学习乔布斯使用那些“超酷”的词汇。

观众最喜欢
“哦，还有一件事……”

结尾的小伎俩：“哦，还有一件事……”

哦，还有一件事……

这两年半的时间里，苹果公司的每个人都加倍努力。而在这段时间里，我一直担任临时CE0。我还有一个职务，是在皮克斯公司任总裁，那也是我热爱的工作。我希望两年半以来，我们已经能够向皮克斯的股东证明，也许我们能够将这个“临时CE0”的头衔去掉了。因此，无论是在皮克斯公司还是在苹果公司，我都不会改变我的任何职责，不过今天在这里，我很高兴向大家宣布，我将扔掉这个临时头衔。

你们这样，我感到不适应，因为我每天来公司上班，和这个星球上最有才华的人一起工作。一切应该归功于这个团队，我代表苹果公司的所有工作人员接受大家的感谢。

——2000年1月5日旧金山举行的Macworld大会上发表演讲

延伸阅读

在每场演讲快结束时，乔布斯会补充道：“另外，还有一件事情……”这件事情可能会是一件新产品、一种新功能或者一个乐团节目秀。这个举动使乔布斯的演讲变得更像是一场盛会：一个有冲击力的开场，中段是产品演示，一个精炼总结，最后还有“还有一件事情”，正是这个“还有一件事”引出了整场演讲的最后高潮，进而引发听众内心的狂热。以至于人们每一次听乔布斯演讲，都万分期待他的最后一句话，因为他从来不会让整个演讲归于冷清地结束——他常常把结尾设置得充满艺术性，高潮迭起。

乔布斯第一次运用这个小伎俩，是 1998 年在旧金山举办的麦金塔电脑主题演讲会上，演讲会上的他看上去稀松平常，毫无压力。这一天，乔布斯照旧为 4000 多名苹果粉丝作了 90 分钟的演讲，介绍了新产品之后，看似这个大会已经到了尾声。然后他走下台去，还没走几步便突然停下来面对观众，平淡地说：“还有一件事……事实上，还有一件事……”他最后的发言就是语气随意地说道，“哦，还有一件事……我们会赚大钱的。”然后，他平静地宣布：1998 年，由于削减了成本，再加上价格昂贵的 Apple iBook G3 电脑的超级大卖，苹果公司在一个季度赢利 4500 万美元！

听到苹果迅速扭亏为盈的消息，这就像给热爱苹果产品的用户们打了一针强心针，重新拾起了对苹果产品的信心和热情。

2000 年 1 月 5 日在旧金山举行的 Macworld 大会上，乔布斯发布了新的操作系统 MacOSX。那天演讲的最后时刻，乔布斯也是像以前在演讲会的结尾做的那样，语气平淡地说道：“哦，还有一件事……”但这句话已经吊起了台下观众的胃口，每一个人都凝神屏气，等着听乔布斯下面的话。面对大家期待的神色，乔布斯欲擒故纵，没有立即宣布消息，而是给予听众一定的等待时间。

然后，乔布斯对那些一直致力于互联网策略的苹果人表示由衷的感谢，并邀请他们起立接受公众热烈的掌声，他也同样向他的制图和广告机构致谢。接下来他终于公布了新闻的内容。原话是这样的：

“这两年半的时间里，苹果公司的每个人都加倍努力。而在这段时间里，我一直担任临时 CE0。我还有一个职务，是在皮克斯公司任总裁，那也是我热爱的工作。我希望两年半以来，我们已经能够向皮克斯的股东证明，也许我们能够将这个‘临时 CE0’的头衔去掉了。因此，无论是在皮克斯公司还是在苹果公司，我都不会改变我的任何职责，不过今天在这里，我很高兴地向大家宣布，我将扔掉这个临时头衔。”

当听到这个消息时，所有的听众都开始为乔布斯宣布的信息而振奋不已，人们从座位上跳起来大声叫好，高声欢呼。这时乔布斯却谦卑并明确地表示，他不该独享苹果公司复活的所有的荣誉。“你们这样，我感到不适应，因为我每天来公司上班,和这个星球上最有才华的人一起工作。一切应该归功于这个团队，我代表苹果公司的所有工作人员接受大家的感谢。”乔布斯总结说。善于在演讲中制造悬念和惊喜，是他的特长，也是他的每一次演讲都能给人深刻印象的原因之一。

Business Develop

俗话说，“编筐编篓，重在收口；描龙画凤，难在点睛。”演讲的结尾，就是演讲的“收口”“点睛”。美国作家约翰·沃尔夫说：“演讲最好在听众兴趣未尽时戛然而止。”意思就是说，最好在演讲达到高潮时果断“刹车”，以此来强化给听众的最佳印象。一般常用演讲结尾包括两个部分：总结和感谢。

每个人都是健忘的，听完我们的演讲后，很多内容会被人们忘记。为了能让更多朋友记住我们演讲的内容，在演讲结束之前，我们一定要学会去给听众作一个要点总结。

比如：“好，那么我今天的分享到这里就快要结束了，在演讲结束之前，我们来回顾下我们今天讲的内容，我们提升演讲口才有三个方法，第一个方法是什么？（学习），第二个方法是什么？（练习），第三个方法是什么？（坚持）。好的，那么我相信只要我们能做到以上三点，我们的演讲口才水平就一定会越来越好。”此外，演讲结束后我们一定要学会去感谢，感谢的人有很多，可以是活动主办方、工作人员、活动组织者等，当然最重要的还是现场听众。感谢有长有短，在一般情况下，感谢的长短与场地的正式程度成正比，越是正式的场合感谢就越长，越是非正式的场地感谢就越短，最短的感谢就两个字："谢谢！"

但上面说的那是最常见的演讲结尾方式，要想引起更大的轰动，应学习乔布斯将最有力的武器和观点放到最后说，那会像在平静的水中扔下一颗炸弹一样在听众中引起轰动，使他们牢牢记住这一时刻。

我们在演讲的时候要做到将最有力的武器和观点放到最后，要注意以下几个方面：

1. 最有利的武器应该是演讲会的重点，也是听众最容易接受的事物。每个演讲会都会有一个主题，但是我们要在演讲中更加突出主题，就需要在演讲的高潮加入一些听众最认可的实例来突出主题。这些实例可以是关于产品的数据，也可以是证实产品销售情况的表格或者图片，这样听众会更容易认可产品。

2. 抓住抛出最有力武器的时间点。我们知道，如果在任意一个环节抛出一个关键性的问题，只能起到不痛不痒的作用。我们要想达到预期的鲜果，要把最有力的武器放在最后展现出来，在吊足听众胃口的情况下说出来，会更加刺激听众的神经。

最能打动人心的信息不一定是最重要的那一条，而是在最关键的时候跳出来的那一条。在演讲中，我们要在前面做足准备，为最有力的武器做好铺垫，在听众的期待中再说出来，会收到出人意料的效果。

第十章
产品会自己“说话”

我们从不担心数字。在市场中，苹果将把注意力放在产品上，因为只有产品才能带来差异。在这个行业中，你骗不了人，产品会自己说话。

我们从不做市场调查，也不招收顾问

人们并不了解自己需要什么，直到你把产品呈现在他们面前。

我们从不做市场调查，我们也不招收顾问，我们只想做出伟大的产品。

——2008 年 2 月 CNN.com

延伸阅读

在乔布斯看来，消费者不是产品创造者，他很多时候压根不知道自己真正的需求是什么，但当一个产品呈现在他们面前时，他们能很快辨别这个产品是否是他们需要的。很多企业生产产品前喜欢做市场调查，认为这样根据消费者需求来进行的生产才会大受欢迎，但乔布斯往往却要超越消费者的需求，他总是要让自己的产品能够给消费者带来惊喜。

在 1984 年 Mac 发布会的当天，一位来自《大众科学》的记者曾向乔布斯提问：你做过什么类型的市场调研工作。乔布斯的回答极富嘲讽意味："亚历山大·格雷厄姆·贝尔在发明电话之前做过任何市场调研吗？"

乔布斯在产品的设计创新上总是保持着一种独特的观念，那就是不断寻找打动消费者的所在。20 世纪 90 年代，在接任苹果公司首席执行官的第一个年头，乔布斯大力削减产品线，公司营业收入随之下滑 15%左右，降到 59 亿美元，仅比苹果公司 1995 年销售高点的二分之一稍高。做完减法之后，乔布斯开始寻找打动消费者的所在。乔布斯说："我们检讨新产品的规划蓝图，大刀阔斧地削减了 70%，只留下珍贵的 30%。我们有许多顾客，也做了许多研究，同时我们也仔细观察产业趋势。但最后发现，通常很难针对特定群体设计商品。人们往往不知道自己想要什么，除非你秀出产品给他们看。"

iMac 就是乔布斯重返苹果公司后秀出的第一款产品。事实上，iMac 没有什么革命性的变化，但乔布斯显然敏感地把握到了一种更具易用性的设计趋势。自从 1981 年 IBM PC 及更糟的 Apple Il 以来，个人计算机的设计基本遵循屏幕与主机相分离的原则。iMac 则借用了烤面包机的概念，重新进行了设计。

2001 年，苹果公司成功推出了 MacOSX 新型操作系统，它简直就是保时捷汽车 (Porsche) 与"艾布拉姆斯"主战坦克 (Abrams tank) 的混合：带有漂亮的动画图案以及大量建立在工业级代码基础上的有用的新奇功能。MacOSX 操作系统使得应用程序的编写过程更加简单，程序运行更加稳定，与录像机及其他消费产品的连接及使用也更加简便。

乔布斯改变世界的梦想让他更加注重消费者的感受，只有让消费者爱上自己的产品并使用自己的产品从事各种各样的活动，接受自己的理念才算是真正的改变世界。这就是乔布斯的独到之处。

Business Develop

营销大师科特勒教授曾经说："除了满足顾客以外，企业还要取悦他们。"随着营销服务的快速发展，以往的"顾客满意"已经不能得到消费者的青睐。在市场竞争越来越激烈的情况下，管理者要想使产品畅销，使企业永远处于不败之地，应该更为关心"上帝"是否感动。

因为顾客是企业产品和服务的最终购买者，他们的感知对于企业来说就是一切。无论产品或服务实际情况如何，只要顾客感觉好就是好。所以，从顾客价值的角度出发，如果顾客感到一个企业的产品价值高，那么这个企业的产品就有竞争力。为了保持长久的市场竞争力，管理者就要尊重和引导顾客的心理感觉，让顾客觉得当前选择就是最划算的决定。

小米手机创始人雷军曾说："在互联网业内，我只相信一条——口碑，用户体验和口碑是我最关心的问题。我经常在新浪那边搜索用户的口碑，你可以试试，是说窗帘的多还是说裘皮大衣的多，还是说保健品的多。你可以去微博看看大家都在讨论什么，其实你可以发现很多的 idea。"

口碑好不好，并不单纯在于那个地方或者产品的品质究竟怎么样，而在于用户的预期有多高——口碑的真谛就是超越用户的期望值。无意间，雷军看到美国一家卖鞋网站 Zappos，验证了自己的想法。

2009 年，亚马逊花了 8.47 亿美金收购了这家网站，雷军刚刚得到这个消息时十分惊讶：凭什么它能值这么多钱？他开始研究这家网站究竟有什么奇特的地方。经过一段时间的了解之后，结果简单得让雷军自己都有些意外。

原来，这家网站最大的利器就是很会调整用户的预期，让用户不断地发出"wow!"的惊叹。他们承诺用户，交易成功之后，鞋子会在 4 天送达，但是实际上用户在隔天就能收到鞋子。并且，在这家网站买鞋的用户还能享受一项特权：买一双鞋可以试用三双鞋，然后将不合适的寄回来——当然这是免费的。而这些都是史无前例的。

这家网站的聪明之处不在于能在两天之内将鞋子送到，而是告诉用户需要等待 4 天的时间，不是两天，所以提前收到鞋子的用户同时还收到了一份惊喜。

这给了雷军很好的借鉴，虽然做到这一点其实不容易。雷军准备创办小米科技时已经是 IT 圈子中的名宿，一旦他出来创业，人们对他的期望值又怎么会低呢？

于是，在小米科技创办的时候，雷军做了不少保密工作。刚刚开始组建团队，雷军每见一个人，最后说的一句话都是：“这件事情暂时保密！严格保密！”

当几十个人将第一款产品做出来之后，他并没有按套路出牌去打广告，而是带头领着一堆人跑去在几个论坛里发了几张帖子。此时谁也不知道那个产品是软件领域的元老做出来的，一时间，很多人都觉得这软件做得真好，竟然形成了庞大的“米粉”队伍。

单单靠着口口相传的力量，这款产品很快就传到了全世界，甚至还有一个美国博客站提名让雷军团队做年度产品。

其实得到这个褒奖的雷军有些汗颜：若是大张旗鼓地做产品，不一定能有这样的效果。“其实还是因为别人不知道，用户没有预期，所以一出来就感觉有些意外和惊喜，觉得这个产品很好。”他说。

说到这里，不得不提起小米手机预售过程中一个小小的插曲。当时，按照小米科技当初的规模，税务机关每次只给他们开四五本发票，也就是两百来张。这样一来，每卖出两百部手机，财务人员就要到税务机关去拿一次发票。

但是小米手机的销量却大大超出了预期，每天平均卖出 1.2 万部。即便财务人员一直往税务机关跑，发票也是远远不够用的。结果，很多用户收到的小米手机都没有附带发票，有人开始怀疑小米科技偷税漏税。雷军和公司的高管拿着证明材料和税务机关沟通了好几个月，税务机关才批准他们自己打印发票。于是，一群人匆匆忙忙弄来了 16 台高速打印机，夜以继日地打了十几天才将发票打印完，以寄给先前买了手机的用户。

雷军想，中国商业的服务水平现在还很低，还有很大的改善空间，自己或许应该利用这次机会，做好服务。于是，雷军便和小米团队一起制作了一款温情脉脉的贺卡，上面画着可爱的米兔形象，并附上了一句话：让你久等了！亲，对不起！然后将贺卡、手机贴膜连同发票一起特快专递了出去。

本来还怀疑小米科技偷税漏税的用户收到之后感动得不得了，立即到微博上分享了这件事情。有的用户听说还有贺卡和手机贴膜，将垃圾桶翻了个遍——他将信扔掉了！

这样一来，小米不但将原来因欠着发票给用户造成的不良印象消除了，还赢得了很多人的理解和支持。接着，雷军再接再厉，推出了感恩回馈活动，专门为前 30 万小米手机用户制作了感恩卡，还无条件赠送他们每人 100 元购物券。

结果，用户的反馈非常好，很多人都在微博上留言说：真没想到，买了小米手机还能享受这样的待遇，竟然还有 100 元购物券！这一切都远远超出了用户的预期，他们很乐意将这件事情和身边的人分享，从而使米粉的队伍不断壮大。

这样的推广手法，不光节省了小米手机市场营销的费用，还能使雷军团队看出产品对于用户真正的吸引力所在。“在互联网上，刚刚开始时最重要的不是大规模地做广告，而是做好搜索引擎优化和病毒式营销，尽量压下用户的预期值，专心做好产品，让产品说话。”雷军说。

“一个公司最好的评价是用户口碑，用户口碑是一个公司能够长期生存并发展的生命线。一个公司想要处理负面影响，需要花很多的时间和资金，而且未必能消除影响。但是用户口碑会很快将公司的形象传播出去，用户口碑是电商行业的生存底线。”

随着市场竞争越来越激烈，消费者对商品越来越挑剔苛刻，往往货比三家、千挑百拣。商家若不下足力气，很难留住消费者的心。在消费者的购买行为中，促使消费者做出购买决定并不完全是因为产品本身的价值，消费者感觉价值的判定是消费者是否购买的重要依据。当顾客对某一产品感觉物超所值时，就会较为容易地做出购买决定。

管理者应该以消费者的需求和期望为中心，投其所好，给消费者一个“物超所值”的环境，不仅满足消费者的期望，而且要超出期望，让消费者有“心跳”的感觉，而这种感觉的由来就是让消费者感觉到物超所值。只有让消费者感到心动，企业的产品才能为消费者所喜爱，企业才能从消费者那里获得更多的经济效益。

大家会喜欢自由发挥

我们制造了这些工具，但你们能用
我们想不到的方式利用它们。

起初，我们不是很确定应该如何去做 Touch 的日常推广工作。这是个不能打电话的 iPhone？是个可以装进兜里的电脑？事实上，是顾客告诉我们，它是一台很棒的游戏机，于是我们也用这个特点来进行市场营销，获得了市场的肯定。而现在我们将它定位成使用 APP Store 的最低廉选择，这太有吸引了。我们要做的就是把价格降到 199 美元。我们不用添加新功能，只需把价格降到人人都能承受的范围。

——2009 年 9 月 9 日《纽约时报》

延伸阅读

在乔布斯看来，每一个使用苹果产品的用户都是创新的高手，因为他们总是能够创新性地使用苹果的产品。这一点，乔布斯曾在 2007 年 5 月 30 日的 D5 数字大会上讲到过："我们制造工具，制造人类用于创造的工具，用于沟通的工具。这些工具会给我们所生活的时代带来惊喜……这就是为什么我热爱我们所做的事业。我们是这些工具的创造者，而你们却能用我们想不到的方式利用它们。”正是因为这个原因，乔布斯喜欢先把使用方式教给用户自由发挥，然后再根据用户的反馈来进行产品推广，这其实就是乔布斯推崇的让产品自己说话的营销理念。

2007 年 9 月 5 日，在苹果公司举行的“The Beat Goes On”产品发表会中，乔布斯发布了 iPod 系列的一款新产品——iPod touch。对于这款外观类似 iPhone 的新产品，乔布斯是这样介绍它的：“iPod touch 是一台没有电话服务功能的 iPhone。”一台没有电话服务功能的 iPhone？这话听起来好像 iPod touch 比不上 iPhone，其实乔布斯也不知道该如何介绍这款新机器，但他深知这是一款伟大的产品，他渴望用户自己去发现它的价值。

在乔布斯看来，iPod Touch 这个新产品的特色在于它是以接触屏为主，这样的特色使得人们都很兴奋。它的外观看起来和 iPhone 手机很像，唯一的区别在于缺少手机应该有的网络连接功能。它作为一个播放器，其功能可以通过无线网络 Wi-Fi 来实现一种没有地域限制的（比如在路上或视屏网站上）下载音乐和视频，这种功能和设想的成功在当时可是一个非常有创设性的举动。

但在 iPod Touch 的用户看来，它之所以会成为人们非常喜爱的 iPod，因为它不是仅仅是一个播放器，而更多的是一个游戏机，而且是全球销量最好的便携游戏机。iPod touch 的销量比任天堂加上索尼掌上设备之和还要多，这非常令人称奇。它在美国和全世界范围内的移动游戏市场上占有一半还要多的份额，并且有 15 亿的游戏和娱乐组件都是通过 iPod touch 下载的。

用户的反馈让乔布斯找到了推广 iPod Touch 的关键点——游戏机。于是，在 2009 年 9 月 9 日举行的苹果新产品发布会上，乔布斯宣布 iPod Touch 降价至 199 美元，并希望能够以庞大的游戏阵容对任天堂和索尼占据的掌机市场进行冲击。苹果首席运营官菲尔·席勒（Phil Schiller）更是在发布会上分析比较了 iPhone 和 iPod Touch 在游戏应用上的优势，总结出了 iPod 游戏的众多优势：游戏售价便宜、内置有 App Store、玩家购买游戏更便利等等。最重要的是当时苹果已经有 21178 款游戏，远远超过当时任天堂 NDS 和索尼 PSP 两个平台上的游戏数量——3680 和 607 款。

乔布斯还宣称，苹果公司将为 iPod 平台引进更多的主流游戏，如 EA Sports 的《疯狂橄榄球 10》(*Madden NFL 10*)、Gameloft 的科幻射击游戏《N.O.V.A》、Tapulous 公司的音乐竞技游戏《Riddim Ribbon》以及育碧的《刺客信条 2》(*Assassin's Creed II*)等，以使玩家能够体验到 PC 和游戏机平台的一些主流作品。这次发布会，可谓彻底定下了 iPod Touch 作为一款游戏机的产品主调。

在乔布斯看来，每次在创造产品的过程中，顾客的意见和想法都是他们必须要考虑吸收的东西，除此之外，乔布斯他们也会加入一些自己的想法和主意。等到产品正式出产时，乔布斯通常都感到无比紧张不安，常常怀着一颗未知忐忑而又无比激动的心情等待着顾客对于产品的满意程度的反馈。当新产品的反馈结果是受人肯定的、受人认可的时候，乔布斯便会感到无比轻松和快乐。

Business Develop

“用户体验”这一术语指用户个体与产品进行交互时，用户获得的主观体验。我们经常会谈论某家餐厅的服务很好或电影院的环境很糟糕等，这就是一种用户体验。

人类社会正在逐渐走向“体验经济”的时代。IT 产业的生命周期相对较短，人才、技术和产品的更新迅速。这种环境下，传统保持公司优势的做法是微软模式，即技术不断升级，或以 IBM 为代表的模式，即服务不断升级。

苹果采用的是客户体验升级模式，更简洁的设计、更友好的用户界面、更方便的使用场景、更为高雅的外观和更为舒适尊贵的持有感等——这些构成更好的用户体验。这种客户体验基于卓越设计的产品之上，包括企业与客户接触沟通的每一个触点触面上。这种模式在现代企业中逐渐被广泛应用。

腾讯创始人马化腾就十分重视用户体验，他认为在研究用户需求上没有什么捷径可以走，不要以为自己可以想当然地猜测用户习惯。

企业在产品研发时，最容易犯一个错误，那就是研发者对自己挖空心思创造出来的产品像对孩子一样珍惜、呵护，认为这是他的心血结晶。可有时候并非开发者觉得产品好，用户也会觉得产品好，因为有些自认为自己特别厉害的人会故意搞一些体现自己厉害但用户不需要的东西，这就是舍本逐末了，自然要在市场上遇冷。

腾讯就有过这样的经历：腾讯现在很受好评的 QQ 邮箱，刚推出时根本得不到用户的认可，因为许多用户觉得它非常笨重难用，操作起来比网易邮箱、雅虎邮箱等同类产品困难多了。于是，马化腾不得不让 QQ 邮箱团队对它进行回炉再造，从用户的使用习惯、需求去研究究竟什么样的功能是他们最需要的。在研究过程中，腾讯形成了一个“10/100/1000 法则”：产品经理每个月必须做 10 个用户调查，关注 100 个用户博客，收集反馈 1000 个用户体验。这个方法看起来是个笨方法，但确实很有效果。

“用户反馈—改进—再反馈—再改进”的过程每一天都在各条产品线当中反复上演。不同于传统行业，互联网产品研发团队和用户感受的交互是非常快的，新的产品或功能甫一应用，用户如果不喜欢，马上就会“把你骂得狗血喷头”。

面对用户反馈回来的五花八门、千差万别的意见，产品和研发团队如何对其进行筛选？如何确定次序和节奏？了解用户的真正需求，是一件困难复杂的事情，就像 1000 个人心中有 1000 个哈姆雷特的形象一样，除非我们能走进用户的内心，才能很好地把握住用户的真实想法。

在具体操作中，每个产品团队都有自身的经验、风格和对用户的敏感度，反应机制也不尽相同。但从用户反馈的终端来倒推，好的产品团队往往具备多年的经验，并且对用户的需求变化非常敏感，和用户互动时非常用心。比如“QQ 飞车”在提升用户价值方面，就有自己独到的经验。

QQ 飞车团队一直以来奉行的开发运营策略中很重要的一条是：真正了解用户需求，保证用户的价值实现。在实际运营过程中，所有的团队成员都在积极地贯彻这一策略。随时保持与用户的沟通，这是最直接，也是最为有效的方法。

QQ 飞车团队倾听和获取用户直接需求主要采用以下几种方式：

一是飞车论坛。这是目前互娱游戏产品论坛中唯一拥有“策划交流区”板块的论坛，策划团队成员会定期在该板块中收集玩家建议，作为后续版本开发和优化方向的重要参考。

二是 QQ 群。QQ 群是一个很好的沟通工具，策划团队的每个成员以及主要的开发团队成员，每个人的 QQ 上都拥有超过 100 名以上的玩家好友，以及超过 10 个以上的飞车游戏相关 QQ 群。我们将此视为帮助飞车团队第一时间把握用户动向，洞悉用户需求的宝贵财富。

三是定期的用户调研。这是飞车团队的必修工作，每个版本发布后都会有版本满意度调研，对于将要上线的各类玩法和系统，我们会组织玩家进行多次 CE 和 demo 体验，由此了解用户对游戏的满意度以及需求变化。

四是 QQ 飞车团队实现 7 × 24 小时对数据的监控以及异常数据变化预警。团队的每个成员都保持对数据变化的高度敏感，第一时间对引发异常数据变化的根源进行紧急处理，对数据趋势进行分析。

由此，QQ 飞车团队通过对产品开发和运营策略进行有效调整，QQ 飞车在获得用户满意的同时，也得到了用户的肯定和认可。

平均每三秒钟卖出一台iPad

人们购买 iPad 的速度真是太快了。

就算我们内部已经试用了一阵子，就算为了开发它已经花费了数年的心血，但在正式发布前一天的夜晚，你还是会觉得忐忑不安，如果不把它交到顾客的手中，如果不能听到他们的想法，你永远不知道这东西究竟怎么样。结果，我们收到的用户反馈超乎想象的好。这是一款有着深远意义的游戏变革产品，我们觉得如果若干年后再回头看，iPad 的出现会成为个人电脑设备发展历程中的一个重大事件。而对我来说，更重要的是，人们购买 iPad 的速度居然如此之快。我收到了几千封电子邮件——都是一些素不相识的陌生人发来的，他们告诉我这个产品给他们的生活带来了多么大的变化，人们购买 iPad 的速度真是太快了。

——2010 年 4 月 8 日 iPhone4.0 软件发布会

延伸阅读

2010 年 1 月 27 日，iPad 在旧金山亮相了。乔布斯在介绍产品时，喜欢营造它的神秘感。发布会的屏幕上显示出一台 iPhone 和一台笔记本电脑，中间则是一个大大的问号。乔布斯面对观众，脸上露出故作神秘的微笑："问题是，两者之间还可能存在别的东西吗？这个东西必须能用来很好地浏览网页、电子邮件、照片、视频、音乐、游戏和电子书。上网本无论从哪个角度来讲都乏善可陈！”观众都欢呼起来，因为他们都知道乔布斯马上就要揭晓又一个伟大的产品了。果然，乔布斯很快说道：“但是我们有这样一个东西，它叫作 iPad。”

然后，乔布斯很自然地展示起 iPad 来，他从容地走到一把舒适的皮革椅子和一张边桌前，拿起了一台 iPad，对台下的观众充满热情地说道：“它比笔记本电脑亲和得多。”说完，乔布斯就开始用 iPad 开始浏览《纽约时报》的网页，给斯科特·福斯托和菲尔·席勒发了一封标题为“哇，我们真的在发布 iPad”的电子邮件。然后他翻阅相册，使用日历，在 Google 地图上放大埃菲尔铁塔的图片，观看了《星际迷航》和皮克斯《飞屋环游记》的一些视频片段，展示 iBook 书架，并播放了鲍勃·迪伦的《像一块滚石》。做完这些展示，乔布斯问道：“这难道还不够牛吗？”话音刚落，现场就爆发出雷鸣般的掌声和欢呼声。

这场比以往更加激起苹果用户狂热的发布会，自然获得了媒体的极大关注。《经济学人》杂志就将乔布斯登上了封面，不过封面上的乔布斯不是穿着他那身极富个人特色的黑色高领衫，而是在黑色高领衫外套着一件蓝色的长袍，头顶光环，手持一块被称为“耶稣平板电脑”的 iPad。《华尔街日报》也对此表示了赞美：“人类上一次对一个平板如此兴奋是因为上面写有十诫。”

2010 年 4 月 8 日 iPhoneOS4 发布会上，乔布斯很高兴地谈起了 iPad 十分火热的销售：“第一，我们先来介绍的是 iPad，一个新型触摸屏幕设备。iPad 在周六开始发布，在我们发 iPad 之前，已经有了很高的评价，是来自于 Walt Mossberg 的评论，对此我也非常认同。他评价说：‘通过对它几个小时的使用后，我认为这个来自苹果的新型触摸屏幕设备将会使便携式电脑有一个非常深入的跨越。’我知道 Walt 是一个非常严谨认真的人，如果他能够做出这样的评论，这就说明这是一个非常了不起的东西。再有 Ed，他说：‘iPad 不仅仅是你能浏览网页、发电子邮件、玩游戏、读电子书等。’另外，他也说了一些其他的好评，比如说‘iPad 会是最大的成功者’。

“iPad 在我们周六发布的第一天，就销售出 30 万台，在此我向大家公布一个最新更新的数据，现在已经卖出 45 万台。我教会那些零售商，还有销售人员一个非常快捷的销售方式，他们忙得不可开交，对此，我们还要不断努力。

……

“而 iPad 的应用程序，用户只在 24 小时内就下载了 100 万个应用程序，这个下载量我们也非常满意，据统计到今天为止，这个应用程序的下载量已经达到了 350 万。

“除了我们关注的这些实际数据以外，我们还关注的就是这张来自零售店的照片。从这张照片上看，人们对这款产品充满了极大的兴趣。大家都知道，当你研发出一款新产品并推行市场时，你的心中会充满了期待和不安，因为你不知道会在用户当中产生什么影响，是非常喜欢，还是漠不关心。现在看来，这款产品真的在广大用户当中产生了巨大的轰动，人们都非常喜爱它。这样的结果我们感到非常高兴。”

事实上，人们确实对苹果的这款新产品万分着迷，在 iPad 上市的当天，苹果迷们为了第一时间冲进苹果零售店去购买 iPad，从头天晚上就开始排队等待，这疯狂的人中居然包括苹果的创始人奥兹尼亚克。“你的 iPad 里有什么？”成为了最常用的句子。

不到一个月，iPad 的销量就达到了 100 万台，这是当初 iPhone 上市两个月才达到的销量。而到了 2011 年 3 月，iPad 已经销售 9 个月了，但销售的火爆程度不降反升，其销量已经达到了 1500 万台。难怪乔布斯要感叹：“人们购买 iPad 的速度真是太快了。”

Business Develop

“天下武功，唯快不破。互联网创业，速度一定要跟上去。”

“要死也要死得快，早死早超生！”

这是雷军做投资那几年常说的话。

在雷军看来，“快”就是互联网创业的利器。一旦速度跟不上，就会面临解决不完的问题。刚刚开始做小米手机的时候，雷军对于小米发展速度的设想还是很保守的，但是后来有一件事情让他改变了这个想法。

做天使投资的时候，雷军就一直比较关注社交方面的信息。无意间，一家叫 Zynga 的社交游戏公司影响了他的计划。

Zynga 是一家发展非常快的互联网公司。这家公司一开始就将游戏作为一种标准的互联网产品来经营，每周都会对游戏进行数次更新，尽量更多地发布、更快地测试。从 2007 年 6 月马克·平卡斯等六人创办以来，仅仅一年多的时间，这家公司的月度活跃用户就已经超过了 2 亿。在 2011 年末上市时，这家公司的市值已经达到了 60 亿美金，而同样的社交网站 Facebook 足足用了 5 年时间才突破月度活跃用户 2 亿的数字。显然，Zynga 走过的路要比 Facebook 平坦很多。

互联网是一个快速发展的行业，每天都有新的事物产生，用户需求变化得非常快，竞争也很激烈，一旦速度跟不上，就会被淘汰。另外，企业在快速发展的时候，风险往往是最小的，也会掩盖很多问题。

于是，雷军决定加快小米的发展步伐，试图将开发周期控制在三到六个月。快速的开发容易跟上整个市场的节奏，节约成本。

为了让小米手机能迅速占领市场，雷军在小米的定价上下了很大的决心，小米团队也在讨论定价的问题，最后，雷军一锤定音：1999 元面市，用最高的配置和最低的价格造成巨大的反差，快速打动消费者，赢得一定的市场份额。听到反对的声音，雷军说：“产品一出就要能秒杀对手，这样才有意义！从来没有人看到小李飞刀是怎么飞出去的，因为见到的人都死了！”只有在获得一定的用户之后，整个互联网商业模式才能运转。雷军知道，能不能打赢这一战，速度是关键，要是演变成持久战，就不好办了。

产品试用过程中，小米团队也坚持在第一线和米粉交流，以最快的速度获取新的建议，尽快进行改进。雷军觉得，传统行业是 5 乘 8，互联网是 7 乘 24。

一个礼拜天的凌晨三点钟，雷军突然发现有一个地方做得不够好，于是便打电话给负责人，那边传来迷迷糊糊的声音："你能不能等到我们礼拜一上班的时候再说这件事情？"

雷军听到这样的回答，虽然感觉自己有些唐突，但他联想到一件事情。在互联网时代，人们的互动时间早就没有了白天黑夜和双休日的概念，让用户等到上班时间再解决问题，显然不够"快"。

雷军发现，互联网行业和其他行业不一样，所有的人都是24小时的，要在最快的时间里解决好问题。于是，在MIUI的开发过程中，小米团队一直紧盯着论坛看有没有新的建议或者问题反馈。这个过程一般要花掉两天时间，接待一百多位用户，接着，再花两天时间开发，两天时间测试，争取在周末将新的成果发布出来。这样一来，MIUI一直能坚持每周迭代。

随着小米手机的渐渐走红，一系列配套产品也相继推出。最有意思的要数"米兔"——一款戴着雷锋帽、系着红领巾的很可爱的玩具。这款产品在小米网站属于最畅销的产品之一，每天限购2000次，不穿衣服的卖49元，穿衣服的卖99元。

这个产品其实也是雷军"快"字理念的一个体现。雷军玩笑地说："它叫雷锋兔。你们知道为什么这么叫吗？那是因为它是雷军做的手机品牌。那为什么叫兔子呢？因为天下武功，唯快不破，我们强调快，兔子是跑得最快的。"

我喜欢为整个用户体验负责

我们愿意为全部的体验负责。

我们做这些是因为我们想创造伟大的产品，因为我们关心用户，因为我们愿意为全部的体验负责，而不是去做别人做的那些垃圾。人们在忙着做他们最擅长的事情，他们希望我们去做我们最擅长的。他们的生活很繁忙，他们有其他事情要做，而不是去想怎样整合他们的计算机和电子设备。

——《史蒂夫·乔布斯传》

延伸阅读

1999 年，为了让 iMac 能有一款出色的视频编辑软件，乔布斯找到了 Adobe 公司——这是一家出品数字图像软件的公司，想请 Adobe 为 iMac 制作一款适合它的 Adobe Premiere 软件，而 Adobe 高层断然拒绝了他，这让乔布斯大受打击，感到自己被背叛了。因为在他看来，是他让 Adobe 出了名，现在他们却拒绝帮他。而且，Adobe 随后还拒绝为 MacOSX 系统定制其他的流行软件，比如 Photoshop，要知道 Mac 电脑在使用这类软件的设计师和创意人士中可是十分受欢迎的，这更加激起了乔布斯内心的怒火，他决定永远都不要原谅 Adobe。

但这次事件也让乔布斯意识到：苹果必须要对一个系统中的所有关键元素实施端到端的控制。正如他自己所说的："当 1999 年 Adobe 背叛了我们之后，我的第一个想法就是，在我们所涉足的任何领域，必须要同时控制硬件和软件，否则我们迟早要受制于人。……我更加相信，端到端一体化的解决方案是正确的。"

因此，从 1999 年的 Adobe 拒绝事件后开始，乔布斯坚持苹果要为 Mac 操作系统制作应用软件，乔布斯将目标用户定位在横跨艺术和科技交会处的人群。这些软件包括数字视频编辑软件 Final Cut Pro、为入门级用户开发的 iMrnde、制作视频或音乐光碟的 iDVD、和 Adobe 竞争的照片编辑软件 iPhoto、用于音乐制作和混音的工具"车库乐队"(GarageBand)、管理歌曲的 iTunes，以及购买歌曲的 iTimes 商店。

在制作这些软件的过程中，乔布斯萌生出了"数字中枢"的理念，他认为计算机可以成为一个中心，它可以使便携式设备变得更简单。因为这些数字设备中的很多功能，比如编辑视频或图片都不太好用，因为屏幕太小了，很不适合功能太多的菜单。但把它移到计算机上,屏幕的问题就解决了。而且，如果将设备、计算机、软件、应用程序、火线整合到一起，能让这些功能发挥得更好。这让乔布斯更加坚信苹果要走端到端一体化的解决方案。

而且，端到端一体化的解决方案也只适合苹果公司，因为它是唯一一家提供这种整合方案的公司。因此乔布斯才能在一次接受《时代》杂志采访时，很自豪地说道："我们是唯一一家掌握全部设备的公司——硬件、软件、操作系统。我们能够为用户体验负全部的责任，我们能做到其他公司做不到的事情。"

正是乔布斯对于端到端一体化的坚持，使得苹果公司在 21 世纪初得到了发展数字中枢策略的优势，让用户可以用桌上电脑跟各种便携设备无缝连接，开创了新的发展契机。

“竞争的目的是为了给用户更好的体验。我们首先要做的是用心做产品，把心思放在产品和用户那里，用户才会支持和拥戴你。”这是小米手机创始人雷军在2011年的互联网大会上的肺腑之言。

在雷军的创业战略中，小米的定位是所谓具备“铁人三项”的互联网公司。软件、硬件，移动互联网的高度标配，直观地看，并不和小米这家公司的本质直接相关。至少如今，同时经营这三大项的公司，并不罕见。

软件和硬件相结合，早在苹果和微软的时代，就已经是普遍的公司模式。即便是所谓移动互联网，也并不是什么新东西，从蜂窝技术获得突破，芬兰人的诺基亚和美国摩托罗拉，一直在这个领域是排头兵，在技术的细节上，每一种制式，移动网络通信的标准，差不多在乔布斯金融危机后崛起的很多年前就确立了。如此说来，雷军的“铁人三项”也似乎没有什么稀奇。

但这显然不是小米的核心所在。表面上的词语组合，掩盖了小米手机的超越常人理解的本质。小米的本质，或者说核心的竞争力源泉，正是雷军所说的“用户体验”。一切为了用户的体验，用心做产品，这是雷军在众多场合下，对于小米从不改变的阐释。

因此，小米最值得一提的秘籍是“可感知体验”。比如，为了测试米3的高灵敏触摸屏的敏感性，小米的产品团队从市场上买回了包含各种薄厚度和材质的手套，去一遍遍试验。

再比如，为了凸显小米电视的外观色彩设计，曾是摄影深度爱好者的小米副总裁黎万强想出了一个办法，在发布会的体验区专门进行了装潢，按照不同的使用场景，设计出了八种色调，以让用户有身临其境之感。

实际上，这些小事通常是不为人知的，它们往往都隐藏在光鲜亮丽的发布会背后，但这些尝试与努力，最大作用就在于可以为用户提供可触控的、可感知的使用体验。在雷军看来，它的杀伤力要远高于强调多少个核、性能跑分等冷冰冰的指标。

虽然雷军也十分欣赏乔布斯对用户体验的关注，但小米并不是硬件拓展的苹果公司的复制品。苹果公司本身是能够利用软硬件结合，在网络中依靠应用分成同时赚钱的特例。但小米不同，小米在雷军的培育下，定位是一家网络公司，归根结底要靠软件服务来赚钱。只有服务臻于完美，才能获得用户的青睐，才能获得长足的发展。

在互联网公司的定位之下，小米的所有设计，从最初开始，就瞄准了用户和用户的体验、互动之上。还在金山时代，雷军就是谷歌体验式设计的崇拜者，谷歌十戒是雷军要求所有游戏团队的员工必须抄写的。这十戒，第一条就是一切以用户为中心，其他一切纷至沓来。

小米手机抓住了消费者体验的基本的两个要点，一个是消费者高品质的应用的需求，第二个是硬件的体验怎么样。“对于硬件方面，小米手机虽然一直以价格实惠为核心，但是作为用户，其实我们更希望看到的是硬件的稳定性与更好的用户体验性。”雷军说。

在创业的初期，雷军比任何人都更加关注来自客户方面的看法和建议：小米手机还没有面世，相较苹果封闭的体系，安卓手机的体验带给雷军更多的是一种机会。开放式的安卓手机，因为其特殊的开发模式，也在体验环节上受到更多用户的关注和质疑。

雷军认为安卓手机的体验不是一家硬件公司独立可以完成的，需要整个生态圈的支持。在中国，整个安卓手机差不多占市场销售额的 90% 左右，在全球 60%，雷军判断未来这种趋势还将不断扩大。对安卓手机的体验和抱怨之声不绝于耳：“最大的抱怨就是手机耗电，我买了新手机用了一个月，手机半天就没电了。”还有抱怨说，“用了一段时间手机死机反应慢，而且流量消耗特别快，还有各种各样的弹窗、广告。”整个体验比较差，抱怨特别多。

为此，雷军专门召集设计团队，集中解决应用的需求问题："我们做了一个小的测试，我们用小米 IS，我们一个月前刚发布全球速度最快的一款手机，配原生的安卓系统，装了最流行的一款应用，什么事情都不干，不打电话，不上网，不收短信，把手机放到桌上，你会发现 12 个小时之后就没电了。这就是我们发现的现状，远远超出大家想象，大家指望你说小米手机不好，小米手机电池不耐用。其实核心问题不在手机上，核心问题在第三方应用上。"

雷军发现该系统的手机，消息通知栏，各种各样广告消息和不少应用抢占手机通知栏的位置。大量的手机应用开发者，由于成本的压力，纷纷在用户的手机上内置插件广告，要求有通讯率存储短信的权限，存储 GPS 位置，安卓的权限被应用软件大量地滥用，这样做的结果是什么？没有一个成熟的产业心态和合理的开发生态圈，雷军认为这是安卓手机体验差的根本原因。

在找到问题的根源后，小米的工程师的首要问题，就转而集中于用户的体验上，用户不喜欢弹窗，喜欢简洁，小米的设计就尽可能地贴近他们的需要。智能手机耗电量大，电池出问题，小米设计初就按照最高的标准配备电池。联网后台启动，开机启动，小米坚决用户不给权限不做。

用户体验的出发点，不是上帝而是平等互动的朋友，这个才是小米公司体验式设计的另一个重大出发点。雷军曾经说，网上有很多人出来评价小米，有表扬的，也有批评的。对于那些建设性的批评，他很焦虑，总感觉没有把他们服务好。

小米手机最初也有一定的问题，比如出现了一些产品上的不稳定的问题，但大部分的问题，只要米粉们一有抱怨，工程师们就会立刻集合在一起，通宵达旦地解决。在黎万强的工作中，改这个字，已经成为他带领下的团队的唯一关键词。雷军在办公桌上做出的那个倾听桌面开启声音的动作，正是这种投入，全身心地加入到修改，不断修改，继续修改，直到用户满意，达到最大默契的写照。

从用户的需求出发，一切以完美服务用户的态度制造产品，改进产品，主动沟通用户，以社交网络中的平等互动开放的态度应对一切难题，点对点地解决复杂的产品软件和硬件问题。这已经成为小米的资产中的核心部分。而这才是雷军的铁人三项公司的真正的竞争力之一。

在用户找到问题之前解决问题

最好的用户体验，是在用户找到问题之前解决问题。

我常常收到这样的问题："为什么苹果的客户如此忠诚？原因绝对不是那个荒谬的解释：因为他们是Mac电脑的忠实信徒！"真正的原因在于苹果公司永远走在顾客的前端，比如当你购买苹果的产品3个月后出现一些问题时，你可以很快地找出攻克难题的办法。这个时候你会不得不惊叹："哇，苹果公司的人其实已经想到了这一点！"然后，在接下来的3个月，你可能又想着并且尝试去做一些以前没做过的事情，而且结果往往是成功了，这个时候你可能就会想："嘿，他们连这个也想到了。"这种惊喜不会中断，半年之后，它会继续上演。除了苹果机、iPod之外，世界上很少有这样的产品能带给你这样的体验。

——乔布斯2004年接受美国《商业周刊》的访谈

延伸阅读

在乔布斯看来，苹果之所以能拥有那么多忠诚的用户，是因为苹果公司永远走在顾客的前端，比如当人们购买苹果的产品3个月后出现一些问题时，可以很快地找出攻克难题的办法，因为这些问题早就被乔布斯他们预想到了，并且给出了完善的解决方案。

记得苹果公司的第一款产品 Apple I 只是一块电路板，甚至没有机箱、电源、显示器和键盘。但是到了 Apple Ⅱ，乔布斯采用了“对用户友好”的机箱。乔布斯说：Apple Ⅱ真正变成了一台计算机成品，而不再是简单部件的组合。Apple Ⅱ是完整装配的，有自己的机箱、键盘，买回来后，你坐下来就能使用。Apple Ⅱ的这种飞跃源于乔布斯对完美用户体验的执着追求。他认为要把麻烦都留在自己手中，而献给客户的就必须是最简单明了的东西。时至今日，苹果的产品一直以人性化著称，就是源于乔布斯“对用户友好”的原则。

乔布斯他们就是这样——总是在研发产品时，就站在用户的角度去预想各种可能发生的问题的。

在研发 Mac 时，乔布斯依旧延续了这种为用户预先考虑问题的思路，比如为 Mac 电脑加上了 MagSafe。很多人可能会有这样的经历，在公司或者在家的时候，曾经被脚下的电源线绊倒过，又或者把桌上的电器绊下来。尤其是如果我们因为踩到电源线，而将自己的宝贝电脑从桌上绊倒，并重重地砸在地上，那么，电脑里的重要文件很可能就被损坏了，后果也是不堪设想的。为此，乔布斯巧妙地设计了“MagSafe”，它是一块连接笔记本和电源线的磁铁，通过这样的装置，乔布斯轻松地将电源线和电脑进行了分离。从此以后，以上所述的那些令人想了就不舒服的事再也不会发生了。这个创意是乔布斯从日本人生产的电饭煲上窃取的。日本人生产的电饭煲多年来一直采用磁性闩锁的设计，就是为了防止人们绊倒电源线时，滚烫的电饭煲掉在地上。乔布斯就是这样把电饭煲和计算机这两个风马牛不相及的东西联想在了一起，然后创造了带有 MagSafe 的 MacBook，并畅销于世。

在研发 iPad 时，乔布斯仍旧懂得为用户预测问题。一天，乔布斯读到一篇有关磁铁的文章，文章里提到磁铁的吸引力可以被精确地聚焦在一个锥形区域里，这也许可以用于连接一个可分离的保护盖。他就想到为了避免 iPad 损伤，用户往往要给 iPad 配上一个保护壳，那他们干吗不为 iPad 制造一个磁铁的保护壳，这样就可以覆盖 iPad 的正面而无须包裹整个设备。于是，他把这篇文章剪下来交给了苹果设计团队的负责人乔尼·艾弗。最终，艾弗的设计团队里的一个人研究出了如何用有磁性的合页连接一个可分离的保护盖。当你打开它时，屏幕会被唤醒，而且这个保护盖还可以折叠成一个支架。这种贴心的设计进一步增加了人们对 iPad 的喜爱。

乔布斯在第一家苹果专卖店中巡视了一番后，要求把所有的产品陈列都集中在前 1/4 空间，后面的区域都要为了提供解决方案而布置。这留给了苹果充足的空间去发挥创造力。这个区域叫作“天才吧台”。在解释这个“天才吧台”时，乔布斯说：“如果你准备买或已经买了一台电脑，此时你有任何问题，都有天才来为你解答，这岂不很美妙？这就是我们的天才吧台。我们有非常称职的员工在店里帮你解答任何问题。如果这个人也不清楚如何回答，有专门的热线可以直接打到苹果在库珀蒂诺的总部，那儿总会有人可以解决。”

苹果还为它的用户提供一对一培训。在实体店内或在线购买 Mac 电脑的用户，都可以报名注册一个与“全能人”一对一的培训课程。这个人能够教用户任何他们想学的软件。有更多的人享受苹果提供的课程，就会有更多的人成为回头客。苹果围绕着专卖店体验中各个环节的创新，为消费者创造了专卖店体验的全新概念。

Business Develop

对于企业家来说，企业运作的结果都是要为他人服务的，衡量工作的成效要看是否创造了财富，产生了价值。可以说企业中的每个人都面对着直接或间接的客户，因此企业成员在工作的时候一定要能“移情”，站在客户的立场上想问题，使自己的工作指向性更明确，更有成效。

现在流行一个词叫作“XX 解决方案”，因为现在的商业理念不再是生产一种新产品然后卖给客户，而是针对客户遇到的问题，以产品为核心提供一种解决问题的方法。这种一站式服务的工作理念应该成为我们所坚持的原则。

传统的市场营销工具是由美国学者麦卡锡教授在20世纪60年代提出的4Ps组合，即产品（product）、价格（price）、地点（place）和促销（promotion）。这一理论是从企业自身的角度开展营销活动，而没有将顾客的需求放到与企业的利润同等重要的地位上来。到了上世纪90年代，被誉为“整合营销传播之父”的唐·舒尔茨针对4Ps存在的问题提出了颠覆传统的4C营销理论：这一理论从研究消费者的需求与欲望出发，强调要考虑消费者的需求（Consumerneedswants）、成本（Cost）、便利（Convenience）、沟通（Communication），4C成为新的营销组合。

2003年唐·舒尔茨对整合营销传播理论进行了完善，提出了客户需求解决方案理论SIVA——S（Solution）代表客户需求的解决方案；I（Information）代表客户有关信息的获取；V（Value）代表客户所能获得的价值回报；A（Access）代表客户从什么地方获得企业的解决方案。SIVA是一种站在客户角度进行营销的理念，它强调企业不能单纯地用某一种营销方法或某类产品去满足顾客的需求，而是要站在顾客的角度为他们提供不同的解决方案。

SIVA理论不仅强调赢得客户，而且强调长期拥有客户；从单一销售转向建立友好合作关系；从以产品性能为核心转向为顾客提供解决方案。为顾客提供解决方案在企业与顾客之间建立起了一条需求链，企业提供的不仅是产品和服务，更是一套完美的解决方案，它的出发点是帮助客户解决所面临的问题。

所以我们员工在工作中应该具备全流程系统思维，从需要解决的问题出发来指导自己的工作，使自己的工作结果不是简单的产品或服务，而是能够解决问题的手段与方法，这样一方面是更好地服务了客户，另一方面也使工作更有效益。

苹果零售店要10步之内就能到

苹果零售店应该开在繁华街区的购物中心里，无论租金有多贵。

我们不能让顾客开10英里的车去看我们的产品，而是要在10步之内。尤其是Windows用户，一定要给他们设好埋伏。如果路过这里，他们会出于好奇心走进来。如果我们把店面做得足够吸引人，一旦我们有机会向他们展示我们的产品，我们就赢了。

——《史蒂夫·乔布斯传》

延伸阅读

他们是专家，是天才，是创新人员。

他们是咨询师，是服务人员，是私人导购。

他们没有收款员，没有售货员。

乔布斯在2007年接受《财富》杂志采访的时候说。“顾客是否了解这一切并不重要。他们的感受说明了一切。他们能感到这地方和别处不一样。”苹果零售店，也在特立独行地存在着。

2001年，苹果第一家零售店在弗吉尼亚州McLean的TysonsCorner购物中心开业。不到五年，苹果的年营业额达到了10亿美元。这个数字上升的神奇度让其他的零售商望尘莫及。甚至有零售咨询师恶言相向，也有零售师预言苹果零售店“不出两年，就会付出惨痛代价”。然而，苹果依然坚挺地屹立着，它并不因这些人的中伤而停止前进的脚步。到如今，苹果在全世界已经开了近 300 家零售店，每个季度都会有超过 10 亿美元的销售额。

人们很难想象，没有销售人员和收款员的店面会是一个什么样的销售店。正如苹果零售业务高级副总裁罗恩·约翰逊所说：“我们在头脑中想象着苹果的模式时，我们说它一定要像苹果一样，让人放松，为生活添彩。让生活充满色彩正是苹果三十多年来一直在不断努力的。”苹果不是为了开店而开店，他们是为消费者提供购买快乐的人生体验。

乔布斯和他的搭档约翰逊将苹果零售店的理念定位在“为生活添彩”上，苹果抛弃了传统的销售理念，建立了一个能够提供解决方案的精品店，这对卖电脑来说是一种全新的颠覆和创新。

“一间能为生活添彩的商店应该是什么样的？”答案一定是：独此一份，与众不同。”

——店铺设计要简洁大方。

——让店铺的选择更贴近人们的选择。

——允许顾客使用产品。

——提供周到的服务。

苹果零售店中，购物变得轻松愉快。你不会看到排成长龙的交款队伍，不会看到喋喋不休的推销人员，因为这里没有收银员也没有销售员。这里让顾客处处感受主人般的体验，而不是处处摆满产品，这里所有的产品都能上网，顾客可以随心所欲地进行网上冲浪，用 iPad 看电子书，在 iPodTouch 上玩游戏，或在 iPodNano 上听歌。这里有人能够教用户他们想学习的任何软件，顾客可以在 Pages 上写文档，在 Keynote 上做演示文稿，在 iPhoto 中整理照片，或在 Garageband 上学习使用乐器。

购买和拥有苹果机将带给你愉快的体验，这是乔布斯给消费者最好的回答。乔布斯说：“拥有个人电脑早已不是目的，现在人们更希望了解可以用它来干什么，这正是我们要给他们展现的。”苹果零售店展示给人们的不是产品，而是一种人生体验。

Business Develop

许多客户第一次走进苹果的店面时，最大的感受就是店面的环境设计和其他 IT 电子产品的店面完全不同。在看上去朴实无华的桌架上，各种产品的展示、使用恰到好处。客户购买完毕走出店面时提的购物袋，也可以制造出一种独一无二的购物体验。

苹果并不是首家追求客户体验并取得成功的公司，耐克将运动鞋打造成为时尚产品，索尼曾将磁带播放器打造为 Walkman。与之相同的是，苹果公司当前也正处在“体验经济”迅速取代“产品经济”的转折点。从行业角度分析，由于技术的普及和竞争对手的不断增加，厂商的成本可压缩空间和利润空间都趋于零。

同时由于技术实现与需求的关系已经达到饱和，在革命性的技术变革出现前，小规模技术改进对需求几乎没有任何刺激。这时，“产品与客户共鸣”“制造让客户难忘的体验”成为新时代企业的制胜法宝。

在乔布斯眼里，最好的“用户体验设计”不仅仅是找准定位、产品自身的设计，他定下了几项基本原则：

1. 一定不要浪费用户的时间，例如，巨慢无比的启动程序，又如让用户一次次地在超过 50 个内容的下拉框里选择。请珍惜用户的时间，减少用户鼠标移动的距离和点击次数，减少用户眼球转动满屏寻找的次数。

2. 一定不要想当然，不要打扰和强迫用户，不要为 1% 的需求骚扰 99% 的用户。

3. 一定不要提出“这些用户怎么会这样？”的怀疑，一定不要高估用户的智商。

4. 一定不要以为给用户提供越多的东西就越好，相反，重点多了就等于没有重点，有时候需要做减法。

5. 一定要明白你的产品面对的是什么样的用户群。

6. 一定要尝试去接触你的用户，了解他们的特征和行为习惯。

企业之所以能够生存，唯一的原因就是顾客乐意购买你的产品。这正应了那句话："你让顾客满意，顾客才会让你满意；你满足了顾客的需求，顾客自然也就满足了你的需求。"从这个意义上说，超一流的产品就是满足顾客的需求。

第十一章
预见，未来

你必须相信某样东西——你的直觉、命运、人生、因果报应，无论什么。这种做法从未让我失望，我人生的一切变化都拜它所赐。

未来是多用途产品的天下

多用途产品就是我们的未来。

我们相信未来还会出现专用设备。也许，这些设备专门用来做一件事，的确有它们的优势。但是我认为未来还是通用设备占上风。因为人们很可能不愿意花钱购买一个只能干一件事的产品。

——2009 年 9 月 9 日《纽约时报》

延伸阅读

早在 2011 年，乔布斯就已经意识到，随着电子设备快速的更新换代，它们的功能也日益增多和完善，比如拥有了音乐、拍照以及视频拍摄功能。正是在此基础上，乔布斯推出了苹果的云服务——iCloud。

有记者曾问乔布斯："平板电脑上市后，人们立即发现它有很多功能，人们可以用它做很多的事，特别是在新闻行业，很多的记者和出版社都因为它受益匪浅。你认为这种效果是你在开始设计平板电脑时预期要达到的一个目标，还是只是因为这些杂志在上面显示出来更加好看而已？"

乔布斯的回答是："我们从一开始就对它抱有很大的期待，所以设定了很多的目标。"可见，让产品具有多种用途，是乔布斯从研发 iPad 一开始就有的产品理念。

事实上，乔布斯引导研发的每个苹果公司的产品，都是具有多种用途的伟大产品。

Mac 电脑首次将图形用户界面广泛应用到个人电脑之上，使用鼠标作为指标工具，将 3.5 寸软盘驱动器作为标准硬件，将音频功能作为标配，以及安装 TTS 软件。

iMac 拥有抢眼的大型显示器、第四代 Intel Core 处理器与强大的绘图处理器、先进的 Fusion Drive 选项等。

iPod 是苹果公司设计和销售的系列便携式多功能数字多媒体播放器，不但外观漂亮，而且拥有独特和人性化的操作方式以及巨大的容量，并改变了整个音乐界。

iPhone 是苹果公司旗下研发的智能手机，具有打电话、拍照、录像、编辑图片、地图定位、上网、收发邮件、阅读书报等多种功能，改变了整个移动互联网的走向。

iPad 是一款苹果公司发布的平板电脑，定位介于苹果的智能手机 iPhone 和笔记本电脑产品之间，拥有浏览互联网、收发电子邮件、观看电子书、播放音频或视频、玩游戏等功能。

可见，生产多用途的产品，是苹果引领潮流趋势的一大重要原因。而 iCloud 等云服务产品的出现，将使苹果在未来多用途产品的天下继续领先。

Business Develop

腾讯公司创始人马化腾认为，中国互联网企业将迎来全业务竞争的时代。但马化腾也深知：做全业务，不代表会很冒进地把现在的主营业务丢掉，而且更要依靠已有的收入来支持试验。但从长期发展来看，比如像网络广告，它比网络游戏和无线增值业务的天花板更高，腾讯必须去争取。其实从公司业务角度看，我早可以退休了，但产品上太多没做好，除了门户，还有搜索和电子商务，电子商务做了两年才刚找到诀窍。

不只是马化腾领导下的腾讯公司开始做全业务，就连中国 IT 教父——联想的创始人柳传志也在做全业务，而且堪称这个趋势的“劳模”：

对川酒关注已久的柳传志终于在 2012 年 4 月落子四川泸州。其执掌的联想控股旗下公司联想酒业出资 1.4 亿元收购泸州蜀光酒业 51％的股份，准备将蜀光酒业打造为联想酒业的白酒基酒生产基地。与此同时，泸州禧事达酒业与联想酒业旗下公司乾隆醉酒业双方的手有望牵得更紧。

联想控股名誉董事长柳传志对川酒关注已久，但在出手投资方面很谨慎。从去年开始，联想控股高层亲自到四川多家酒厂进行考察，并表示对收购川酒很有兴趣。不过，联想控股迟迟没有对四川酒业采取行动，倒是在其他地区率先发招，去年先后收购湖南武陵酒业、河北乾隆醉酒业。不过，随着时间的推移，手持巨额资本的联想终于落子四川，柳传志在泸州“豪饮”川酒。

联想控股于 2010 年开始涉足现代农业投资领域，并于 2010 年 7 月成立农业投资事业部，在此基础上，2012 年 8 月佳沃集团正式成立。在过去一年中，佳沃在水果领域的投资额已经超过 10 亿元，成为国内最大的蓝莓全产业链企业和最大的猕猴桃种植企业。

联想控股高级副总裁兼佳沃集团总裁陈绍鹏表示，佳沃的现代农业之路可以用“三全”战略来概括：“全程可追溯、全产业链运营、全球化布局”，而作为率先迈出的一步，就是此次全面进入以蓝莓和猕猴桃为代表的“超级水果”领域。

全业务竞争是不可避免的发展趋势，只有像联想和柳传志一样全线出击，激流勇进，顺应潮流，才能在企业竞争中占据一席之地，才能提升自身的竞争力。

我们相信后PC这条路苹果走对了

后 PC 时代的产品更便捷、直观、天衣无缝。

这话我曾经说过，但我认为应该再说一次：苹果的核心不仅仅是技术。真正使我们内心感动、产生共鸣的是技术与艺术相结合，技术与人文科学相结合。眼前这些后 PC 时代的产品就是这些结合的完美体现。平板电脑市场有大量人涌入，在他们眼里，这只是一个新的 PC 市场，他们雇用不同的公司生产软硬件。他们谈论着这些产品的速度和投入，就像当初对待 PC 一样。每一次经验和每一条神经都在提醒着我们这样是不对的。这些后 PC 时代的设备应该比 PC 更加便捷，比 PC 更加直观，软硬件和应用之间的衔接也应该比 PC 更加天衣无缝。我们相信这条路苹果走对了。我们的设计理念不仅适用于硅谷的苹果大楼，更适用于这些新产品的研发。因此，我认为我们很有希望在这个激烈的市场中占据有利地形，也希望今天你们看到的一切会让你们产生同样的想法。

——2011 年 3 月 2 日 iPad2 发布会

延伸阅读

“后PC”的概念是由乔布斯在2007年提出的,那时苹果刚刚将企业名从“苹果电脑”精简为“苹果”,而乔布斯手中唯一的“后PC”样本也仅仅是那个小小的iPod,尽管人们疯狂地喜爱这款产品,但绝对没有人会把这玩意儿和PC混淆的。

真正让人感到“后PC”时代来临的,是乔布斯在2010年发布的苹果公司的一款新产品——iPad。iPad可以运行各种应用,并且拥有日历、电子邮件、网页浏览、办公效率管理、音频、视频和游戏等功能。但当你开始使用的时候,你不会把它看作“工具”,这种体验更像是你与一个人或一个动物的关系。

在iPad面世不久,网络上就出现了一段两岁小孩玩iPad的视频,iPad在小女孩的手中不像是平板电脑,只是一个玩具。只要轻轻挥动她的手指,小女孩就能滑动屏幕上的图标,就能轻易掌握看电影、听歌等功能。不需要他人指点,只有两岁的小孩子就可以将iPad运用自如。这难道不是世界上最伟大的简单吗?

如今有很多人尤其是上了年纪的人都对计算机的复杂系统感到很苦恼。而在使用iPad之前,你不需要参加任何培训或学习任何课程。如果能有一款电子产品,精致实用得让成年人爱不释手,同时又能简单有趣到让孩子也乐此不疲,这就是一种科技的进步,一种伟大的成功。

而在iPad上市前两天,迪士尼公司便推出了自己的应用软件。据称,其中一个新应用软件将ABC. com的电视播放器植入到iPad,iPad用户可以通过网络观看包含广告的20部ABC流行电视剧,该应用软件也将允许iPad用户通过iTunes在线购买和下载电视剧。

此外,迪士尼全球出版公司也为iPad开发了ToyStory伴读应用软件,提供电影、卡拉 OK 的视频和录音功能，小孩子还能用手指在屏幕上作画。Toy Story 软件是免费的，但 Toy Story 2 软件需要 8.99 美元，但可以免费订阅 1 个月的 disneydigitalbooks. com。

迪士尼还为 iPad 发布 DisneyPrincess、Phineas&Ferb、WinniethePooh 和 ToyStory3 等应用软件。迪士尼公司这一系列举动，极大地提高了 iPad 平板电脑的影响力，促使其产品销售额超过预期，这显然是一个意在长远的双赢之举。

iPad 上市 9 个月就售出 1500 万部，为苹果带来了大约 100 亿美元的收入。其实，在苹果公司的平板电脑 iPad 上市之前，已经有很多人有过做平板电脑的想法，但是没有一个人能像乔布斯那样，真正做出了产品，还取得了成功，真正开创了“后 PC”时代，这一切都源于乔布斯对未来的准确预测，以及他坚持做伟大的产品的理念。

Business Develop

小米手机创始人雷军曾说 :“我是中国最早说出手机将真正代替 PC 的人，但大家都听不到，直到软银孙正义说了才算数。”

刚开始接触神奇的电脑世界，雷军几乎将全部的精力都用在和电脑相关的研究上面，他要做电脑的掌控者。随着对电脑的了解越来越深入，电脑慢慢褪去了神秘的面纱。

雷军渐渐发现，电脑也有它不尽如人意的地方，比如不能随身携带，使用起来很不方便，你如果在路上突然想起一个问题，要在电脑上解决，就不得不返回去。事实上，整个电脑行业的研究员都在试图解决这个问题，变得越来越方便使用和携带一直是电脑发展的趋势。

后来出现了可以带在身上的笔记本电脑，这让雷军兴奋不已，于是他很自然地成为笔记本电脑在中国比较早的那一批体验者。

雷军将随身携带的公文包改成了专业的电脑包。每天把电脑带在身上，比之前被电脑拴在一个固定的地方感觉好多了。笔记本电脑在当时还是十分时髦的，但是时间久了，背着几斤重的笔记本也不是一件愉快的事情。到了后来，雷军甚至因为要随身携带一个巨大而难看的充电器而沮丧不已。

为什么就不能使电脑更方便更美观一点呢？雷军心想。就在这个时候，手机行业经历了一场变革：手机可以联网了！有很多人曾经一度喜欢上了这种新奇的玩法。在大街上、公交车上，雷军时不时地看见有人握着手机上网。尽管当时用手机上网很不方便，但是这却是智能手机兴起的一个征兆。

这引起了雷军的兴趣，他开始研究手机。市场上每出现一款新型的手机，雷军都会迫不及待地买回来，看看发展到什么程度了。他心中有一个模糊的期待，不知道手机能不能实现自己对电脑的所有需求。

渐渐地，手机的功能强化了，能够完成基本的信息获取要求。雷军似乎看到了一个未来的美好蓝图：就在未来的某一天，自己不用再背着足足几斤重的笔记本电脑去上班，而是随身携带着一部智能手机，解决自己对于电脑的所有需求！

他兴奋地对身边的朋友说：或许有一天，手机会完全替代 PC，并且成为下一个计算中心。有了这个想法的雷军，开始尽量不用电脑，身体力行地验证手机替代 PC 的可行性。在金山的 16 年中，他一共用了 53 部手机，成了手机智能化过程中最忠实的见证者。

就在雷军离开金山时，乔布斯的 iPhone 席卷全球，整个手机产业被完全颠覆，诺基亚、摩托罗拉等巨头突然从领先者沦为追赶者——苹果完成了对手机的一次革命。

当一直关注着乔布斯的雷军拿到 iPhone 的那一瞬间，就被这款大屏幕智能手机震撼了。不得不承认，这是他玩手机这么多年以来最为激动的一次。随着使用过程中越来越深入的了解，雷军感觉到一个新的时代将要到来了。

而新时代来临时，智能手机的价格也是惊人的。全球每年发布 12 亿部手机，绝大多数智能手机的价格甚至比笔记本电脑都要贵。一台 iPhone 就卖四五千元，足够买到一台不错的笔记本电脑了。但是尽管有了携带更加方便的智能手机，人们却依然需要买一台电脑。因为智能手机还不能完全满足人们的需求，有些事情还需要依靠电脑。或者说从另一个方面而言，智能手机也有不完善的一面，比如习惯了键盘输入的人们很难适应智能手机的输入模式。

接着，乔布斯再接再厉，又推出了 iPad。刚刚开始的时候，雷军觉得这就是大一号的 iPhone，但是用了一段时间后，雷军渐渐地发现了它的不同。这让他更加坚信了自己的判断。他觉得 iPhone 出售 100 万台用了 76 天，到了 iPad 不到一个月时间，这是正常的。

在他看来 iPad 是伟大的产品，它能满足人们对电脑 99% 的需求，开启了一个新的时代。

但同时雷军也在想，无论是 iPhone 还是 iPad，每种工具最终都是通过 PC 联网的。而此时的手机 CPU 已经超过了 1G，而且还有不断变大的趋势，这样下来，终究有一天，手机的计算能力会接近甚至超过 PC 的计算能力。

不仅如此，手机存储能力和移动设备的存储能力都在大幅度地提升，跟着 3G、WiFi（一种可以将个人电脑、手机等终端以无线方式连接的技术），通信能力也在提升，并且可以随身携带，十分方便。对于绝大多数人来说，一部手机就可以解决他们的所有问题。

尽管手机最大不过 3.7 寸，无论选择哪一种键盘都没有 PC 好用，但是这只是一个习惯问题，他觉得最后绝大部分人都会适应手机的大小和键盘。基于这样的设想，雷军似乎能够看到未来的情景：每个酒店房间、大堂都有许多支撑 WiFi 的显示器，手机遥控就能连上，所有事情都可以在任何屏幕上展示，而这些都是环绕手机的周边的外设而已。手机将在绝大部分人、绝大部分事情上面取代 PC，形成下一个连接中心。而 PC 将会跟打字机一样，被大众所遗弃。

他发现，移动互联网在全球才刚刚开始，这是一个千载难逢的机遇，他找到了这个猪都能飞起来的台风口。李学凌也对他说：“如果你这辈子还要创业就应该做手机，做手机至少要卖我一股。我相信，手机时代一定会来临。”于是，雷军决定抓住这个时代最大的机会做出一款顶级智能手机，小米手机就这样诞生了。

要想获得机遇，必须拥有众多资源

苹果公司的一个巨大优势就是各类资源的整合。

对于即将到来的良机，我总是睁大双眼，不会错失。但如今的世界，要想获得机遇——无论是金钱还是技术人才。下一个大事件是什么，我不知道，我有的，只是一些创意而已。

——2000 年 1 月 24 日美国有线电视新闻网财经频道

延伸阅读

乔布斯认为，苹果公司的一个巨大优势就是各类资源的整合，从设计、硬件、软件，直到内容。iPod 和 iTunes 之所以能取得巨大的成功，改变整个音乐界，就是因为乔布斯很好地进行了音乐资源的整合，使音乐产品以更轻松的方式进入了人们的生活。当然，这也为苹果公司带来了一次巨大的发展机遇。

而紧随其后的 iPad 的出现，乔布斯又对出版资源进行了整合，这又为苹果公司带来了更大的发展空间。

当然，乔布斯是不可能满足于此的，他还想要整合更多的资源，抓住更多的机遇，以保证苹果公司能成为一家传世的公司。于是，乔布斯提出了“数字中枢”的理念。其实，早在 2001 年，乔布斯就预见到了这一点：你的电脑将成为日常生活中的多种电子设备，比如音乐播放器、摄像机、移动电话和平板电脑等电子产品的“数字中枢”。这种理念与苹果创造简单易用的端到端一体化产品的能力相契合，因此它使得苹果公司很快从一个高端小众计算机公司转变为全球最有价值的科技公司。

到了 2008 年，乔布斯预见到了数字时代的下一个浪潮——你的电脑将不再是你的内容中枢，因为中枢将被转移到‘云端’。说得简单一点，就是你的内容将被储存在你所信任的公司管理的远程服务器上，你可以在任何时间任何设备上找到你的内容，并使用它们。

或许乔布斯的话能让你更明白，他的原话是：“我们要成为管理你与‘云端’之间关系的公司——从‘云端’中流畅地播放你的音乐和视频，存储你的图片和信息，甚至包括你的医疗数据。苹果率先认识到你的计算机会成为一个数字中枢。因此我们编写了这些应用——iPhoto、iMovie、iTunes——并将它们与我们的设备整合在一起，例如 iPod、iPhone 和 iPad，效果棒极了。但是在接下来的几年间，这个中抠将从你的计算机转移到“云端”。因此这是同一个数字中枢策略，但是中枢的位置变了。这意味着你总是能访问你的内容而且不必再同步。”

然后，为了实现乔布斯的这个想法，苹果的团队花了整整三年的时间，因为他们一开始走错了方向，在 2008 年夏天发布了一款漏洞百出的产品——MobileMe，尽管这款产品允许苹果用户把通讯录、文件、图片、视频、邮件和日历存储在云端，可以在任何设备上同步，但它收费昂贵——每年 99 美元，更可怕的是它非常复杂，设备同步得不好，邮件和其他数据会随机丢失，在投入市场后就获得了广泛的恶评。

好在乔布斯及时改正了这个错误，推出了新的服务 iCloud。iCloud 的作用就是可以把你所有的数据存储在云服务器终端，并且通过无线网络将其同步到你所有的个人苹果设备中。它最大的优势就是能够做到自动上传、自动储存，而且使数据在所有的设备中都能够自动同步。同时，它还能使每一项应用服务都同步升级，所有的这一切都能够依靠程序自动进行。这一项神奇的服务就是云服务。

尽管微软也曾计划推出云计算，亚马逊和谷歌也都在2011年推出了云服务，但是他们都失败了，因为他们都没有能力整合硬件、软件和各种电子设备中的内容。只有苹果控制这个产业链上的每一个环节，拥有众多资源，并且很好地整合它们——通过设计使之全都共同工作：电子设备、计算机、操作系统、应用软件加上内容的销售和存储。

Business Develop

所谓资源整合，就是指企业对不同来源、不同层次、不同结构、不同内容的资源进行识别与选择、汲取与配置、激活和有机融合，使其具有较强的柔性、条理性、系统性和价值性，并创造出新的资源的一个复杂的动态过程。资源整合的唯一目的是使企业获得最大的经济利益。资源整合是企业战略选择的必然手段，是企业管理者日常进行的工作之一。

德鲁克认为，管理的作用在于对企业的成果和绩效加以定义，任何有此种经验的人都可以体会到，这是一个最困难、最有争议，同时也最重要的任务。因此，管理的首要功能就在于整合企业的各项资源以获得存在于企业外部的成果。

在资源整合方面，格兰仕公司的做法对别的企业很有借鉴意义。

1993年，格兰仕第一批1万台微波炉正式下线，1996年，格兰仕微波炉产量增至60万台，随即在全国掀起了大规模的降价风暴，当年降价40%。降价的结果，是格兰仕产量增至近200万台，市场占有率达到47.1%。此后，格兰仕高举降价大旗，前后进行了9次大规模降价，每次降价，最低降幅为25%，一般都在30%～40%。格兰仕为什么能以那么低的成本生产并且获利呢?

格兰仕依靠的就是虚拟扩张的资源整合策略。众所周知，打价格战必须有成本优势，而成本优势的前提是产量规模的提高，从规模产量中获取规模效益。规模扩大带动的是成本下降，成本下降引起价格下降，价格下降又直接扩大了市场容量，企业资金回流也相应增加，企业规模再次扩大，成本再次下降……这个简单的循环正是格兰仕一波又一波的价格战的动力所在。

格兰仕降低成本的策略却突破传统企业发展思路，他们充分利用国内劳动力成本远远低于发达国家的有利条件，通过接收对方的生产线，并以低于当地生产成本的价格，给对方供货。随着搬过来的生产线的逐步增多，格兰仕的生产规模也越来越大，专业化、集约化程度也越来越高，成本也就大幅下降了。

这样做，不仅没有动用自有资金投资固定资产，而且将别人的生产线一个个地搬到了内地，而且建这些厂用的还是别人的钱。规模的扩大不仅仅没有让格兰仕背上沉重的成本包袱，反而成为它克敌制胜的不二法门。格兰仕的这种发展策略就是虚拟扩张，通过优势互补，有效地整合了资源，“虚拟”出了自己的生产线，从而最大化地提高了资源利用率，使格兰仕走上了快速发展之路。

由此可见，资源整合，能够使看似困难的事情变得容易，能够使实际收益远远超过预期收益。

这就是资源整合的力量。德鲁克说，企业的资源都是有限的。但在整合的思维下，有限的资源能够衍生无穷，因此每一个企业都应该成为资源整合的行家。

资源整合分为战略和战术两个方面的含义。在战略层面上，资源整合反映的是系统的思维方式，就是要通过组织和协调，把企业内部彼此相关却彼此分离的职能，把企业外部既参与共同的使命又拥有独立经济利益的合作伙伴整合成一个为客户服务的系统，取得 1+1>2 的效果。在战术层面上，资源整合是对各项资源进行优化配置的行为，就是根据企业的发展战略和市场需求对有关的资源进行重新配置，以凸显企业的核心竞争力，并寻求资源配置与客户需求的最佳结合点。资源整合是一项复杂的系统工程，只有我们勤于思考、善于发现，资源才会层出不穷，这是确保资源整合实现并取得实效的首要前提。

附录

乔布斯大事年表

1955年

·2 月 24 日，出生在旧金山，亲生父母是阿卜杜勒法塔赫·约翰·钱德里和乔安妮·席贝尔，出生后被保罗·乔布斯和克拉拉·乔布斯收养，取名为史蒂夫·保罗·乔布斯。

1966年

·乔布斯一家搬到加利福尼亚州洛斯拉图斯，在这里，培养了乔布斯对电子学的兴趣。

1968年

·中学时经常在课后到位于帕洛阿尔托的惠普公司听讲座。

·成为惠普公司的夏季实习生。

1970年

·比尔·费尔南德斯 (BillFemandez) 给 16 岁的乔布斯介绍了 21 岁的史蒂夫·沃兹，这是苹果双雄的第一次会面。

1971年

·与沃兹一起设计销售盗打电话的电子设备“蓝盒子”。

1972年

·高中毕业，进入里德大学。一学期后退学，但仍在里德大学旁听课程，闲逛，蹭吃蹭宿舍，过着嬉皮士的生活。

1974年

·年初回到加州，在雅达利公司得到了一个职位。

·筹到足够的钱后，与里德大学时的朋友，后来的苹果员工丹尼尔·科特肯一起到印度旅行，求佛问道。返回美国后，继续在雅达利公司工作。

1975年

·开始跟随沃兹尼亚克一起参加佳酿计算机俱乐部的会议，背着显示器帮忙组装沃兹尼亚克的计算机。

·乔布斯说服沃兹尼亚克和他一起创办苹果公司，生产和销售 Apple I 的印刷电路板。

· 乔布斯争取到了苹果公司的第一笔订单——为保尔 · 特雷尔开的 Byte Shop 电脑商店组装 50 快 Apple Ⅰ主板，他们通过 30 天的加班加点工作顺利完成了这笔订单。

1976年

· 4 月，乔布斯说服罗纳德 · 韦恩加入到苹果公司，但很快他又退出了，乔布斯和沃兹尼亚克分别买下了他的股份。

· 5 月，在亚特兰大首届个人电脑节和费城计算机展销会上推销苹果电脑。

· 8 月，沃兹完成了 Apple Ⅱ的设计。

·9 月，雅达利公司老板诺兰·布什内尔推荐了红杉资本的投资人唐·瓦伦丁，瓦伦丁又推荐了迈克 · 马库拉。马库拉随即决定以个人名义投资苹果。

1977年

· 1 月 3 日，苹果电脑有限公司正式成立，它买断了乔布斯和沃兹成立的旧公司的全部股权。

· 2 月，乔布斯聘请来自国家半导体公司的迈克 · 斯科特出任苹果公司 CEO。

· 4 月 16 日，乔布斯参加首届西海岸计算机展销会，正式推出 Apple Ⅱ。

1978年

· 1 月，乔布斯在拉斯维加斯举办的美国消费电子展上，带磁盘驱动器的 Apple Ⅱ引起了轰动。

· 5 月 17 日，乔布斯当时的女友克里斯安 · 布伦南为他生下一个女儿，因为不被乔布斯承认，布伦南为女儿取名丽萨 · 妮科尔 · 布伦南，但后来的亲子鉴定证实了丽萨确实是他的孩子。

· 苹果启动 Lisa 项目，最初的目标是 Apple Ⅱ的换代产品。

1979年

· 6 月，苹果发布 Apple Ⅱ Plus。

· 6 月，杰夫 · 拉斯金开始设计一款新电脑，研发代号为“安妮”（Annie），这就是后来的 Mac 的雏形。

· 8 月，苹果公司从微软获得 AppleSoftBASIC 的使用授权。

· 11 月，乔布斯访问施乐 PARC，将图形用户界面的概念带回苹果。

· 12 月，乔布斯带着苹果高级管理人员再次造访施乐。

1980年

· 5 月 19 日，苹果发布 Apple Ⅲ，销量惨淡。

· 夏天，施乐 15 名技术人员加盟苹果，到 Lisa 团队工作。

· 9 月，乔布斯被赶出项目组 Lisa，并被解除研发部门副总裁职务，只担任董事会的非执行主席，手中再无实权，他开始把目光投向拉斯金的 Mac 项目。

12 月 12 日，苹果公司上市，乔布斯手中的苹果股票让他在 25 岁时拥有了 2.56 亿美元的财富。

1981年

· 2 月，乔布斯接手管理 Macintosh 团队。

· 2 月 25 日，“黑色星期三”，斯科特认为公司人员冗余，解雇了 40 余名员工。

· 3 月，马库拉接替斯科特出任苹果 CEO，斯科特转任董事会主席。

· 7 月 10 日，斯科特辞去董事会主席职务，离开苹果。

· 8 月 12 日，IBM 开始销售采用 MS-DOS 1.0 系统的 PC 机，乔布斯评价它“粗制滥造”，但它在市场上大获成功。

1982年

· 2 月 15 日，乔布斯登上了《时代》周刊封面，搭配的封面标题是“美国冒险家——苹果电脑的史蒂夫 · 乔布斯”。

1983年

· 1 月，《时代》周刊评选“计算机”为 1982 年年度机器。

· 1 月 19 日，Lisa 正式发布，这是市场上第一台拥有图形用户界面的个人电脑，但销售情况并不乐观。

· 4 月 8 日，聘请来自百事可乐公司的约翰 · 斯库利出任苹果 CEO。

·5 月，苹果公司进入财富 500 强榜单，排名第 411 位，成为历史上成长最快的公司。

·苹果发布 Apple Ⅱ e。Apple Ⅱ成为历史上第一种销量超过 100 万台的计算机。

·年中，青蛙设计公司成立，并从苹果公司得到一份每年 120 万美元的大合同。

1984年

·1 月 24 日，苹果正式发布 Macintosh。

·2 月，乔布斯将 Lisa 团队合并入 Macintosh 团队，遣散了四分之一的 Lisa 员工，合并后的团队仍有约 300 人。

·4 月，Apple Ⅲ正式停产。

·4 月 24 日，苹果发布 Apple Iic。

·年底，Macintosh 销量锐减，乔布斯和斯库利的关系开始恶化。

1985年

·乔布斯与沃兹一起获得里根总统颁发的国家技术奖。

·4 月，乔布斯和斯库利之间的斗争愈演愈烈，董事会试图调解未果。

·5 月，乔布斯试图赶走斯库利。在一场内部权力斗争之后，获得董事会支持的斯库利解除了乔布斯在 Macintosh 部门的职务，该部门转由法国人让－路易·卡西负责。

·5 月 31 日，苹果公布第一季度大幅亏损及大裁员，同时对外宣布解除乔布斯的所有职务。

·9 月 13 日，正式从苹果离职，创立新公司 Next。

1986年

·设计师保罗·兰德为乔布斯的新公司设计了商标。根据兰德的建议，新公司名字改为 NeXT。

·2 月，收购卢卡斯影业的图形工作组，新公司被命名为皮克斯。

·8 月 17 日，皮克斯发布动画短片《顽皮的跳跳灯》。

·9 月 15 日，苹果发布 Apple IIGS。

1987年

· 富翁罗斯 · 佩罗投资 NeXT 公司。

· 乔布斯获得杰弗逊奖。

1988年

· 9 月，苹果发布 Apple Ⅱ cPlus。

· 10 月 12 日，NeXT 展示了 NeXT 电脑的原型。

1989年

· 2 月，披头士的同名唱片公司起诉苹果公司侵权。

· 9 月，苹果销毁了最后 2700 台左右的 Lisa 电脑，Lisa 项目从此终结。

· 9 月，苹果发布 MacintoshPortable。

·9 月 18 日,NeXT 发布操作系统 NeXTSTEP,这时 NeXT 电脑才真正可用。

1990年

· 4 月，由于皮克斯图形计算机的销售状况不佳，乔布斯卖掉了皮克斯的硬件部门。

· 9 月 18 日，NeXT 公司发布 NeXTcube 和 NeXTstation。

1991年

· 皮克斯与迪士尼签署了拍摄动画电影的合同。第一部电影计划是《玩具总动员》。

· 蒂姆 · 伯纳斯 · 李使用一台 NeXT 电脑在欧洲核子研究中心搭建了世界上第一个 Web 服务器。

· 10 月，苹果发布第一款 PowerBook。

· 10 月 2 日，苹果与 IBM、Motorola 结成 AIM 联盟。

1992年

· 1 月 22 日，NeXT 发布可运行在 PC 机上的 NeXTSTEP。

· 设计师乔纳森 · 艾维从伦敦来到美国，加入苹果公司，但直到乔布斯返回苹果后，设计才能才完全显现。

1993年

· 2 月 10 日，在只销售了大约 5 万台电脑后，NeXT 公司改名为 NeXT 软件公司，彻底放弃了硬件业务。

· 6 月，因业绩下滑，斯库利被停职，迈克尔·斯平德勒担任苹果新 CEO。苹果大幅度裁员。

· 10 月 15 日，斯库利离开苹果。

· 11 月，Apple Ⅱ e 停产。

1994年

· 3 月 14 日，苹果发布了使用 PowerPC 的 Macintosh 电脑，这也是 AIM 联盟的第一个合作成果。

· 吉尔·阿梅里奥加入苹果董事会。

1995年

· 11 月 22 日，皮克斯公司出品的电影《玩具总动员》上映。

· 11 月 29 日，皮克斯公司上市。

· 苹果决定合法授权其他厂商生产 Macintosh 克隆计算机。

1996年

· 1 月，苹果公司因亏损严重，进行大规模裁员。

· 2 月 2 日，阿梅里奥成为苹果的新一届 CEO。

·3 月 25 日，皮克斯公司的《玩具总动员》获得第 68 届奥斯卡特别成就奖，另获 3 项提名。

·12 月 20 日，苹果公司宣布收购 NeXT 公司，乔布斯成为苹果公司的顾问。

1997年

· 6 月，乔布斯卖掉了因出售 NeXT 而获得的全部 150 万股苹果股票，仅剩下象征性的 1 股。

· 7 月 4 日，苹果 CEO 阿梅里奥被迫辞职。

· 7 月 26 日，MacOS 8 发布。

· 8 月，微软注资苹果 1.5 亿美元，并为苹果开发 Office 和 IE 浏览器。

· 8 月 6 日，苹果宣布乔布斯成为董事会成员。

· 9 月 16 日，乔布斯被正式任命为苹果公司临时 CEO。

· 11 月 10 日，苹果发布在线商店 AppleStoreo。

1998年

· 1 月，乔布斯在 MacWorld 大会上宣布苹果公司再次盈利的消息。

· 3 月，乔布斯终止了 Newton、Cyberdog、OpenDoc 等项目。

· 8 月 15 日，苹果发布 iMac 电脑，获得成功，并开始采用新的单色商标。

1999年

· 3 月 16 日，基于 NeXT 操作系统内核的 MacOSX Serverl.0 发布。

· 7 月 21 日，苹果发布 iBook 便携电脑。

2000年

· 1 月 15 日，乔布斯对外宣布去掉自己头衔中的“临时”字样，成为苹果公司正式 CEO。乔布斯也于当年被授予 1000 万股苹果股票。

· 9 月 13 日，苹果发布桌面版 MacOSX 操作系统的公开测试版。

2001年

· 3 月 24 日，桌面版 MacOSX 正式发布。

·5 月 19 日，弗吉尼亚州的泰森斯角和加州的格伦代尔出现最早的苹果专卖店。

· 10 月 23 日，苹果发布 iPod。

2002年

· 1 月 7 日，苹果发布全新的 LCD 版的 iMac，即 iMacC4。

2003年

· 4 月 28 日，苹果发布 iTunes 音乐商店，即后来的 iTunes 商店。

2004年

· 1 月 6 日，苹果发布 iPodmini。

· 1 月，皮克斯与迪士尼的续约谈判破裂，皮克斯将另寻合作伙伴。

· 乔布斯被查出患有胰腺癌。

· 7 月底，乔布斯进行了胰十二指肠切除术。

· 8 月 1 日，乔布斯通过电子邮件向员工宣布自己的病情，并离职休养。离开期间，由蒂姆 · 库克负责公司运营。

2005年

· 1 月 15 日，苹果发布 iPodshuffle。

· 6 月 6 日，苹果宣布将生产基于英特尔芯片的电脑。

· 6 月，乔布斯在斯坦福毕业典礼上发表激动人心的演讲。

· 9 月 7 日，苹果发布 iPodnano，用于替代 iPodmini。

2006年

· 1 月 10 日，苹果发布最早两款使用英特尔 CPU 的苹果电脑。

· 1 月 24 日，迪士尼宣布收购皮克斯。乔布斯成为迪士尼董事会成员和最大个人股东。

·8 月,乔布斯在全球开发者大会上发表主题演讲,人们发现乔布斯明显消瘦了。

2007年

· 1 月 9 日，苹果发布 iPhone 和 AppleTV。

· 4 月，iPod 全球销量超过 1 亿台。

· 6 月 29 日，iPhone 开始发售。

· 9 月 5 日，苹果发布 iPodTouch。

2008年

· 1 月 15 日，苹果发布 MacBookAir。

· 6 月 9 日，乔布斯在公开场合露面时显得异常消瘦。

· 7 月 10 日，苹果发布应用程序商店 AppStore。

· 7 月 11 日，苹果发布 iPhone 3G。

· 9 月 9 日，为回应大家的质疑，乔布斯引用马克 · 吐温的话说 ：“关于我的死亡的报道是被极度夸大了的。”

2009年

· 1 月 14 日，在一份内部备忘上，乔布斯宣布为期 6 个月的离职治疗，仍由蒂姆 · 库克负责公司运营。

· 4 月，乔布斯接受肝移植手术。

· 6 月 8 日，苹果发布 iPhone 3GS。

· 6 月 30 日，乔布斯返回工作岗位。

· 11 月 5 日，《财富》杂志评选乔布斯为"十年最佳 CEO"。

2010年

· 1 月 27 日，苹果发布 iPad。

· 5 月，苹果超越微软，成为全球市值最高的科技公司。

· 6 月 24 日，苹果发布 iPhone4。

2011年

· 1 月 17 日，乔布斯再次离职治疗，仍由蒂姆 · 库克负责公司运营。

· 3 月 2 日，苹果发布 iPad 2，乔布斯作主题演讲。

·6 月 6 日，乔布斯在 WWDC 大会上作主题演讲，发布 iCloud 云计算服务。截至 2011 年 6 月，使用 iOS 的 iPhone、iPad、iPod touch 三大设备，累计销量达到了惊人的 2 亿台。

·8 月 25 日，苹果董事会宣布，苹果 CEO 史蒂夫·乔布斯辞职，CEO 由蒂姆·库克接任。

· 10 月 6 日，苹果董事会宣布前 CEO 乔布斯于当地时间 10 月 5 日逝世，终年 56 岁。